図説

イスラム教の歴史

菊地達也・編著

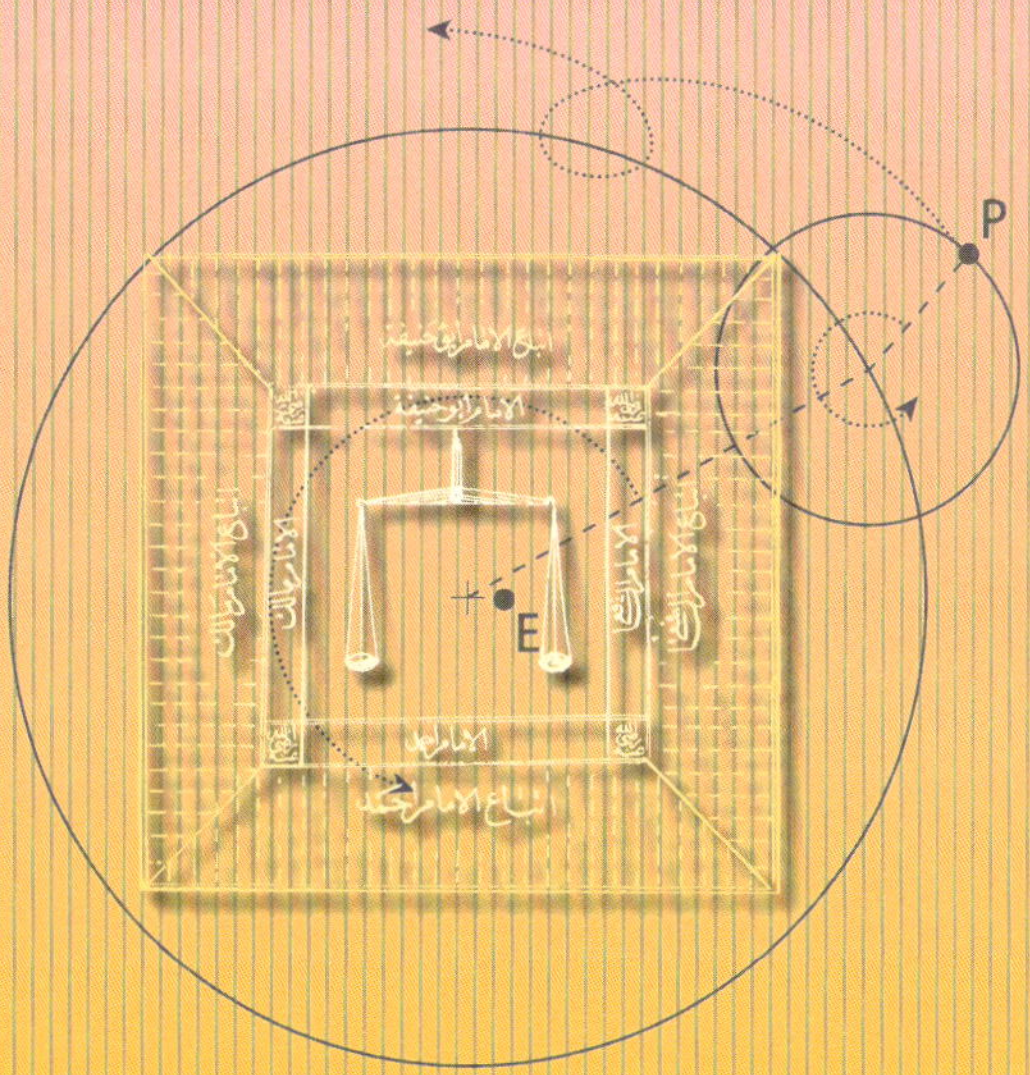

河出書房新社

はじめに

菊地達也

　この原稿を書いている二〇一七年一〇月現在、世界を震撼させ続けてきた「イスラム国」（ＩＳ）のシリア側の拠点ラッカが陥落間近である。遠からず国家組織としてのＩＳは消滅するのかもしれない。しかし、これで中東諸国が直面する難問はすべて霧消する、などと楽観できる者は稀であろう。これからもイスラム教に関わる様々な問題は、良かれ悪しかれ物議を醸していくのだろう。

　このような現状はおそらく、イスラム教がまだ、世俗権力に屈し良心や内面といったささやかな場所でのみ存在することを許された近代的宗教や、博物館や図書館でのみその足跡をたどれる過去の宗教にはなっておらず、今なお状況に応じて変化しながら生き続けている宗教であることを示している。生きている宗教は歴史や地域から常に影響を受けつつも、一方ではそこに生きる人びとを変えていく。本書は、ＩＳのようなものを生み出してしまったこの時代の視点から、歴史や状況の中でイスラム教がどのように変化してきたのかを図説とともに紐解いていこうとするものである。

　本書を構成する各章は、通常の「図説」シリーズとは違い必ずしも時系列的に展開していない。第一、二章ではコーランとムハンマド、初期史と神学の成立が時系列的に紹介されるが、ギリシア文明との出会いを主題とする第三章、シーア派を主題とする第四章、スーフィズム（イスラム神秘主義）を主題とする第五章は時代的に重なり合っている。このような構成にした第一の理由は、時代的にも地域的にも広大なイスラム圏では多様な思想潮流が同時期に多層的《ポリフォニック》に発展し共鳴し合ってきたのだから、この三章を通じてイスラム文化圏の豊饒さと多層性に接してもらいたかったからである。さらに、この三章が扱う主題はＩＳのような勢力からは非難の対象になりがちであるが、これらの思想潮流がイスラム圏の中でイスラム教徒自身によって内発的に生み出されたものであったことを示すのも狙いの一つである。

続く第六章は近現代におけるイスラム法の変容を、第七章はサラフ（サラフィー）主義をそれぞれ主題とする。ある種の普遍性をもったイスラム哲学、シーア派思想、スーフィズム哲学に関心を寄せる読者の中には、その対極にあるかのようなイスラム法学やＩＳの苗床になったサラフ主義を否定的に捉える者もいるようである。しかし、第六、七章を読んでもらえばわかるように、イスラム法学もサラフ主義も歴史のなかで生まれ、歴史のなかで変化してきた。二つの章は、法学とサラフ主義がイスラム教にとって欠かせない構成要素であるとともに歴史の産物でもあることを教えてくれるだろう。

なお、用語や人名については大塚和夫ほか編『岩波イスラーム辞典』に準拠したが、「イスラム教」という言葉遣いに加えてコーラン、メッカ、メディナなど人口に膾炙した表記については例外扱いとした。また、コーランからの引用に際しては中田考監修『日亜対訳クルアーン』に準拠したが、文脈に応じて適宜改編した箇所もある。

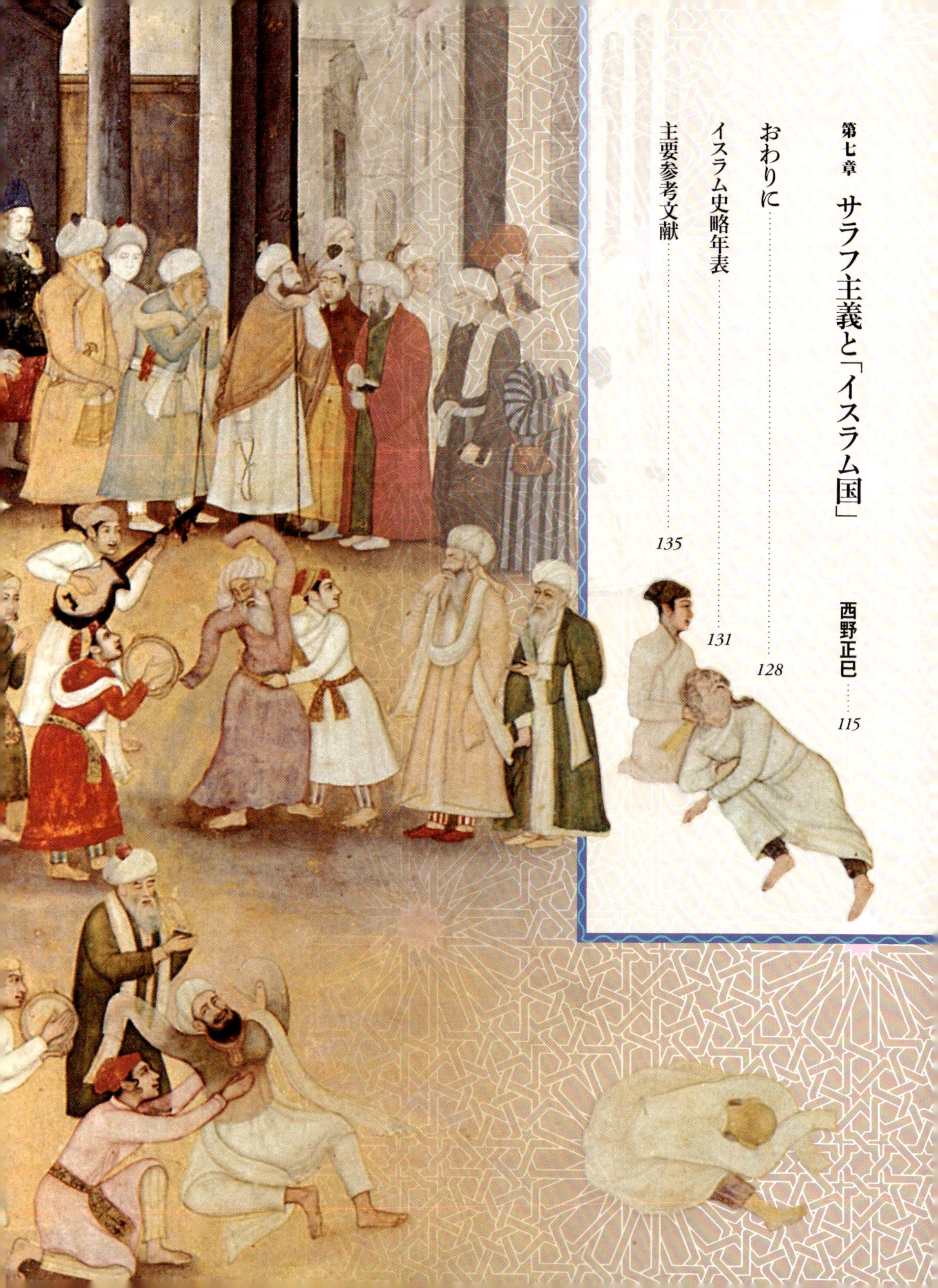

第一章 イスラム教とコーラン

菊地達也

1 アブラハムの宗教

⊙三つの一神教 ❖

イスラム教は、ユダヤ教、キリスト教と続く中東の一神教の伝統を受け継ぎつつ七世紀前半のアラビア半島で誕生した。ヘブライ語、アラビア語などのセム系言語を使う中東の人々が作り上げたこれら三つの一神教は「セム的一神教」、あるいは「アブラハムの宗教」と総称される。アブラハムとは『創世記』に登場する人物であり、三宗教共通の預言者である。コーラン中で神が「ひたむきで、多神教徒たち（の一人）ではなかったアブラハムの宗旨に従え」（一六章一二三節）と命令していることからも窺えるように、イスラム教はもっとも新しい「アブラハムの宗教」ではあるものの、ユダヤ教徒、キリスト教徒が見失っていた「アブラハムの宗旨」に立ち返る宗教だと自己を規定した。

⊙アブラハムの伝統 ❖

ここで左の図を見てもらいたい。樹木の根の位置にあるのがアブラハムである。幹には、その息子イシュマエルや、ハーシム家（ムハンマドだけでなくアリー家やアッバース家をも包含する一族）の由来となったハーシムの名前などが見受けられ、幹の上方にある大きな円がイスラム教の預言者ムハンマドである。ムハンマドからはその娘ファーティマ（六三三年没）といとこであるアリー（六六一年没）の夫婦などを経て、預言者の聖なる一族が枝分かれする。

もちろん、この種の系図は必ずしも史実を反映しているとは限らないが、この樹形図はムハンマドの一族が血筋的にアブラハムに連なることを示すだけでなく、一神教の正しい伝統をアブラハムから受け継いだことをも示唆している。コーラン二章一三五節では、イスラム教以前にユダヤ教徒でもキリスト教徒でもないがアブラハムの宗旨に従う純粋な一神教徒《ハニーフ》がいたことが示唆されているが、そのような人びとが本当に実在したのかは確認できない。しかし、偶像を否定する純粋な一神教徒というアブラハムのイメージは、イスラム教が成立するよりはるか前のユダヤ教においてすでに形成されており、イスラム教はそのような伝統の中から生まれてきたと考えられる。ちなみにユダヤ教徒は自分たちをアブラハムの息子イサクの子孫と見なしており、実際にどうであったかはともかく、ユダヤ教徒とアラブ人イスラム教徒は教えの伝統だけでなく血筋においてもアブラハムという共通の起源を共有しているのである。

⊙イスラム教成立時の宗教事情 ❖

最初期のイスラム共同体については、多神教徒との対立・対決が強調されがちである。それは間違いではないが、一神教の影響が何もないところから突然イスラム教が出現したわけではない。ムハンマドが隊商の一員として赴いたと伝えられるシリアはビザンツ帝国（東ローマ帝国）の一部であると同時に、キリスト教の中心地の一つだった。アラビア半島北部のアラブ系王朝であるガッサーン朝、ラフム朝はキリスト教との関係が深く、紅海対岸のエチオピアにはキリスト教を信奉するアクスム王国があった。一方、ビザンツ帝国領のパレスチナを中心地とするユダヤ教について言えば、ヤスリブ（メディナ）にはユダヤ教徒のアラブ部族が複数存在し、イエメンのヒムヤル王国最後の王はユダヤ教に改宗したと伝えられる。このようにイスラム教が誕生したのは、アラビア半島のアラブ人がキリスト教やユダヤ教に傾き始めていた時代であり、そのような時代だからこそアブラハムの原点に立ち戻れという主張が効力を発揮したのであろう。

⊙「アブラハムの宗教」としてのイスラム教 ❖

次に、イスラム教の観点から「アブラハムの宗教」の共通構造を見てみよう。このタイプの宗教は唯一の超越神を奉じており、神と人間との一対一の関係が基本となる。神から人への働きかけは、アラビア語では「シャルウ」という語に集約される。シャルウは神による啓示とそこに示された神の法を含意する。「アブラハムの宗教」においては、神からのこのような一方的な働きかけから宗教は始まり、それを受け入れた民と神との間には契約が結ばれることになる。

契約を結んだ民が神に対してなし得ることをアラビア語で言い表すならば、それは「フィクフ」と「ディーン」であろう。フィクフは神の啓示を理解しようという営みであり、これは後に法学や神学といった宗教諸学に発展する。ディーンは元々服従を意味しており、やがて信仰や宗教を意味するようになる語である。「アブラハムの宗教」においては、神の命令を理解しただけでは意味をなさない。啓示で示された内容を信じ、命令に服従し実践することが求められるのである。戒律偏重を批判する形で誕生したキリスト教では、神命としての律法とそれへの服従という要素が薄まっているが、イスラム教はユダヤ教同様このような要素を維持している。ただし、ユダヤ教やイス

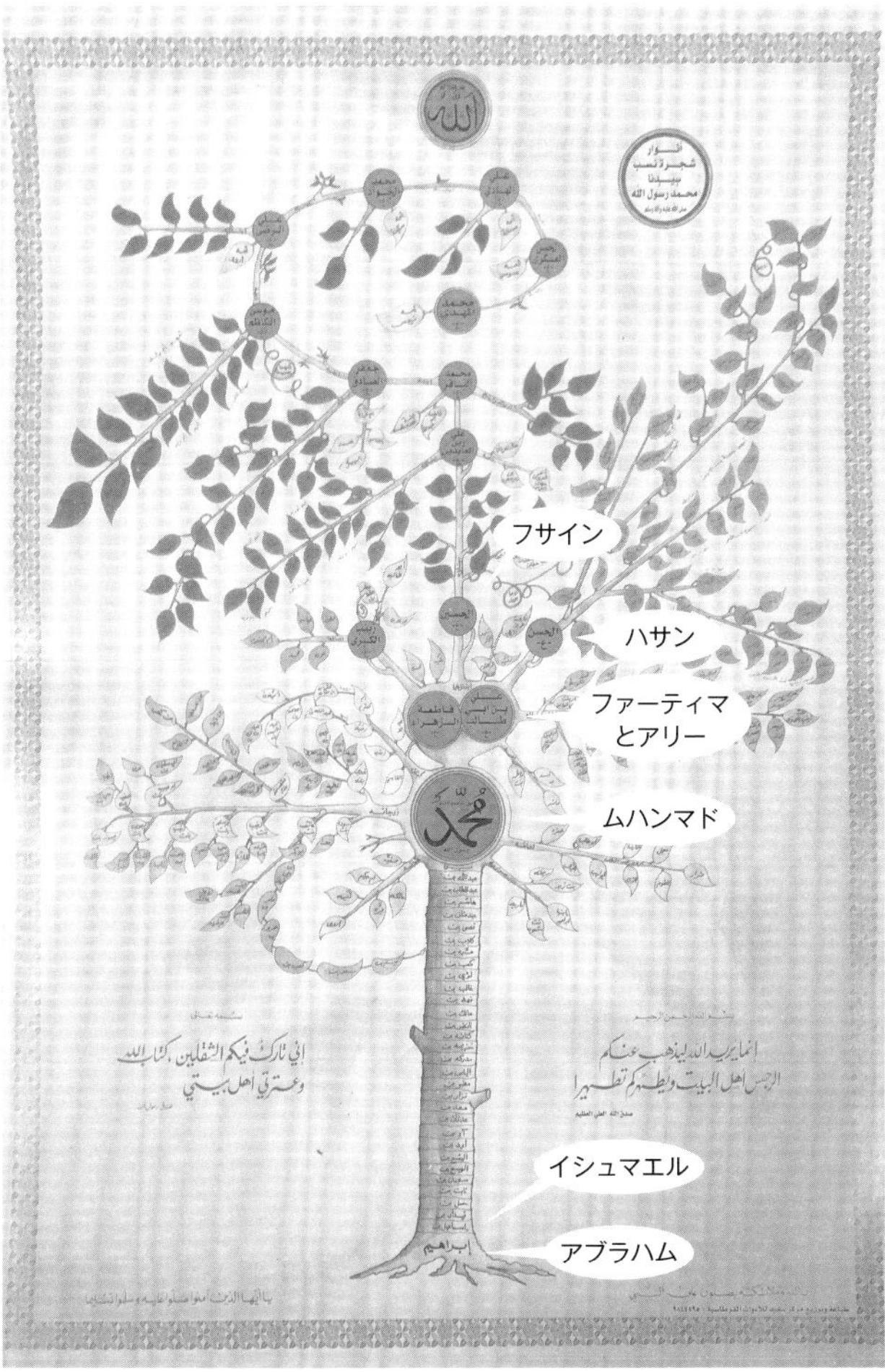

◀二〇一三年に筆者がバハレーンのマナーマ市で入手した樹形図。シーア派イマームの聖なる血筋を示すことを目的にしたポスターであるが、系図自体はスンナ派にも受け入れ可能なものである。

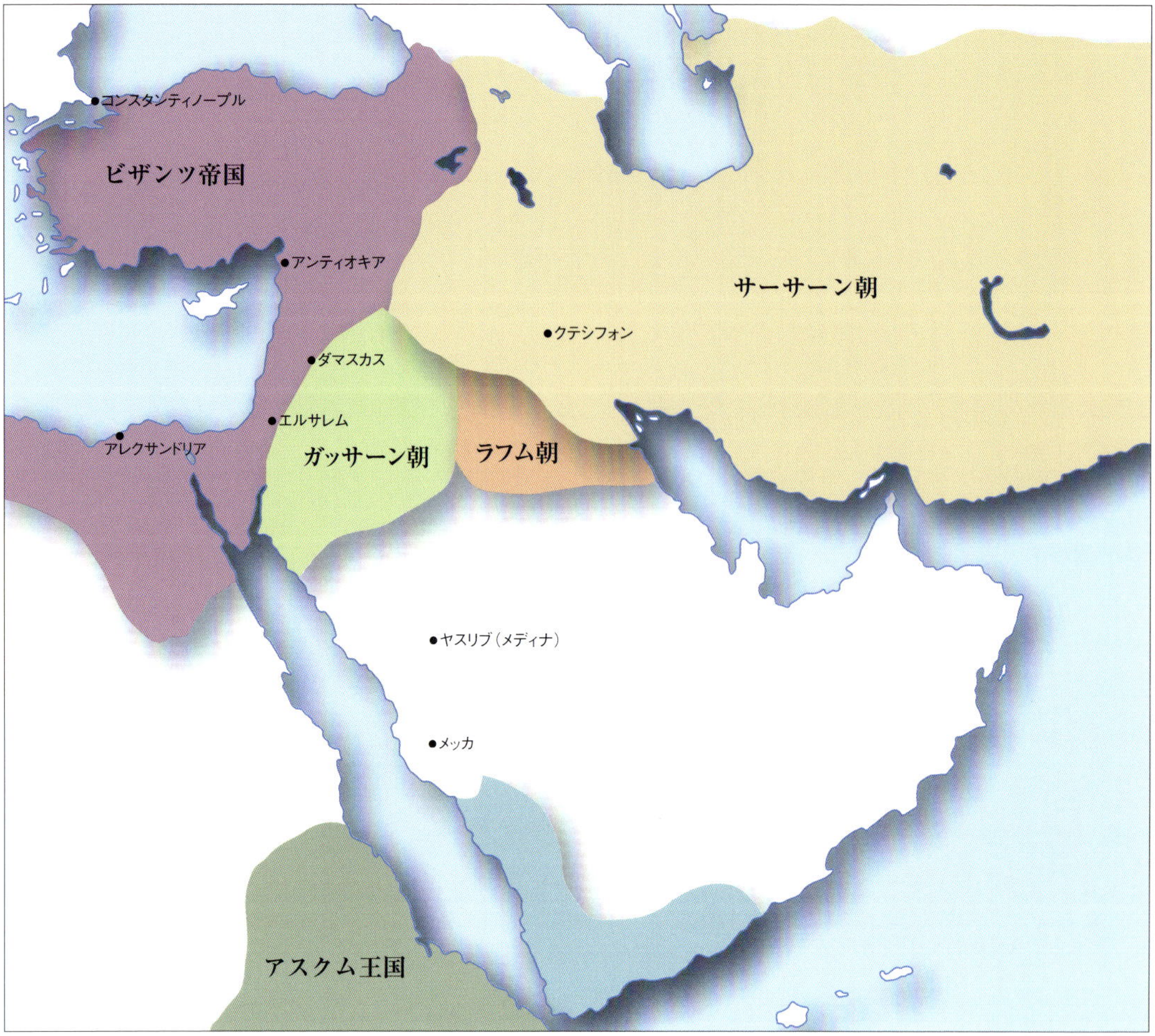

▲西暦600年前後のアラビア半島とその周辺

ラム教は、法に従っていればそれだけでよいという宗教ではなく、啓示を理解しようとし、それを信仰することも同じくらいには重視されていることを忘れてはならない。

三つの一神教は単線的な時間観念を共有しており、神は無からこの世界を創造し、いずれはこの世界を破壊して、その後で永遠の来世が始まるとされる。創造と終末という限られた時間の中に生きる数多くの被造物の中でも人間は特別視され、啓示を与えられる。神による啓示は、神の言葉を預かる預言者に言葉を託すことで現実化する。

❖

⊙啓典コーラン

唯一神によって託された言葉をまとめた書物は啓典と呼ばれる。九ページ上図にあるように、イスラム教の視点から見ると、三つの一神教の基本的な違いは、どの預言者までの啓示を受け入れるかという点にある（イスラム教ではイエスは神の子ではなく預言者として崇敬される）。イスラム教徒《ムスリム》とは、先行する預言者たちと諸啓典と並んで預言者ムハンマドと啓典コーランを受け入れる人びとのことであり、先行二宗教の信徒はこの二つを受け入れることができない（受け入れればイスラム教徒になってしまう）。

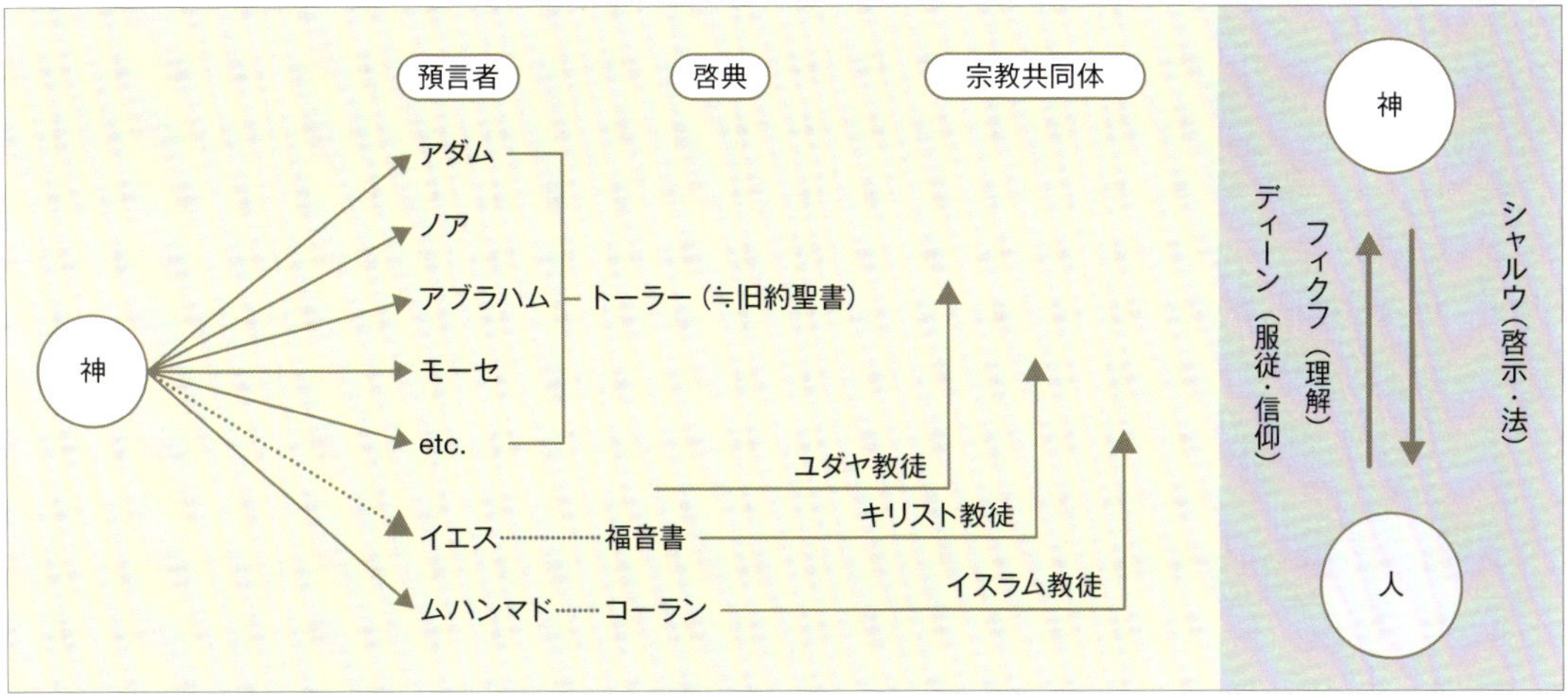

▲イスラム教徒から見た三宗教の関係性、およびイスラム教における神と人間との関係性。
▼ユダヤ教シナゴーグに保管されているトーラー。2010年モロッコのフェズにて著者撮影。イスラム教からすれば先行啓典であるが、コーランのように書物という体裁ではなく巻物という形をとっている。

以上見てきたように、イスラム教の基本構造は先行二宗教と非常によく似ており、イスラム教徒はユダヤ教、キリスト教の預言者と啓典を受け入れている。ただし既存の啓典がコーランと同等だと考えているわけではない。つまり、ユダヤ教徒、キリスト教徒はすでに堕落してしまっており、彼らが保持しているという啓典も、コーランで言及されている本来の啓典ではなく改竄、改変されてしまっているということである。だからこそ、コーランを通じてアブラハムの原点に回帰せよというメッセージが活きてくるのである。

2　ムハンマドの生涯

⊙預言者ムハンマドに関する資料❖

　イスラム教の創始者ムハンマドの生涯はよく知られているが、その生涯で起きた一つ一つの出来事を客観的に跡づけることは難しい。その最大の理由は同時代の外部資料がないことであり、ムハンマドの生涯について語ろうとするならば、預言者没後に書かれたイスラム教徒の文献に頼るしかない。

　異教徒がムハンマドについて言及している最古の文献としては六六〇年頃に書かれたアルメニア語の年代記があるが、アブラハムの宗旨を重視していたという記述はあるものの、それ以上の具体的な言及はない。そうなると信徒が書き残した文献を参照するしかないわけだが、神や天使といった超常的存在がしばしば介入し、奇蹟によって彩られた記述から史実を抽出することはたやすいことではない。

　イスラム教の文献の中で最古のものは、預言者が没してから約二〇年後に編纂されたと伝えられる啓典コーランであろう。しかし、ムハンマドという固有名詞が四度しか出てこないことからもわかるように、具体的な記述がコーランには乏しく、それだけで預言者の生涯を再構成することは難しい。

　コーラン以後に書き残された文献としては、ハディース（伝承）と預言者伝がある。ハディースについては後に触れることになるが、九世紀以降に書き残され、ハディース集に収録された預言者伝承が、どこまで古い時代まで遡るのか、という問題について、非イスラム教徒の学者の間では明確な結論は出ていない。また、ハディース集における記述はしばしば断片的であり、伝承同士が相互に矛盾することもあるので注意が必要である。

　預言者の生涯について語る場合に最も有益な資料となるのは預言者伝だろう。現存する預言者伝は、ハディース集が編纂される以前の八世紀にまで遡り、ハディース集とは違い時代を追った歴史的な記述となっている。預言者への崇敬が前提となっている点は留意しなければならないが、次項では主に預言者伝に基づいてムハンマドの生涯について概略することにしたい。

⊙ムハンマドの前半生❖

　ムハンマドは五七〇年頃に父アブドゥッラーと母アーミナの子として誕生したとされるが、ムハンマド誕生時にはすでに父は亡くなっており、アーミナは、夫の父であるアブドゥルムッタリブ（没年不詳）に夫の子として認知してもらったという。ムハンマドの祖父アブドゥルムッタリブは、メッカを支配するクライシュ族のハーシム家に属していた。アラビア半島の主要都市の一つ、メッカは当時転換期にあったようである。この社会では多くの神々が信じられ、その偶像が崇められており、詩人やシャーマンが神やジン（精霊）といった超常的存在と人間を媒介する役割を演じていた。既に述べたようにアラビア半島に一神教の伝統が浸透しつつあった時代であったが、クライシュ族はメッカのカアバ神殿に神々の

預言者ムハンマドの生涯

570頃	メッカでムハンマド誕生
595頃	ハディージャと結婚
610頃	最初の神の啓示
622	メディナへの移住
624	バドルの戦い
625	ウフドの戦い
627	ざん壕の戦い
630	メッカ征服。
632	病没。正統カリフ時代（～661）へ

偶像を集め、多くの利益を得ていたという。また、農業が困難な地域であるため当初は遊牧に依拠する経済であったが、カアバ神殿への巡礼者が増えたことで市が立ったことがきっかけとなり、メッカの都市としての規模拡大と商業化が進んでいた。そのため、それまでは遊牧部族社会の中で庇護を受けていた寡婦や孤児らが、貨幣経済が浸透する中で経済的に困窮するようになっていた。ムハンマドはこのような宗教的、社会的、経済的な転換期にその生を受けたのである。

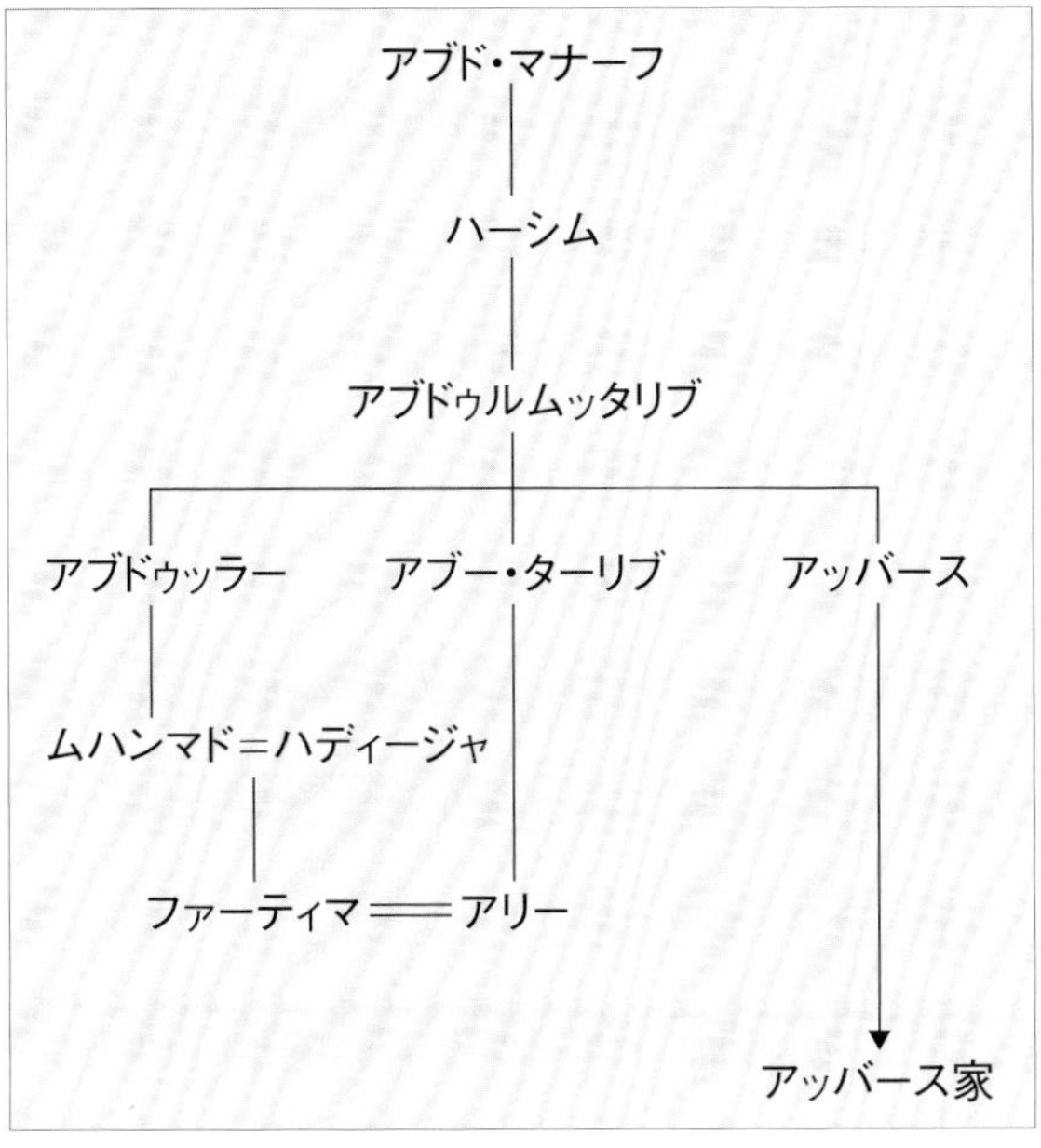

▲ハーシム家の主要人物に関する系図

幼くして母を亡くし孤児となったムハンマドは、祖父の庇護下で育ち、祖父の死後は叔父のアブー・ターリブ（六一九年頃没）のもとでアブー・ターリブの息子アリーとともに養育されたという。若き日のムハンマドについては預言者伝も詳細を伝えておらず、隊商に参加したことや「正直者」と呼ばれていたことが知られる程度である。

ムハンマドは二五歳頃に年上の女性商人ハディージャ（六一九年没）に結婚を申し込まれ、その後彼女との間に三男四女をもうけたという。幸福な結婚生活を営んでいたムハンマドに突然の転機が訪れたのは六一〇年頃であった。メッカ郊外のヒラー山の洞窟に籠もっていた際に突然天使ガブリエルが現れ、神の啓示を伝えたのである。その時に伝えられたとされる啓示がコーラン九六章一～五節「誦め、おまえの主の御名において、（森羅万象を）創造し給うた（主の御名において）、（つまり）彼は人間を凝血から創造し給うた。誦め。そしておまえの主は最も気前よき御方であり、筆によって（書くことを）教え給うた御方であり、（つまり）人間に彼（人間）の知らなかったことを教え給うた（御方である）」である。

このような異常体験に恐怖したムハンマドはハディージャに助けを求めてとりすがるが、ハディージャに慰められ、彼女のいとこのキリスト教徒に諭されると、自分が預言者であることを自覚し、神のメッセージを人びとに伝えることを決意する。

ムハンマドは啓示体験に基づいて、自分が神の使徒であること、神は唯一であり創造神であること、死後に来世が待ち受けていること、この世でのおこないに基づいて神の裁きがなされ、来世での行き先が決まることなどを人びとに伝えた。クライシュ族の多くはこのような主張を馬鹿げたことと嘲笑したが、ハディージャ、アリーといった身内だけでなくハーシム家以外の人びとも徐々に入信するようになっていった。すると中傷は迫害へと変わり、イスラム教徒の中から犠牲者も出た。六一九年頃におじアブー・ターリブ、妻ハディージャという有力な後ろ盾が相継いで没すると、預言者の身も危うくなった。このような状況下でムハンマドは、信徒集団全体でのメッカからの逃亡を決意する。

▲バドルの戦いを描いた16世紀の写本挿絵（トルコ）。二股の剣を持った手前の人物がアリーで、その奥にいるのはムハンマドの叔父ハムザ（625年没）である。右手上方にいる預言者が戦闘を指揮している。

▲筆者が2000年にイスタンブルで入手した写本挿絵。メッカ期（610頃～622年）の後半に起きたとされる夜の旅（イスラー）と昇天（ミウラージュ）の奇蹟を描いている。ムハンマドは天馬ブラークに乗り、天使ガブリエルに導かれるまま、メッカからエルサレムのアクサー・モスクまで飛行し（夜の旅）、その後天に昇り過去の預言者と出会い神の御前に至った（昇天）と信じられている。

▼メディナにある預言者モスクは壮麗な大モスクであるが、元々は日干しレンガで造られたムハンマドの自宅兼モスクであったという（写真提供・PPS通信社）。

⊙ムハンマドの後半生

クライシュ族による迫害が激化する中、ムハンマドはメッカ外での布教活動に力を入れていた。そこで改宗者を得ることに成功した都市が、後にマディーナ・アン＝ナビー（預言者の町、いわゆるメディナ）と改称されることになるヤスリブであり、六二二年にムハンマドは信徒たちとともにこの都市に移住する。これがヒジュラ（聖遷）である。この段階で初めて、メッカからの移住者たち（ムハージルーン）とメディナでの改宗者たち（アンサール）から成る信徒たちの信仰共同体（ウンマ）が形成されたことになる。最初のモスクも建設され、イスラム教に基づく日常生活が営まれるようになった。また、メディナにはユダヤ教を信じる部族が複数存在しており、一神教徒の共同体と本格的に接触するようになったのもメディナ移住以降である。

　メッカ期のムハンマドたちは平和的な布教しかおこなわず、迫害にも耐えるのみであったが、「まことに信仰する者、そして移住し、神の道でする者、それらの者は神の御慈悲を期待できよう」（コーラン二章二一八節）など異教徒に対する聖戦《ジハード》を許容する啓示が下ったのもこの頃とされる。預言者は自ら兵を率いてメッカの多神教徒勢力と戦うことを決意し、その結果おこなわれた最初の大規模な戦闘が六二四年のバドルの戦いであった。この戦いに勝利したムハンマドはウフドの戦いでの苦戦も乗り越え、六二七年にはメディナに襲来したメッカ軍をざん壕を使った戦術で撃退した。これによりムハンマドはメッカの多神教徒に対して最終的に勝利し、六三〇年にはメッカの無血開城に成功する。クライシュ族の指導者アブー・スフヤーン（六五三年頃没、ウマイヤ朝初代カリフ、ムアーウィヤの父）をはじめ多神教徒はことごとくイスラム教に改宗し、ムハンマドはアラビア半島の覇権を掌握することになった。

　六三二年、預言者は信徒たちを引き連れメッカ巡礼を挙行した。その後メディナに戻ったムハンマドは病に倒れ、自宅で没しそこに埋葬された。彼の墓は現在では預言者モスクの一部となっている。

◀一六世紀後半のイランで描かれた写本挿絵。月は真っ二つに裂け、ムハンマドの顔は白い布で覆われている。多くのコーラン注釈者は、コーラン五四章一～二節「かの時（最後の審判の日）は近づき、月は裂けた。そして彼らは徴（奇蹟）を見ても、背を背け、『強力な魔法である』と言う」を比喩的に理解するのではなく、奇蹟を求めるクライシュ族の要請に応じて発生した物理的現象とみなした。

⊙ムハンマドを描くこと

　コーラン三章一四四節で「そしてムハンマドは一人の使徒にすぎず、かつて彼以前にも使徒たちが逝った」と明言されているように、預言者ムハンマドはただの死せる人間とされる。このことは、キリスト教徒が「神の子」イエスに寄せるほどの崇敬や思慕をムハンマドが集めていないことを意味するわけではない。数々の奇蹟に満ちたイエスの生涯とは違い、ムハンマドに関わる奇蹟として有名なものは、一二ページ上段右の図版で紹介した夜の旅《イスラー》・昇天《ミウラージュ》や月が割れたという出来事くらいであり、イエスのようにたくさんの絵画や彫像が造られたわけでもない。イスラム教徒は、絵画などのヴィジュアル素材よりはむしろ文字資料や口承によってムハンマドに接してきた。そのため、キリスト教ではイエスが白人として描かれること自体が問題になり得るが、視覚的な印象が薄いムハンマドの場合にはそのような問題は起きにくい。

◀昇天伝説に関する本の表紙。イランでは長らくムハンマドの肖像とされてきた。

　また、生涯独身であったイエスや妻子を捨てて出家したブッダとは違い、ムハンマドは家庭人であり続け、預言者伝やハディース集は人間味溢れるエピソードに満ちている。男性信徒にとってのムハンマドはイエスらよりも身近で親しみやすい存在であり、自分が息子・夫・父として日常生活を送る上での模範になりやすかった。同じようにハディージャやアーイシャ（六七八年没）といった預言者の妻たちやファーティマなどの娘たちは、女性信徒には娘・妻・母としての模範と見なされた。

　二〇〇五年にデンマークの「ユランズ・ポステン」紙が、二〇一五年にはフランスの「シャルリー・エブド」紙がムハンマドの風刺画を掲載すると、世界中のイスラム教徒が激しく反発し大きな話題となった。イスラム教の教義上問題になるのは、ムハンマドの顔を描くことではなくムハンマドを侮辱したことである。預言者の冒瀆は死刑が科されることもある重罪であるが、ムハンマドの顔を描くことは教義上のグレーゾーンにあり、その扱いは曖昧だった。伝統的には、月が割れる奇蹟の挿絵に見られるように、預言者への敬意と偶像崇拝の忌避のために顔を描かないのが一般的であったが、しばしばムハンマドの顔は描かれ、近現代になっても顔を描く事例がないわけではない。二

◀▶預言者の活躍を描いた『ザ・メッセージ』（一九七六年、M・アッカド監督）。DVDジャケットにある人物はムハンマドではなく、その叔父ハムザ（俳優はA・クイン）。ムハンマドの視線をカメラのアングルとすることで画面内にムハンマドが映りこまないよう工夫され、役者によって演じられることはなかった。上左のDVDはアニメーション『ムハンマド：最後の預言者』（二〇〇二年、R・リッチ監督）。

〇世紀以降になると映像化を試みる者も現れ、映像製作業界においては表現の手法や範囲が問題となっている。

3 啓典コーランとは何か

⊙啓典コーランのテクスト形成 ❖

コーランは、ヘブライ語聖書や新約聖書のように複数の著者の著述の集合体ではなく、六一〇年頃から六三二年までの間にムハンマドに断続的に下った啓示をその死後にまとめたものとされる。コーランは、よりアラビア語の原点に忠実な転写である「クルアーン」と表記されることもあり、その元々の意味は「誦まれるもの」である。最初の啓示である九六章が「誦め」という語で始まることからもわかるように、書かれた文章を黙読することではなく声に出して誦むことを求める啓典である。そのためコーランには、章ごとの区分けの他に、限られた日数の中で誦み終えるための分量による区分け(たとえば一カ月で読誦を終えるために三〇等分したジュズウという単位)も存在する。

「それなる書《キターブ》は、それになんの懸念もない、畏れ身を守る者たちへの導きである」(コーラン二章二節)とあるように、コーランは自らが巻物などではなく書物という形態の啓典であることを明言しているが、預言者の生前に書としてまとめられていたわけでなく、書き留められず暗唱されていたか、羊の肩胛骨などに記録されていた。

イスラム教徒の伝承によれば、現在の形のコーランが成立したのは第3代カリフ、ウスマーン(在位六四四~六五六年)の治世下であり、数名の教友(サハーバ。預言者ムハンマドに一度でも接したことのあるイスラム教徒の第一世代。二五ページを参照)の共同作業により一冊の本としてまとめ上げられ、この正典テクストのコピーが主要都市に送られ、それ以外は焼却されたという。

こうして編纂されたコーランはウスマーン本と呼ばれ、複数の読み方が許容されるものの、これ以外の異本や外典などは存在しない。西洋の研究者の間には、このようなイスラム教徒の間の伝承に異を唱える者もおり、現行のコーランの成立を一〇〇年以上後にずらす極端な説もあった。しかし、一九七二年にサナア(イエメン)で七世紀後半頃に製作されたコーラン紙葉が、二〇一五年にはバーミンガムで七世紀以前に遡るコーラン写本が発見され、七世紀後半にはウスマーン本が

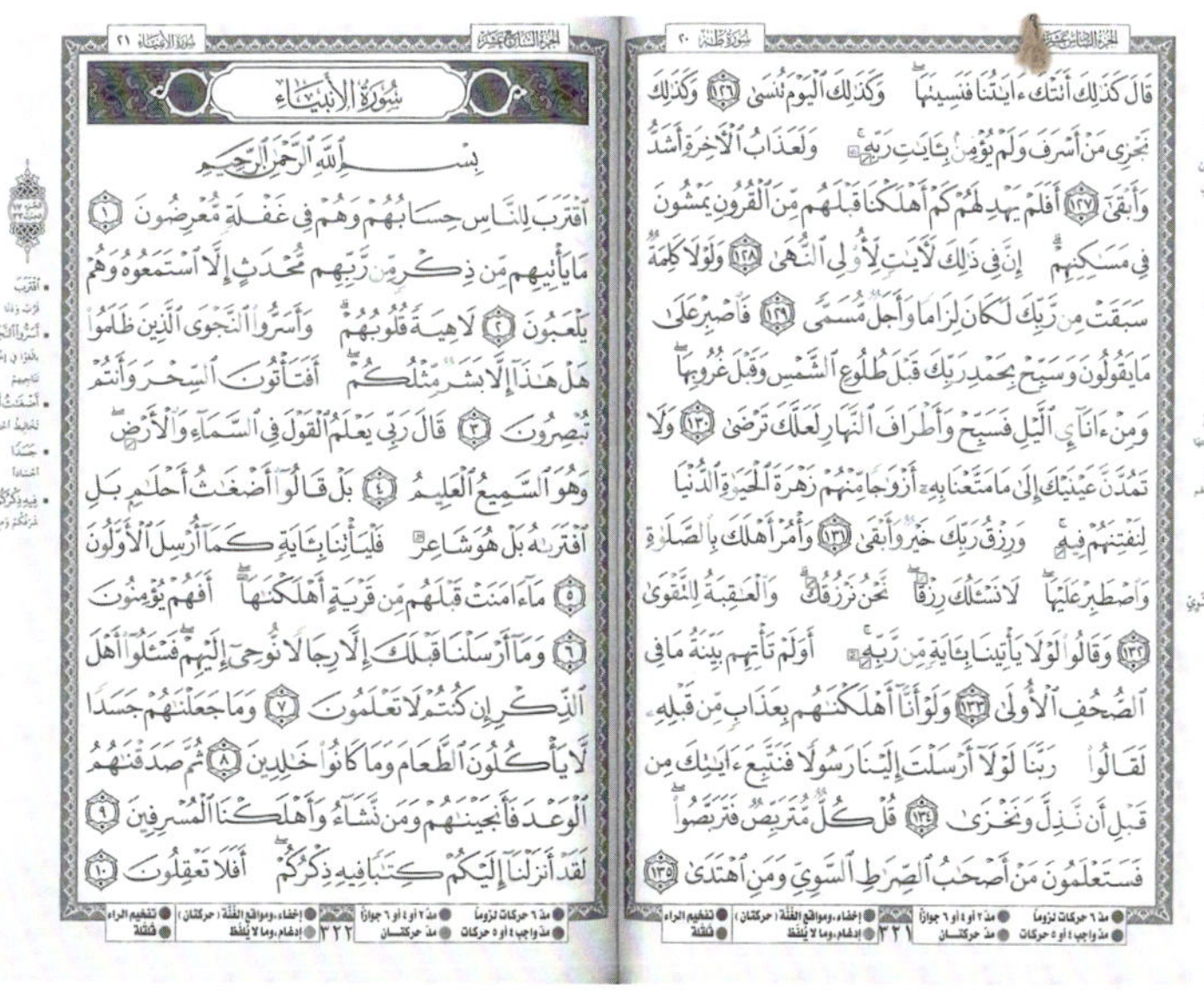

◀誦みあげるための各種指示が示された朗誦者向けコーラン(ダマスカス、二〇〇六/七年)。ページの左上には第何章かを示す表記があり、右上には何番目のジュズウなのかを示す表記がある。

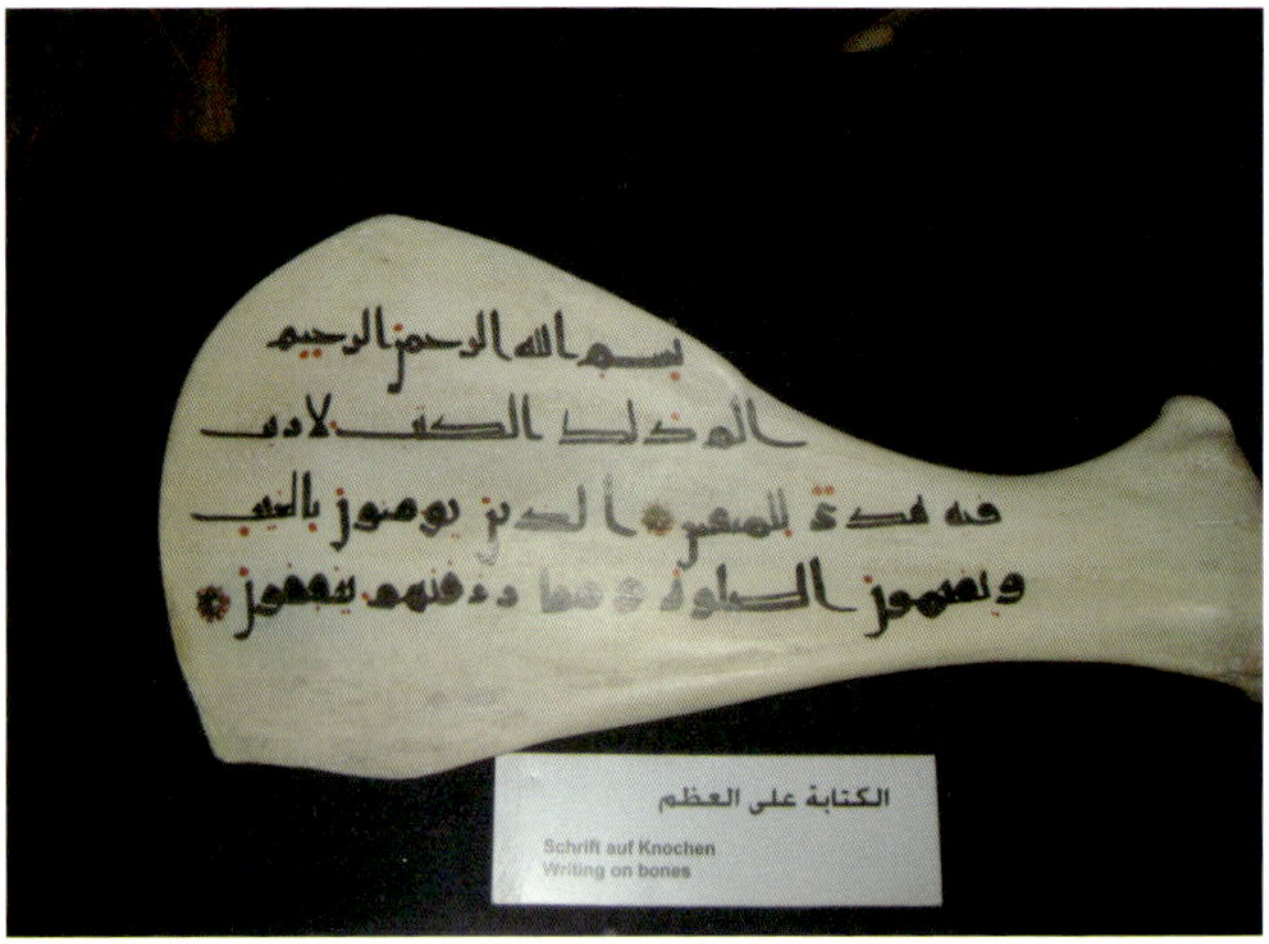

▶バーミンガム大学が所蔵するコーラン写本。ヒジャーズィー体という書体で書かれている。
◀羊の肩胛骨に書き留められたコーランの文言（複製品、マスカトにあるオマーン遺産文科省内の博物館にて筆者撮影）。

▶装飾されたコーラン開扉章。七節のみから成る開扉章はメッカ期に属するが、コーランの一番はじめに置かれ、イントロダクションの役割を果たしている。その訳文は以下の通りであるが、アラビア語の原文では節の最後で韻が踏まれている。「慈悲あまねく慈悲深き神の御名において。（一節）／称賛は神に帰す、諸世界の主に（二節）／慈悲あまねく慈悲深く御方、（三節）／裁きの日の主宰者に。（四節）／あなたにこそわれらは仕え、あなたにこそ助けを求める。（五節）／われらを真っすぐな道に導きたまえ（六節）／あなたが恩寵を垂れ給うた者たち、（つまり）御怒りを被らず、迷ってもいない者たちの道に。（七節）」（二〇一三年にマナーマ（バハレーン）のコーラン博物館で筆者撮影）。

成立したという可能性は高まっている。

❖

⊙コーランの章配列と叙述スタイルの特徴

コーランは一一四の章から構成され、最短の章は三節から、最長の章は二八六節から成る。コーランでは創世記などのように年代順に語りが進むわけではなく、コーラン全体を一貫した物語として読むことはできない。非常に短い開扉章が冒頭に配置されていたりするものの、章はおおむね長い順に置かれているが、メッカ期に下された章の節数は少なく、後代のメディナ期の章は説明的で節の数が多い。したがって、古い時代の啓示はコーランの前半ではなく後半に集まっている。

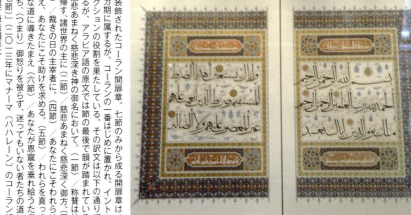

誰がどのような理由でこのような配列にしたのかという問題については、イスラム教徒の間にも諸説ある。預言者が配列を決めたという伝承もあるが、そうであったとしてもこのような配列になった理由はうまく説明できない。章配列の背景と理由は、研究者にとって未解決の大問題である。

コーランの叙述スタイルは、ヘブライ語聖書や新約聖書とは大きく異なっている。たとえば福音書では第三者がイエスの言行を書き留めるという体裁をとっているが、「神の言葉」そのものと理解されるコーランでは、通常は神による一人称の語りとなっている。たとえば、「言え、『私は啓典で神が下し給うたものを信じた。私はあなたがたの間を公平に扱うよう命じられた。……』」（コーラン四二章一五節）を例にしてみると、「言え」と命じている主体は神であり、言われている対象はムハンマドである。一六ページ下段の図版で引用した第一章「開扉章」のような神に対する祈願文なども含まれるが、基本的には神が人間に語りかけるというスタイルになっている。

「神の言葉」そのものと理解され、「まことにわれらはそれをアラビア語のコーランとして下した」（コーラン一二章二節）とも明言されているため、コーランと呼びうるものはアラビア語の原典のみである。新約聖書や仏典は積極的に翻訳され、多くの信徒が翻訳された聖典を読んでそれを理解してきたのとは好対照である。しかし、コーランを翻訳する行為が禁じられてきたわけではなく、実際コーランは多くの言語に訳されている。翻訳されたコーランはコーランそのものではなく、その解説書と理解され、非アラブ圏の多くの信徒は翻訳で中身を理解しながらも、アラビア語の原文を朗誦し、儀礼の中でそれを唱えてきたのである。

4 イスラム諸学のはじまり

⊙コーラン解釈学 ❖

ウスマーン本コーランはおそらくは七世紀中には成立した。この時点ではイスラム教徒の宗教的諸学問どころか、アラビア語の正書法すら確立されていなかった。神の言葉を理解（フィクフ）しようという営みは預言者の生前からあったであろうが、コーラン解釈の最高権威たる預言者が亡くなった後、徐々に専門化が進み、アッバース朝期になるとそのような営みはアラビア語文法学、コーラン解釈学、ハディース学、法学、神学といった宗教諸学へと分化した。これらの諸学は神の啓示の理解を究極的な目標にしており、神学については本書の第二章、法学については第六章で解説されている。そこで本節ではコーラン解釈（タフスィール）学とハディース学について簡単に紹介しておきたい。

コーランには意味がわかりにくい箇所や他の章句と矛盾しているように見える箇所が存在しており、重要な教義についても一カ所で事細かに解説されていない場合が多い。教義や法規定を整備するためには、まず啓典の記述が言語として何を意味しうるのかを確定すること、人間が理解でき教義や法規定を導けるようにその記述を解釈することが求められる。前者の試みからはアラビア語諸学が、後者からはコーラン解釈学が結実する。

教友の世代においては、預言者のいとこであるアッバース家の祖イブン・アッバース（六八七／八年没）がコーラン解釈の権威として知られていたが、コーラン解釈が学問として確立し多くの注釈書が書かれるようになったのはアッバース朝期以降であり、その代表格は法学者、歴史家でもあったタバリー（九二三年没）であろう。彼らの発想では、コーランの特定の章句を解釈する場合に利用する素材として最適なものは、その章句に関連するコーランの別の章句である。すなわち、神の言葉を通じて神の言葉を理解しようということである。もし適切な章句がない場合には、コーラン解釈の最高権威たる預言者のスンナ（慣行）が参照される。言い換えれば、スンナを記録したハディース集が引用・参照されるということである。預言者のスンナ以外には、預言者スンナと同じように伝承として伝えられていた初期世代の人びとのスンナ

▶古くから使われているクーフィー体で書かれた八世紀もしくは九世紀のコーラン。この時期はアラビア語正書体自体が形成過程にあり、母音を示したり類似した子音を区別するための記号が古典期以降のものと同じではない。

が参照される（シーア派の場合については第四章を参照）。コーラン本文に対して関連する伝承が延々と並ぶだけで、著者がどの解釈を支持しているのかよくわからない場合も多いが、マムルーク朝期のコーラン解釈学者、ハディース学者イブン・カスィール（一三七三年没）らによって整備された「伝承による解釈」は、コーラン解釈学における主流の方法であり続けた。

一方、人間理性に重きを置く解釈者たちもいた。その代表格が理性主義的な神学派、ムウタズィラ学派（第二章参照）に属するザマフシャリー（一一四四年没）であり、彼はアラビア語諸学の手法を応用した言語的解釈を発展させた。シーア派（第四章参照）やスーフィー（イスラム神秘主義者、第五章参照）の中には、章句を比喩的に理解することで字面からは到底導き出せないような秘教的な意味を導出する人びともいた。

⊙ハディース学 ❖

ハディース（預言者伝承）学が成立し発展するのは九世紀以降であり、この学問を主導したのはブハーリー（八七〇年没）とムスリム（八七五年没）であった。ハディース学がこの時期に発展した理由はいくつかある。預言者没後二〇〇年ほどが経過したこの頃には、様々な勢力が自分たちの主張を正当化するために、膨大な数の預言者伝承を偽造した。たとえばブハーリーは、約六〇万の伝承を蒐集したとも言われるが、彼が問題ないと認めた伝承は七五〇〇もなかった。当時興隆しつつあったイスラム法学（第六章参照）では、預言者のスンナがコーランとともに啓示を反映するものとして認められようとしていたが、当時流布していたハディースの九五パーセント以上が偽造だったとしたら、法学上の根拠としてそのまま利用することはできない。法規定確立のためにもハディース学の整備は急務だったのである。

また、神学の領域では、九世紀にはムウタズィラ学派のように人間理性を重視する人びとと伝承主義者たる「ハディースの徒」との間に深刻な対立があった。ハディース学の確立とハディース集の編纂には、人間理性に重きを置く人びとに

▲コーラン注釈書。右側の頁の中央には第一章「開扉章」が配され、その欄外にはコーラン解釈学者の注釈が書き込まれている（マスカトにあるオマーン遺産文科省内の博物館で二〇一〇年に筆者撮影）。

対抗し、預言者伝承の権威を確立するという意味もあった。

ここで、実際のハディースがどんなものか見てみよう。

ウバイドゥッラー・イブン・ムーサーは、ハンザラ・イブン・アビー・スフヤーンから聞き、ハンザラはイクリマ・イブン・ハーリドから聞き、イクリマはイブン・ウマル――神よ彼ら二人を嘉し給え――から聞いて、次のように言い、われわれに報告した。「神の使徒――彼に神の祝福と平安あれ――は仰った、イスラム教は五つの柱の上に建てられている、すなわち、神の他に神はなく、ムハンマドは神の使徒である、と言う信仰告白、礼拝、喜捨、巡礼、ラマダーン月の断食である、と。」（ブハーリー、後半部は牧野訳）

前半部からは①預言者→②イブン・ウマル→③イクリマ→④ハンザラ→⑤ウバイドゥッラー→⑥われわれ（ブハーリー）という伝承の経路が読み取れるが、これを伝承者の鎖（イスナード）という。これは預言者からハディース集編纂者まで途切れなく連続していなければならない。後半部の「イスラム教は……」以降が本文（マトン）である。ブハーリーとムスリムのハディース集の和訳では基本的に本文のみが訳されているが、本来のハディースは鎖を伴っていなければならない。ハディース学においては鎖と本文がともに考察の対象となるからである。鎖については、それを構成する個々人が宗教的に信頼できる人物なのか、物理的に伝承が可能だったのか、などが検証され、本文については、コーランとの間に矛盾はないか、特定の宗派に対する護教になっていないか、などが検討される。このような検証を通じてハディース学者は個々の伝承をランク付けし、本文が同じでありながらたくさんの鎖によって伝承されたハディースを信頼度の高いものとみなした。

真正（サヒーフ）と認めた伝承のみを収録したものを『真正集』という。ブハーリーとムスリムの両『真正集』には、コーランに次ぐ宗教的権威が認められた。スンナ派では両『真正集』を筆頭とする「六書」が、シーア派では別の「四書」が高い権威を獲得すると、両宗派の法学において法規定の整備が加速することになった。

イスラム教を説明する際には「六信五行」という表現が多用されるが、コーランの中に「六信」と「五行」をまとめて論じている箇所はない。先のブハーリーからの引用にあるように、五行＝五柱という枠組みの根拠はハディース集にある。これと同じように、ハディース集の記述に基づいて形成された教義は多い。ハディース集は預言者ムハンマドの言行に関する様々な伝承（ハディース）を収録しており、それらの伝承が示す預言者のスンナ（慣行）は、神の言葉＝啓典であるコーランに次ぐ宗教的な権威を持ち、不可謬とみなされる。なおスンナ派のハディース集では預言者伝承のみが収録されているが、シーア派においては、歴代イマーム（無謬の指導者）の言行を記録した伝承と、そこに反映された慣行が預言者のそれと同等の権威を持っており、彼らのハディース集にはイマームの伝承も収録されている。このようなハディース集は、スンナ派においては九〜一〇世紀、シーア派においては一〇〜一一世紀に歴史的に形成された。信徒が書き残した創唱者に関する記録という点で、ハディース集は新約聖書や仏典に類似している。

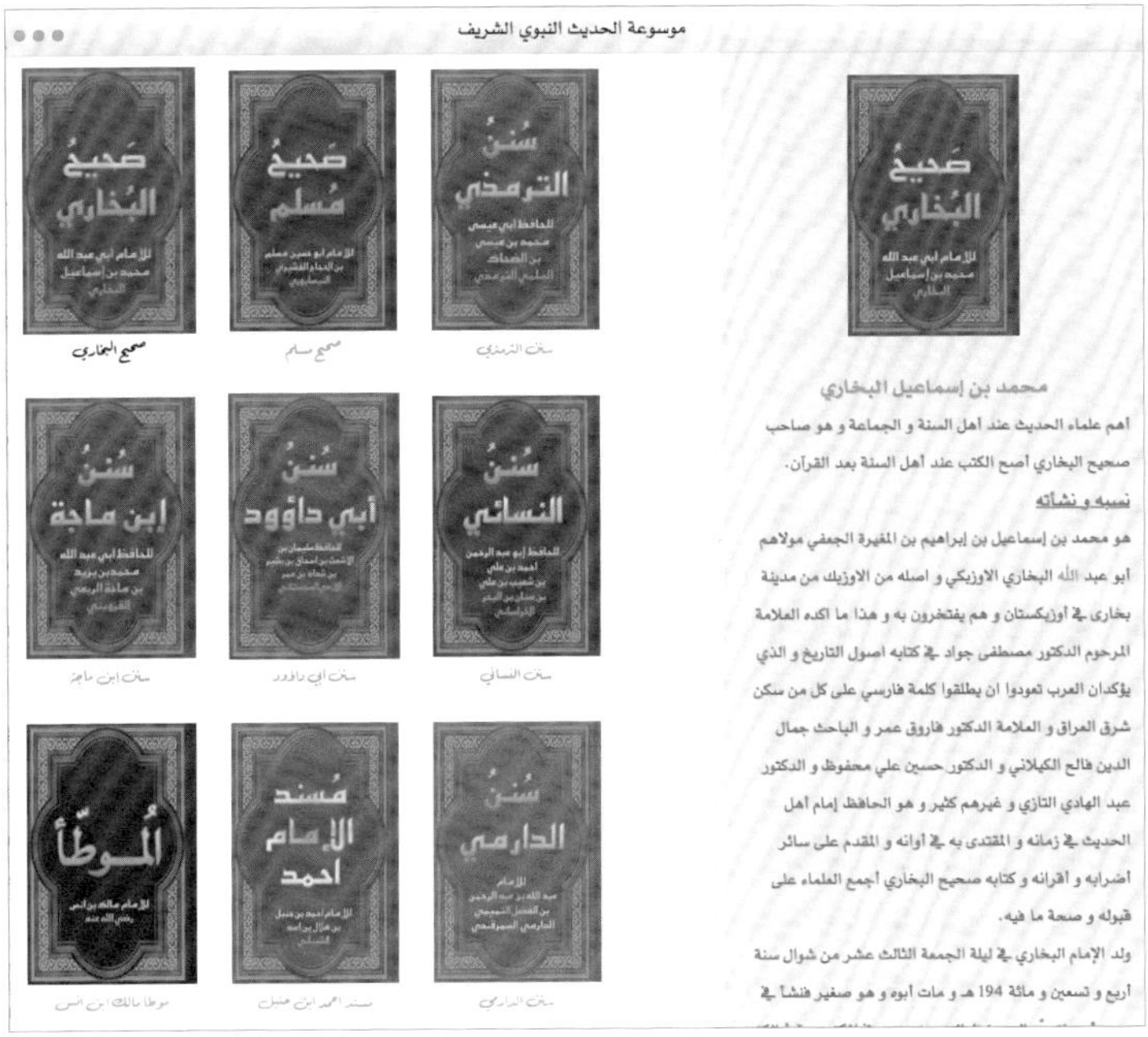

◀MacOS上で動作するハディース・アプリの一例。一冊におさまるコーランとは違い、ハディース集はタイトル数が多く、巻数の多いタイトルも珍しくないので、個人が多数のハディース集を所有することは金銭的にも場所的にもたいへんであった。しかし、近年ではPCやスマートフォン上で動作する安価な（場合によっては無料）ハディース・アプリが増え、全巻に対する検索もできるようになったため、イスラム教徒にとってハディースはより身近なものとなってきている。

第二章 初期イスラム史とスンナ派の成立

菊地達也・大渕久志

1 正統カリフ時代

⊙預言者の死とカリフ制の樹立 ❖

六三二年、預言者ムハンマドは信徒たちとともに「別離の巡礼」といわれるメッカ巡礼を挙行し、その際におこなった説教で「私はあなた方に、それにすがれば決して道を誤ることのない明白なものを残したのだから。つまり、神の書と、神の預言者の慣行《スンナ》を」（イブン・イスハーク『預言者ムハンマド伝』）と述べたという。その後メディナに戻ったムハンマドは病に倒れ、間もなく逝去した。

預言者のこの言葉は、自分の没後には「神の書」たるコーランと自分が生涯の中で示したスンナ（慣行）を指針として生きるよう信徒たちに求めているが、預言者が独占していた宗教的権威と政治権力を誰がどのように継承するのか、という極めて重要な問題については具体的な指示はなかった。預言者没後の政治と宗教思想はこの二つの問題を軸として展開し、政治勢力、宗派、学派が分岐していくことになる。

預言者の死は創立間もないイスラム共同体の存亡に直結する大問題であったが、政治権力の継承については比較的スムーズに解決した。ともにメッカ生まれの古参信徒であるアブー・バクル（六三四年没）とウマル（六四四年没）は、メディナのイスラム教徒による分離独立の動きを封じ込め、アブー・バクルがイスラム共同体全体の指導者、カリフとして推戴されたのである。カリフという語は、アブー・バクルに与えられた称号ハリーフ

▲子ども向け偉人伝「正統カリフ・シリーズ」第1巻『アブー・バクル』（カイロ、2000年）の表紙。ムハンマドという根から生え育った葉には、右からアブー・バクル、ウマル、ウスマーン、アリー、ウマル2世の名前が刻まれている。ウマル2世はウマイヤ朝カリフ（在位717～720）であるが、名君であったため「第5代正統カリフ」と呼ばれることもある。

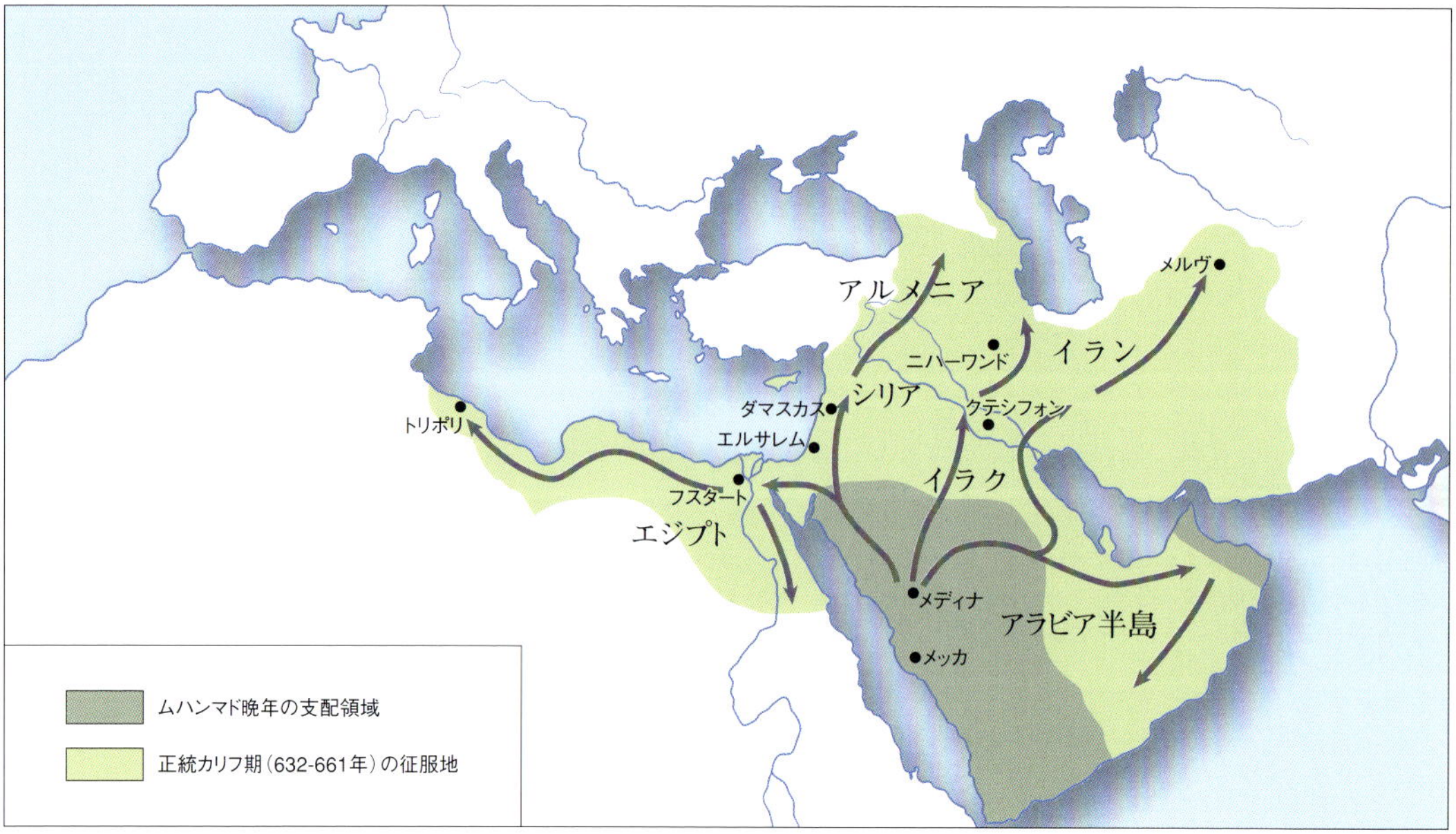

▲正統カリフ時代に征服された領域

ア・ラスール・アッラー（神の使徒の代理人／後継者）のハリーファ（代理人／後継者）に由来する。コーランも預言者も後継体制について明言していないため、アブー・バクルの即位は共同体を存続させるという喫緊の課題に対応するための緊急措置であったと考えられる。アブー・バクルとその後の三人のカリフが支配した時期を正統カリフ時代という。

⊙正統カリフ時代の躍進と大征服 ❖

アブー・バクルは反旗を翻したアラビア半島の部族勢力の平定に追われ、六三四年に病に倒れてしまう。病床のアブー・バクルが後継者として指名したのが盟友ウマルであった。ウマルはアミール・アル＝ムウミニーン（信徒たちの長）という称号も使用するようになり、この称号はその後カリフを指すものとして用いられるようになった。ウマルは国家制度や法規定を整備し、ヒジュラ（聖遷）を紀元とする太陰暦、ヒジュラ暦（いわゆるイスラム暦）を制定したと言われる。

　ウマルの時代には対外的な膨張が急速に進んだ。彼が派遣した軍は六三六年、パレスチナのヤルムークでビザンツ帝国（東ローマ帝国）軍を撃破し、六三八年には聖地エルサレムを征服した。ウマルはイラクへの侵攻も本格化させ、サーサーン朝の首都クテシフォンを攻略した後、六四二年頃にはニハーワンド（イラン西部）の戦いでサーサーン朝軍を壊滅させ、イランへの侵攻も始まった。同時期にはエジプトの征服もほぼ完了しており、六二二年のヒジュラの段階ではメディナの一勢力でしかなかったイスラム共同体は、四半世紀後には広大な帝国に変貌を遂げ、シリア、エジプト、イラク、イランといった古代文明揺籃の地を支配下に組み込んだのである。

⊙第一次内乱とウマイヤ朝の成立 ❖

　内政を充実させ支配領域を急速に拡大させたウマルであったが、六四四年に異教徒に暗殺されてしまう。ウマルは今際の際に、ウマイヤ家の出身で早くから預言者に付き従ってきたウスマーン、預言者のいとこであり後に第四代カリフとなるアリーを含む六名を後継候補として定め、選挙によりカリフを選出するよう命じたと伝えられる。互選の結果第三代カリフとして即位したのが、ウスマーンであった。

　宗教的にはコーラン編纂という功績が伝えられているウスマーンではあるが、その政策は身内贔屓と非難され、治世は波乱に満ちていた。政策や俸給に不満を持った遠征軍の兵士が首都メディナに押し寄せるという大混乱の中で、ウスマーンは自宅で彼らに殺害されてしまう。カリフがイスラム教徒の兵士によって殺害されたという事実は、国家制度が未整備なまま急速に広大な帝国へと変貌しつつあった最初期のイスラム共同体が自壊し始めたことを意味する。

　ウスマーン殺害に伴う混乱が収束しない中で第四代カリフとして即位したのが、アリーであった。しかし、預言者の寡婦アーイシャや一部の有力者はアリーに反旗を翻す。ウスマーンと同じくウマイヤ

▼クーファのモスクでハワーリジュ派の暗殺者に襲撃された後のアリーを描く写本挿絵。オスマン朝下のバグダードで一六世紀後半に製作。

◀イル・ハーン朝期（一四世紀前半）に製作された詩人フィルダウスィー著『王の書』写本挿絵。預言者を中心に四人の正統カリフと天使たちが描かれている。

▶戦闘時のアーイシャを描く写本挿絵。ティムール朝期の歴史家ハーフィズィ・アブルー（一四三〇年没）の史書写本（一五世紀）に収録。アーイシャの輿を乗せたラクダの付近でも激しい戦闘があったため、この戦争はラクダの戦いと呼ばれている。

家に属するシリア総督ムアーウィヤ（六八〇年没）はウスマーンの復讐を要求し、即位に異を唱えた。アリーはすぐさま彼らと戦わざるを得ず、六五六年における即位は第一次内乱の始まりでもあった。

同年、アリーはイラク南部のクーファに移動し、同じくイラク南部にあるバスラを拠点とするアーイシャらの連合軍と戦い、これを撃破した。

　次にアリーは、ムアーウィヤと雌雄を決するために六五七年シリア北部のスィッフィーンでその軍と戦った。戦闘においてはアリーの軍が優勢であったが、老獪なムアーウィヤは政治交渉に持ち込み、最終的には停戦に至った。しかし、この停戦は深刻な政治的、宗教的分断を招くことになる。

　この戦いを正統なカリフと反逆者の争いととらえていたアリー軍の一部は、反逆者との妥協によりアリーは正統性を喪失したと考え、軍営を離脱した。彼らはハワーリジュ派（「離脱者たち」の意）というイスラム史上最初の宗派を形成することになる。彼らはムアーウィヤらの暗殺には失敗したものの、六六一年にクーファでアリーを刺殺することに成功する。アリーの長男であり、その後継者となったハサン（六七〇年頃没）がほどなくしてムアーウィヤに屈すると、六六〇年にすでにカリフ位を主張していたムアーウィヤはイスラム共同体唯一のカリフとなった。これによって正統カリフ時代と第一次内乱は終わり、世襲のカリフ政権であるウマイヤ朝の時代が始まる。

⊙理想化された正統カリフ時代とサラフ ❖

約三〇年しか続かなかった正統カリフ時代は、その短さにもかかわらず宗教的、政治的に極めて重要である。カリフ制など後世のイスラム教徒を強く拘束する新たな創造も多数あったのだろうが、外部資料が極めて乏しく、後世の人びとによる仮託も多いので確認困難なケースも多い。それでも後世の人びとが自分たちの主張の起源を預言者時代もしくは正統カリフ時代に見出そうとするのは、これらの時代が高い規範性を持つからである。

　イスラム教徒の宗教的歴史観は多くの場合、起源から遠ざかれば遠ざかるほど状況は悪くなっていくという下降史観である。この場合の起源とは預言者ムハンマドとその時代であり、一般に、時代的にあるいは人間関係において起源に近ければ近いほど、宗教的な徳は高まる。後のスンナ派神学では、預言者に続く有徳の人は順番にアブー・バクル、ウマル、ウスマーン、アリーとされた。すなわち、正統カリフとしての即位順である。また、イスラム教には教友（サハーバ）という用語があり、一度でも生前のムハンマドに接したことがあるイスラム教徒を意味する。もちろん正統カリフも教友に含まれ、正統カリフに続く有徳の人びとは、その他の教友ということになる。

教友に次ぐ有徳の人びとは、教友に一度でも会ったことがある第二世代、すなわち「後続者たち《タービウーン》」であり、彼らに続く世代が「後続者たちの後続者《タービウ・アッ＝タービイーン》」である。

◀イスラム過激派を批判するサイトに掲載された風刺画。若者を洗脳し同胞の殺害を命じる過激派が「今日のハワーリジュ派」と名指しされている。

一般にこれら最初の三世代の総称としてサラフ（先達）という語が用いられる。

サラフは尊重し学ぶべき対象とされてきた（近現代におけるサラフ主義については第七章を参照）。起源に近ければ近いほどコーランの命令や預言者の慣行がより忠実に守られ、より正しくイスラム教徒として生きることができた、という前提のもと、サラフは見習うべき有徳者とされ、それゆえ宗教的には批判しにくい存在でもある。しかしイスラム教徒の歴史家たちは、第二、第三世代どころか正統カリフも含めた教友の過ちや対立についても率直に描写してきた。そのような現実的な歴史認識と、もっとも徳の高い教友世代が後代に範を示したという宗教的な歴史認識が、イスラム世界では時には齟齬を来たしながらも、両立してきたのである。

❖

⊙ハワーリジュ派

イスラム史上最初の宗派、ハワーリジュ派の主張は、大罪に当たる行為を犯した信徒はその信仰を失い、不信仰者《カーフィル》となる、という独特の思想に基づいていた。コーラン四九章一四節には、「ベドウィンたちは、『信仰した』と言った。言え、『おまえたちは未だ信仰してはいない。そうではなく〈帰依《イスラーム》した〉と言え。信仰はおまえたちの心にまだ入っていないので。……』」とある。ここでは神自らが、服従・帰依《イスラーム》したばかりの砂漠の遊牧民はまだ信仰者たり得ていないと宣告している。ハワーリジュ派も単なる帰依者《ムスリム》と信仰者《ムウミン》を別物と考え、後者に高い倫理的条件を課した（イスラーム／ムスリムという語がイスラム教とその信徒の総称として定着するのは後代であり、初期の神学議論ではこの二つの語は比較的低いレベルの信徒のあり方を指すのに用いられた）。逆に言えば、信仰や行為に関する条件を満たせなくなった信仰者はもはや信仰者ではなくなるということである。

ハワーリジュ派の中には、自分たちが不信仰者と宣告した者の殺害を求める過激な集団も存在していたという。他者の信仰を否定し攻撃するハワーリジュ派の姿勢は他集団から大いに批判され、共同体を内部から破壊するものとして否定された。現代では、自分たち以外のイスラム教徒の殺害も辞さない過激派に対して、しばしば「現代のハワーリジュ派」「不《タ》信仰者宣告《クッイール》の徒」といったレッテル張りがなされる。

とはいえ、預言者没後間もないイスラム共同体においては、共同体構成員の資格も曖昧であり、改宗は形だけで基本的な宗教的義務を怠っている者も仲間なの

▶メッカとメディナの間に位置するガディール・フンムにおいて預言者がアリーを後継者として指名したという伝承を描いた写本挿絵。預言者がアリーの肩に手を置いているが、伝承によればアリーの手を取り高く掲げたという。

か、罪を犯した信徒は信徒ではなくなるのか、といった基本的な問題についても合意はなかった。ハワーリジュ派は極めて高い水準の信仰と行為を信仰者の条件として求めたが、このような厳格主義は平等主義とも結びついていた。つまり、共同体の構成員に求められるのは正しい行為と信仰なのであって、出自などは問題とされないのである。このような厳格主義と平等主義は指導者論にも適用され、ハワーリジュ派は出自や身分を問題視しない一方で、アリーのように正しい道を踏み外した指導者は容赦なく糾弾されるべきであると主張した。彼らにとって最後まで正統な指導者だったのは、アブー・バクルとウマルまでである。前項で述べたように、後の多数派イスラム教徒が、預言者との時間的な近さや関係性における近さをも正しいイスラム教徒であることの要件として重視したのに対し、ハワーリジュ派は個人の行為と信仰のみを問題にしたとも言える。

⊙シーア派の出現

一方、預言者との血縁上の近さを絶対視したのが、イスラム史上二番目に生まれた宗派、シーア派であった。ハワーリジュ派が離脱した後のアリー支持集団の間では、預言者とアリーの特別な関係が強調されるようになり、アリーは預言者の生前に後継者として指名されており、その地位はアリー家の男系子孫に継承されるべきであるという主張が生まれた。

シーア派は政治的党派集団あるいはイラクのクーファを拠点とする地域勢力として登場し、ウマイヤ朝期には宗教的宗派としての色彩を強めていく（シーア派の歴史と特徴については第四章を参照）。彼らの主張によれば、預言者家を継承するアリー家のイマーム（指導者、カリフとの違いについては五九ページを参照）には、預言者と同等の宗教的な解釈権が受け継がれ、イスラム共同体の政治的支

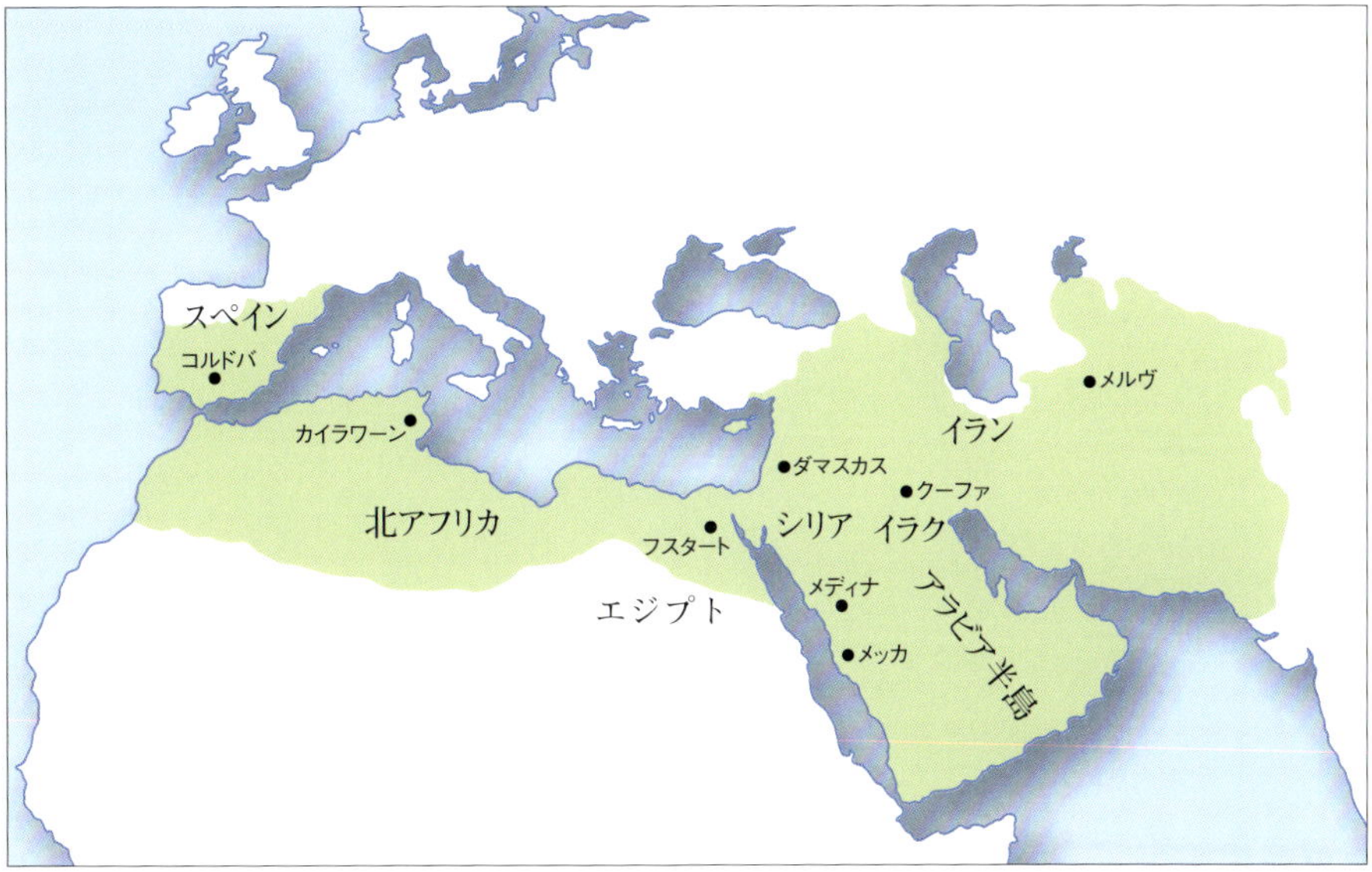

▲ウマイヤ朝期の支配領域

配権も本来は彼らに帰すべきものであり、信徒はこのようなイマームに服従しなければならないとする。このような主張を前提にするならば、アリー以前の三人の正統カリフは、本来アリーが受け継ぐべき地位を不当にも奪ったことになり、ウマイヤ朝カリフにも正統性がないことになる。

当初は順調に統治権が継承されてきたイスラム共同体であったが、ウスマーン期からウマイヤ朝初期までの混乱の中で、カリフの条件は正しい信仰と行為のみとし、ウマルまでを正統な統治者とするハワーリジュ派と、アリー家イマームのみが宗教と政治の両面に渡る指導権を継承するべきとし、アリー家の出身ではないカリフの正統性を認めないシーア派が誕生した。そして、そのどちらにも与しないが明確な教義を示せていない大多数の人びとが、後のスンナ派の母体となった。彼らの間では後に、極端な平等主義と血統主義を共に斥け、アリーまでの四人のカリフを正統カリフとし、その後のウマイヤ朝、アッバース朝をもカリフ政権として追認するカリフ論が形成されたが、その形成までには約三〇〇年の時間が必要であった。

▶アブドゥルマリクによって建立されたエルサレムの岩のドーム（二〇〇〇年、筆者撮影）。他勢力への対抗上ウマイヤ朝はこの時期にエルサレムの聖地化を推進したと言われる。ムハンマドはここから昇天《ミウラージュ》したとされる。

⊙ウマイヤ朝からアッバース朝へ❖

ムアーウィヤが六八〇年に没し、カリフ位が世襲されると、シリアのウマイヤ朝、アラビア半島のイブン・ズバイル（六九二年没）の勢力、イラクのシーア派勢力が争う三つ巴の第二次内乱が勃発した。第五代カリフ、アブドゥルマリク（在位

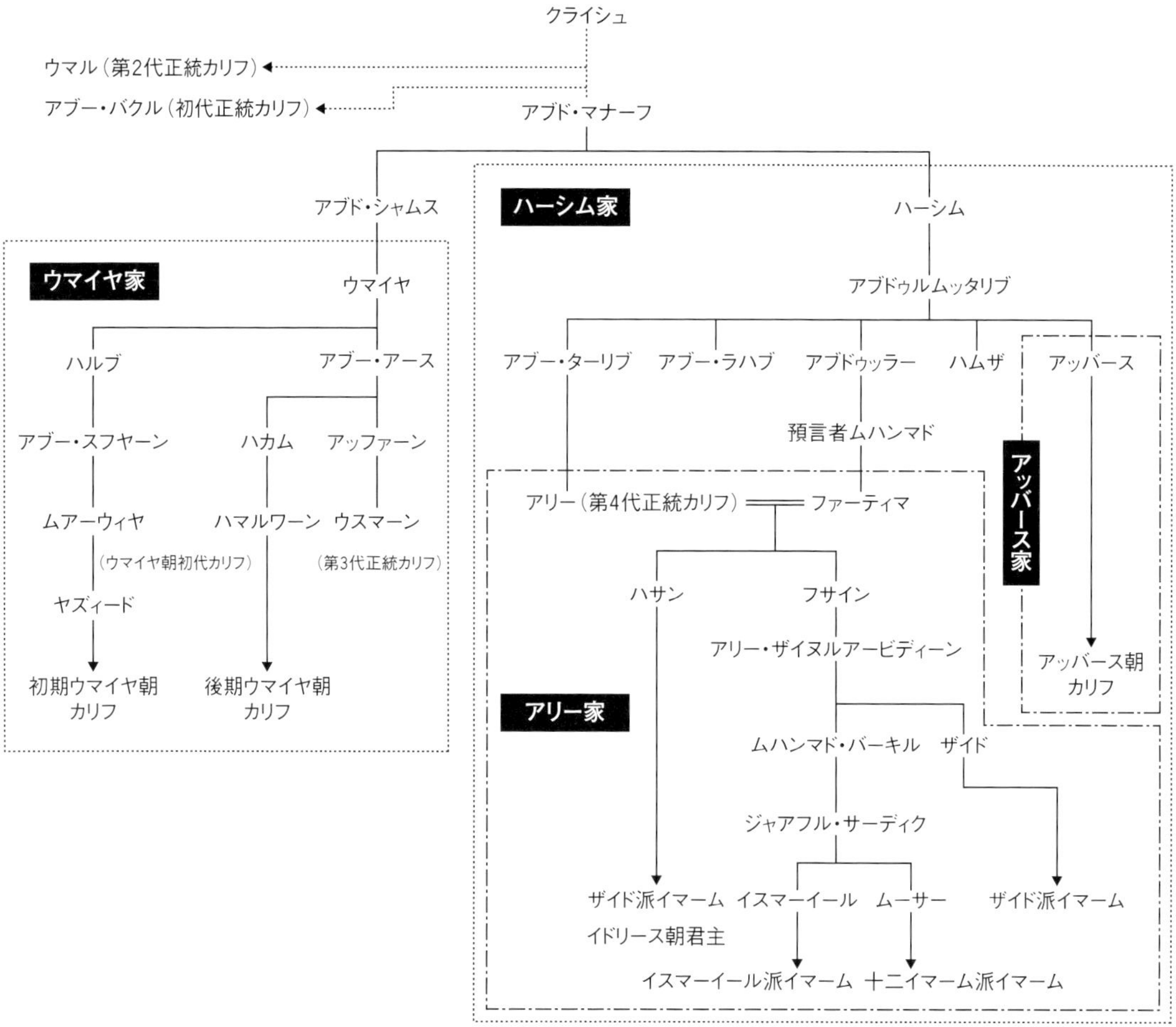

▲クライシュ族の簡易系図。ハーシム家に含まれるアリー家、アッバース家はウマイヤ家よりも血筋的に預言者に近い。

六八五～七〇五年）によってこの内乱は平定され、版図の再統一に成功したウマイヤ朝の統治はその後比較的安定する。しかし、シーア派運動の一部を取り込みハーシム家（預言者の一族だけではなくアリー家、アッバース家も含む）の指導者による支配を唱えるアッバース家の革命運動が始まり、七四七年にホラーサーン地方（現在のイラン北東部とアフガニスタンなどの一部を含む地域）で彼らによる武装蜂起が勃発した。ホラーサーンの革命軍は西方へと進撃し、七四九年にはアッバース家のアブー・アッバース（在位七四九～七五四年）がクーファでカリフとして即位した。翌年にはウマイヤ朝を滅亡に追い込み、アッバース家が支配する統一カリフ政権が成立する。

　革命運動にシーア派勢力を取り込み、ウマイヤ家よりも血筋的に預言者に近いことを正統性の根拠にしていたアッバース家であったが、アリー家のイマームによる統治を期待していたシーア派からは強い反発を受けた。続く第二代カリフ、マンスール（在位七五四～七七五年）はシーア派など反体制勢力を抑えつつ、イラク中部に新首都バグダードを造営した。マンスールは行政機構を整備し支配体制を確立することにも成功する。これによりイラクがイスラム共同体にとっての政治的、経済的、文化的中心地となった。

2 イスラム神学

⊙ウラマー層の登場

七五一年に唐軍に勝利したタラス河畔（現クルグズスタン）での戦いをきっかけにして中国から製紙法が伝えられると、八世紀後半にはイスラム世界でも紙の生産が始まり、羊皮紙やパピルスよりもはるかに安価な紙が利用できるようになった。これにより、たとえば一〇世紀のバグダードでは多くの書店が並び、古代ギリシアやインドの学問書すら容易に入手できたという。

経済的に繁栄し、文化的インフラも整いつつあったアッバース朝期にイスラム教の諸学問は大いに発展した。ここで注目すべきは、八世紀以降にウラマーと総称される知識人層が出現したことである。ウラマーとは「アーリム（学者）」の複数形であるが、ここでの「学」はイスラム教の伝統的学問、すなわちコーラン解釈学や伝承学、法学、神学などを指す。したがってギリシアなどに由来する「外来の学問」、つまり哲学や科学は含まれない（「外来の学問」については第三章を参照）。

ウラマーはあくまでも学者であって、ローマ・カトリック教会の神父よりはユダヤ教のラビに近い存在である。また、中国の科挙のような認定試験があるわけではなく、数多くの学問を修め、周囲からそうと認識されたときに「ウラマー」になるのである。

彼らウラマーとカリフとの間には、当初は相当の距離があったようである。たとえば法学派のひとつ、ハナフィー学派の名祖、アブー・ハニーファ（七六七年没）は絹織物商人であった。彼はアッバース朝からの裁判官職への就任要請を拒絶したために投獄され、獄死したと伝えられる。このような事例からうかがえるように、八世紀頃にはすでに権力者が知識人や学者を自らの統制下に置こうと試みることがあったようである。シーア派においては、イマームが預言者が保持していた宗教的な権威を継承することになっていたが、それ以外の多数派においては、宗教上の解釈権を誰が継承するのかという大問題について解答が出ていなかった。そのため、ウラマーとカリフとの間には緊張関係があったのである。

ウラマーが担った宗教的学問には、コーラン解釈学、ハディース学、法学、神学などがある。コーラン解釈学とハディース学については第一章で、法学については第六章で触れるので、次項以降ではイスラム神学について見ることにしたい。

الفن الاول ـ من المقالة السابعة ٣٠٩

وهو انالوطيقا الثانى ، ومعناه البرهان . طوبيقا ، ومعناه الجدل . سوفسطيقا ، ومعناه المغالطين . ريطوريقا . ومعناه الخطابة . ابوطيقا ، ويقال بوطيقا ، معناه الشعر .

الكلام على قاطيغورياس

بنقل حنين بن اسحق . فمن شرحه وفسره ، فرفوريوس . اصطفن الاسكندرانى . اللينس ، يحيى النحوى . امونيوس . ثامسطيوس . ثاوفرسطس . سنبليقوس . ولرجل يعرف بثاون سريانى وعربى . ويصاب (١) من تفسير سنبليقوس الى المضاف . ومن غريب التفاسير قطعية تصاب (٢) لامليخس . قال الشيخ ابو زكرياء ، يوشك (٣) ان يكون هذا منحولاً الى امليخس . لانى رأيت فى تضاعيف الكلام قال الاسكندر وقال الشيخ ابو سليمان انه استقل هذا الكتاب ابا زكرياه بتفسير الاسكندر الافروديسى نحو ثلثمائة ورقة . وممن فسر هذا الكتاب ابو نصر الفارابى . وابو بشر متى . ولهذا الكتاب مختصرات وجوامع مشجرة وغير مشجرة ، لجماعة منهم ، ابن المقفع . ابن بهريز . الكندى ، اسحق بن حنين . احمد بن الطيب . الرازى .

الكلام على بارى ارميناس

نقل حنين الى السريانى . واسحق الى العربى ، الفص (٤) . المفسرون : الاسكندر ، ولم يوجد . يحيى النحوى : امليخس . فرفوريوس . جوامع اصطفن . ولجالينوس تفسير . وهو غريب موجود (٤) . قويرى . متى ابوبشر . الفارابى . ولثاوفرسطس . ومن المختصرات ، حنين . اسحق . ابن المقفع . الكندى . ابن بهريز . ثابت بن قرة . احمد بن الطيب . الرازى .

الكلام على انا لوطيقا الاول

نقله تيادورس الى العربى ، ويقال عرضه على حنين فاصلحه . ونقل حنين قطعة منه الى السريانى . ونقل اسحق الباقى الى السريانى . المفسرون : فسر الاسكندر الى الاشكال الحملية (٦) تفسيرين ، احدهما اتم من الآخر . وفسر ثامسطيوس للمقالتين جميعاً فى ثلاث مقالات . وفسر يحيى النحوى الى الاشكال الحملية (٦) . وفسر قويرى الى الثلاثة الاشكال ايضاً . وفسر ابو بشر متى للمقالتين جميعاً . وللكندى تفسير هذا الكتاب .

الكلام على ابو ديقطيقا وهو

انا لوطيقا الثانى

مقالتين نقل حنين بعضه الى السريانى . ونقل اسحق الكل الى السريانى . ونقل متى نقل اسحق الى العربى . المفسرون : شرح ثامسطيوس هذا الكتاب شرحاً تاماً . وشرحه الاسكندر ولم يوجد . وشرحه يحيى النحوى . ولابى يحيى المروزى الذى قرأ عليه متى ، كلام فيه . وشرحه ابو بشر متى . والفارابى . والكندى .

الكلام على طوبيقا

نقل اسحق هذا الكتاب الى السريانى . ونقل يحيى بن عدى الذى نقله اسحق الى العربى . ونقل الدمشقى منه سبع مقالات . ونقل ابراهيم بن عبدالله ، الثامنة . وقد يوجد بنقل قديم .

١ ـ ف (يضاف) . ٢ ـ (قطعه تضاف) . ٣ ـ فى الخطيه (تحت يوشك كلمة ينبغى) .
٤ ـ ف (النص) . ٥ ـ ف (غير موجود) . ٦ ـ ف (الجميلة) .

▲一〇世紀に書かれたイブン・ナディーム著『目録』。当時知られていたアラビア語書物のリストであり、左記の頁にはアリストテレスの論理学関係著作が並んでいる。この書にはすでに散逸している貴重な書物も多数収録されている。

▲BBC製作の復元想像図。円城都市バグダードの人口は最盛期には100万人に達したとされ、その四つの門は、それぞれ中央アジア・中国方面、インド・東南アジア方面、アラビア半島方面、シリア、北アフリカ方面に向かう街道に直結していた。

イスラム神学は、特に九世紀にはウラマーとカリフが雌雄を決する最前線でもあった。

⊙イスラム神学のはじまり❖

預言者ムハンマドの死後から世界は動乱と不安に満ちていた。正義が報われず、不正な人間が権力者として君臨するのはなぜか？　この苦境を神はわれわれに運命づけたのか？　人々はコーランやハディース集に答えを求めたが、そこから得た解答によって神学的立場は分岐していった。

ウマイヤ朝体制を是認した大多数の人々は、権力者が従うにふさわしい「信仰者」であるか否かという判定を神にゆだね、自らの境遇を「定命」として受け入れた。そしてこのような態度を非難するハワーリジュ派との間で論争が盛んにおこなわれた。もちろんイスラム教の神学は、神や天使、啓示、終末と来世のような根本的信条のテーマを扱うが、その思索のきっかけの一つは現世の社会と政治の状況にあった。

アッバース朝カリフのマアムーン（在位八一三～八三三年）はその権威をより強固なものにするためカリフ権神授の概念を打ち出し、比較的緻密で理論的な神学体系を構築していたムウタズィラ学派を帝国の正統教義として採用した。さらに彼は晩年に、ミフナと呼ばれる異端審問を開始し、同学派が主張する「コーラン被造物説」を強制した。コーラン被造物説とは、コーランは神によって創造されたものに過ぎないという主張である。この説は、その頃の（そして現在の）一般的な考え方、つまり「コーラン永遠説」（コーランは神とともに無始無終の永遠の存在であるという説）とは相容れない。教会制度のないイスラム教にとって、この異端審問は非常に珍しい事例である。

マアムーンの政策の真意について、研究者の見解は一致していない。一説では、マアムーンがムウタズィラ学派の理性主義に過度に陶酔した結果であると言われる。マアムーンは、イスラム教にとっては外来の、ギリシア語の科学・哲学文献の翻訳と受容を奨励したカリフとしても有名である。また別説では、コーランを一介の被造物としてその相対的な地位を下げつつ、カリフ自身がコーランにとってかわるべき「神の代理者（カリフ）」として君臨することを目指したとも言われる。さらに別の見解では、ビザンツ帝国にイデオロギー的に対抗することをマアムーンは意図したとされる。いずれにせよ、その死後もアッバース朝による異端審問は約一六年間続き、この正統神学に反対する者たちは「多くむち打たれ、殺されても当然であるとされた」（イブン・ハルドゥーン『歴史序説』）という。

⊙「ハディースの徒」――伝承主義❖

そのように迫害されたウラマーのひとりが、ハンバル学派の名祖、イブン・ハンバル（八五五年没）である。彼は、アッバース朝の唱えるカリフ権神授説や理性主義に伝統的な信仰が脅かされる危機を感じ、コーランと預言者のスンナ（慣行）への回帰を訴えつづけた。彼は「ハディースの徒」と総称される伝承主義者

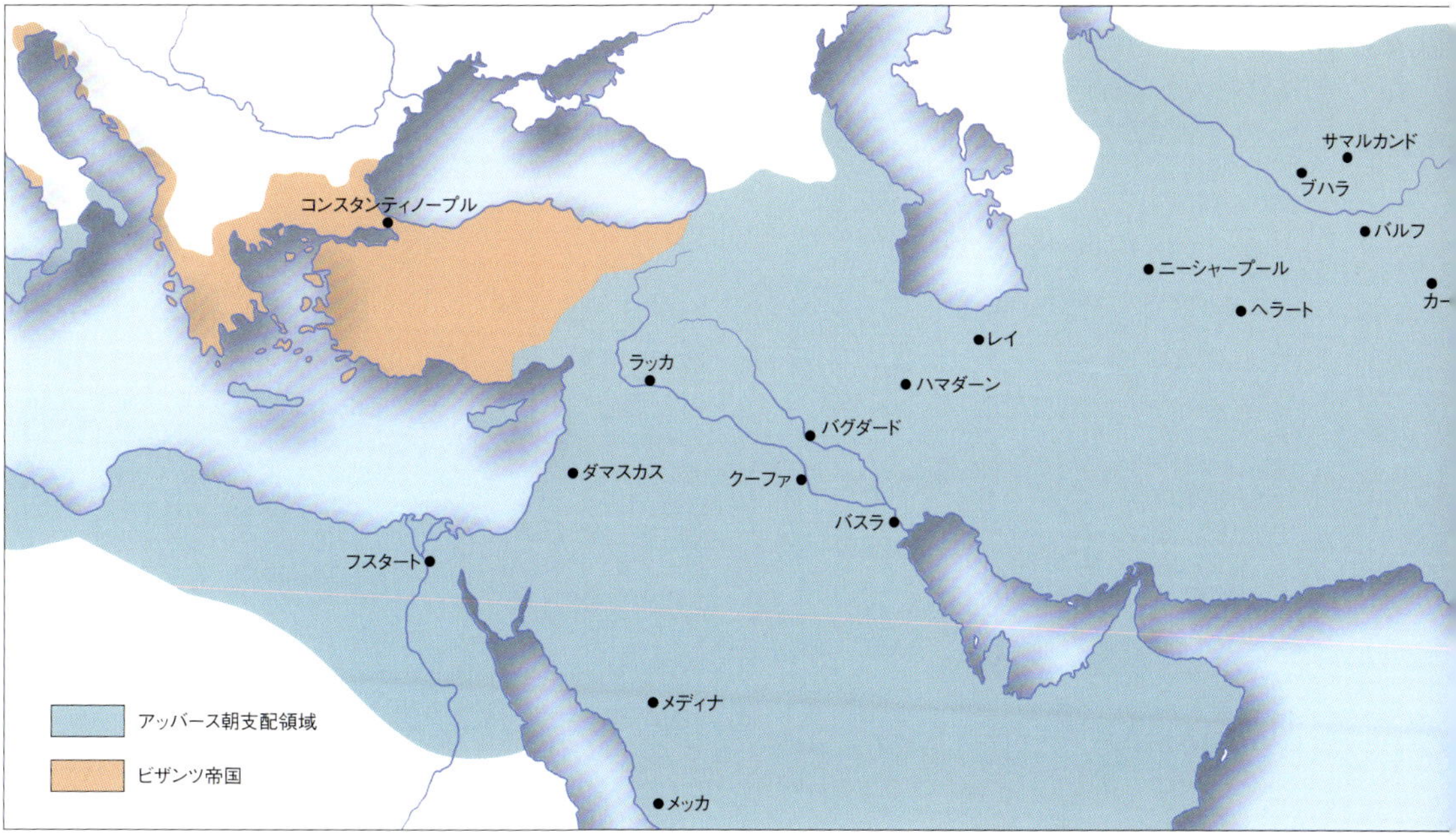

▲9世紀後半のアッバース朝とビザンツ帝国

であった。「ハディースの徒」は各地に伝わる膨大な数のハディースを収集・編纂しつつ、ムウタズィラ学派のように人間の理性を重んじる「ラアイ（個人的見解）の徒」と対峙していた。

「ハディースの徒」は神学的には、コーランおよびハディースの文章・語句の意味に、理性的な推論や解釈を差しはさまず、その字義どおりの表現を尊重しようとした。さらにこうした潮流からは思弁的な神学そのものを否定する者たちも現れた。彼らにしてみれば、コーランの中の不可解な表現や他の箇所と矛盾する章句は、合理的に説明しようとするのではなく「いかにと問うことなく」受け入れるべきなのである。しかしこのような姿勢は彼らが非合理的・非理性的であることを示すわけではない。たとえばハディースの整理方法が極めて合理的であったように、彼らはムウタズィラ学派などとは異なる領域と手立てで理性を発揮していたのである。

⊙ムウタズィラ学派 ——理性第一主義 ❖

結局、異端審問は取りやめられ、教義を解釈する権利はカリフではなくウラマーに委ねられることとなり、イブン・ハンバルは英雄的な存在になった。ただし伝承主義者が優勢を誇るようになった後も、バグダードやバスラを拠点にムウタズィラ学派は有力な神学派であり続けた。ムウタズィラ学派の中心的な教義は、神は正義のみを行うという原則と、神の唯一性を徹底的に保持しようとする信条である。ムウタズィラ学派内にも細かな論点の差異は数多く生じたが、この信条がおおむね共通しており、とりわけ特徴的である。ムウタズィラ学派は「正義と唯一性の主唱者」と自称していた。

ムウタズィラ学派は「善」と「悪」、「正義」と「不正」は客観的に判断できると考える。そして神はそのうち正義あるいは善のみを行うとし、神に不正や悪を帰することを避けたのである。他方、人間

▶イブン・ハンバルの偉業を図説した書籍の表紙。

は理性をもって「善」を客観的に認識することができ、自らの意志によって行為を創造できるとする。しかしこのような倫理観は、全能なる神の能力を制限し、人間に神のごとき創造力を付与しているという批判を受けることになった。

またムウタズィラ学派は神の唯一性を強調し、コーランに見られる擬人神観（神が人間と同様の姿形を有していると考えること）的表現をすべて合理的・比喩的に解釈する方法を編みだした。たとえば「神の手」（コーラン四八章一〇節）とあるのは神の恩寵を表現しているのだと解釈した。このような神観は、素朴に聖典の言葉を受け入れようとする信者にとっては馴染みにくいものであったろう。

さらに彼らは永遠なる神の唯一性を徹底するため、その他すべてのものの永遠性（たとえば神の諸性質の永遠）を否定した。その結果として、前述したように、神の言葉である啓典コーランを時間の中で創造された被造物であると主張したのである。というのも、もしコーランが神そのものと同じように永遠であるならば、神と並び立つものが存在することになり、神の超越性、唯一性が損なわれてしまうからである。

ムウタズィラ学派の過度の理性主義が人々の信仰に根付くことは難しく、やがて彼らはアシュアリー学派にとって代わられることになる。しかしながら、ムウタズィラ学派はその後もイラン北部のレイや中央アジアに活動の場を広げ、その伝統はしばらく続く。また現在でも、シーア派神学の中には正義論などのムウタズィラ学派の教説が生きながらえている。

⊙セルジューク朝とアシュアリー学派

アシュアリー（九三五／六年没）はムウタズィラ学派の有力者であったが、突如それを離脱し、イブン・ハンバルがかつて訴えたような伝承主義に傾倒した。そのきっかけについては数多くの逸話があるが、そのひとつのあらすじは次のようなものである。アシュアリーは、師匠であったムウタズィラ学派のアブー・アリー・ジュッバーイー（九一五年没）に尋ねた。「三人兄弟がいたとします。長男は子供のうちに亡くなり、次男は大人になって信仰者として死に、三男は大人になって不信仰者として死んだとします。彼ら三人はそれぞれ楽園と火獄のどちらに行くでしょうか」。ジュッバーイーは「信仰者は楽園、不信仰者は火獄、子供は無罪だから楽園行きである」と答えた。「では、神は人間にとっての最善の采配をするというあなたの教説を踏まえると、なぜ子供は信仰者になるという最善を得る機会すら与えられず、幼くして亡くなったのでしょうか」。ジュッバーイーは「子供がやがて不信仰者になることを神は知っていたからである。したがって無罪の子供として死ぬことが最善だったのだ」と答えた。「すると、火獄に行くべき死んだ不信仰者たちは皆、嘆くでしょう。なぜ成熟して不信仰者になる前に死なせてくれなかったのか、いやむしろこの世に生み落とされなければよかったのに、と」。これにはジュッバーイーは答えられなかったという。

アシュアリーとその弟子たちは、ムウタズィラ学派やシーア派との議論を繰り返すうちに独自の学派を形成していった。

これは伝承主義と理性第一主義の中間を行くような神学であった。アシュアリー学派の教説は次第に優勢となるが、まだ発展の余地があった。というのも、後にアリストテレス流の論理学が導入され、体系化がさらに進んだからである。当初の神学者たちにとって、論理学はギリシア哲学、すなわちイスラム教やキリスト教のような一神教の信条とはまったく異なった異教世界由来の新奇なものであった。しかしアシュアリー学派にあえて論理学などを導入し、それを神学の一部として体系化したのが、ジュワイニー（一〇八五年没）とその弟子、アブー・ハーミド・ガザーリー（一一一一年没）らであった。この時代になると、存在と非存在、原子、本質と属性といった抽象的概念も磨き上げられ、神学者たちの主要な考察対象となっていた。彼らはセルジューク朝によって運営された学院（マドラサ）を活動の拠点とした。

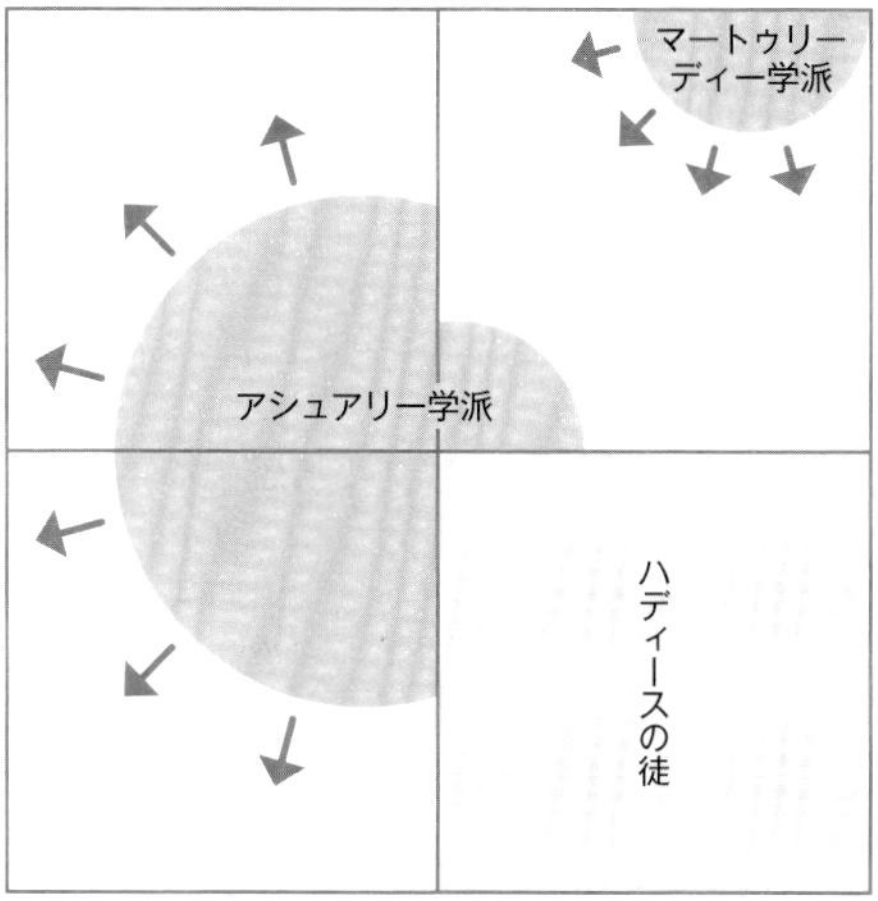

▲一〇世紀頃の神学派と法学派の関係（松山洋平『イスラーム神学』七一ページを参照）。この頃は神学派と法学派との結合関係は流動的である。たとえば、シャーフィイー法学者がハディースの徒の神学を採用したり、ハナフィー法学者がアシュアリー学派を奉じている場合もあった。

▲神は天使たちに「アダムへ跪拝せよ」と命じたが、イブリース（悪魔）だけが従わなかった（コーラン二章三四節）。アシュアリー学派（イスマーイール派だったとも言われる）のシャフラスターニー（一一五三年没）は、「善」は理性で捉えられるとするムウタズィラ学派の疑念と誤謬はこのイブリースから生じたとして批判する。というのも、アシュアリー学派の多数説では、「善」とは「神が命じたこと」に他ならないからである。

3 スンナ派

⊙スンナ派の形成

一一世紀の北アフリカ、シリアにはシーア派の一派イスマーイール派を信奉するファーティマ朝が陣取り、教宣員（同派の教えに人々を導く知的工作員）を各地に派遣して政治的・宗教的な猛威をふるっていた。さらに東方からはトルコ系のセルジューク朝が侵入し、ついにはバグダードに迫った。一〇五五年、アッバース朝カリフはこの新興勢力との妥協を選択し、迎え入れ、その後セルジューク朝君主はスルターン（執政者）に任ぜられた。スルターンはカリフの権威のもとで実権を握り、やがてセルジューク朝はイラク、シリア、イランといった東方イスラム世界の覇者となった。

教義の決定権をめぐる争いでウラマーに敗れたカリフは、すでに政治的実権を失っていたが、シャーフィイー学派の法学者マーワルディー（一〇五八年没）などのウラマーは、正統カリフ時代をモデルにしながらカリフ制をイスラム法学上唯一合法的な政治制度として擁護した。現状追認の傾向が強い彼らの理論に基づいて、カリフは実際には覇者の傀儡でしかないとしても、スンナ派共同体に君臨していることになり、任官を通じて覇者の支配を合法化し追認することができた。また、彼らが作り出したカリフ論は、血統をカリフの要件としない平等主義のハワーリジュ派や、イマーム位はアリー家内でのみ受け継がれるとするシーア派と一線を画し、カリフの出自条件をクライシュ族とすることで、正統カリフだけでなくウマイヤ朝、アッバース朝の世襲カリフ政権をも合法化した。スンナ派カリフ論はカリフ個人の徳よりもむしろ法学上の手続きをカリフの条件として重視し、そうすることで現実の政治状況だけでなく過去の歴史をも追認したのである。

セルジューク朝の名宰相ニザームルムルク（在位一〇六三～九二年）は、治下の各地に自身の名を冠するニザーミーヤ学院を建設した。それ以前の学院は地域社会の有力者によって創設されるのが主であったが、セルジューク朝はウラマーに対し雇用という形で国家による保護を与えるとともに、彼らを統制する仕組みを確立しようとしたのである。また当時、イランを中心としてニザール派というイスマーイール派分派（いわゆる「暗殺者教団」）が暗躍していたが、ニザームルムルクはこれに理論的・宗教的に対抗することをも目指していた。このような状況下で、ニーシャープール（イラン北東部）の学院の初代教授にジュワイニーが任命された。各地の学院でアシュアリー学派神学がカリキュラムに採用されたのである。

シリアおよびパレスチナでは伝承主義のハンバル学派法学、その東ではハナフィー学派法学、西ではマーリク学派法学が優勢であった。しかしセルジューク朝の学院ではアシュアリー学派神学とともにシャーフィイー学派法学が重点的に教えられ、両学派は結びついて普及した。こうして、神学的にはアシュアリー学派と伝承主義、法学的には四大法学派が寡占状態を形成するようになる。ウラマーは学院などにおいてそれぞれ知を継承し、各学派の体系化がすすんだ。

預言者ムハンマドの後継をめぐる歴史的事件をきっかけに集団として形成されたハワーリジュ派やシーア派とは違い、両派には与しなかったその大勢の人びとが長い時間をかけて自己形成した結果生まれたのがスンナ派である。したがって、スンナ派成立の時期を具体的に特定することはできない。しかし、正統とされる法学派と神学派が支配的な位置を確保した一一世紀に、スンナ派の自己形成プロセスはおおむね完了したと言うことはできるだろう。

⊙スンナ派思想の体現者、ガザーリー

ジュワイニーを継いだガザーリーはアシュアリー学派神学およびシャーフィイー学派法学の若き精鋭として、ニザームルムルクの宮廷でも活躍した。そこで彼は「正統」のイスラム教の護教者として、哲学やイスマーイール派を徹底的に批判した。彼はこの護教活動の過程で、誰よりも諸学問に精通した神学者になり、名声とどろくガザーリーは三三歳にしてバグダードのニザーミーヤ学院教授に就任した。しかしまもなく宰相ニザームルムルクはニザール派に暗殺され、セルジューク朝スルターンも変死を遂げる。これに伴って後継者争いやニザール派のテロリズムも活発化した。

このような不安の中でガザーリーは教授職を突如辞し、メッカ巡礼を口実にして、家族も財産も地位も捨て、放浪の旅に出てしまう。彼はスーフィズム（神秘主義）に新たな活路を見出したのであり、その成果は晩年の大著『宗教諸学の再興』に結実することになる。

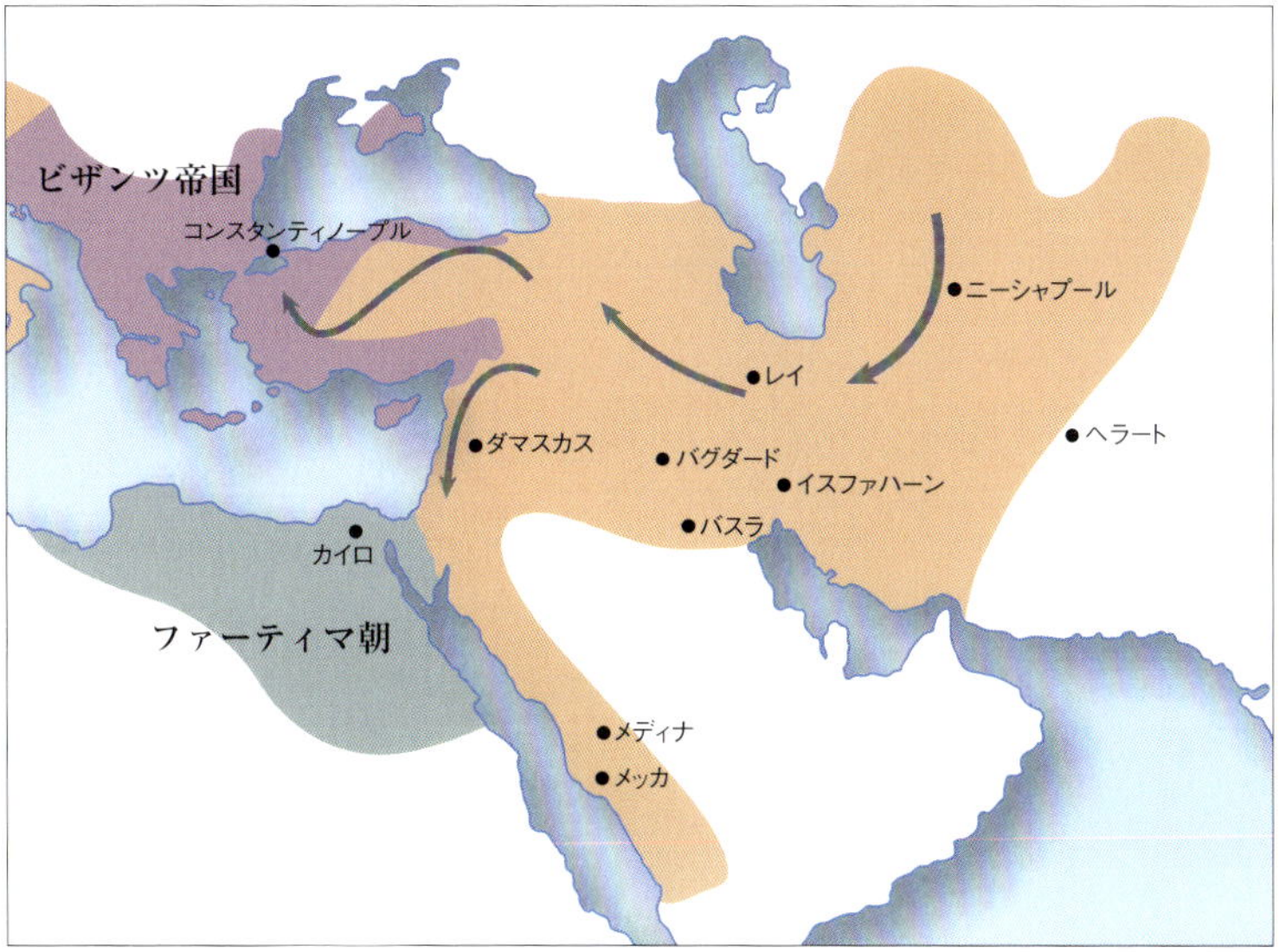

◀セルジューク朝の領土拡大と主要都市

⊙地方諸政権と神学

イブン・スィーナー（一〇三七年没）などの著作を激しく批判し哲学者に大きなダメージを与えたガザーリーではあるが、皮肉にも彼の死後、神学の哲学化は加速してしまう。歴史家イブン・ハルドゥーン（一四〇六年没）は「その後の学者たちは、哲学の著作に非常な興味を持ち、神学と哲学の二つの学問の主題を混同して、両者の扱う問題が似ていることから、二つの学問に同一の主題があると考えるようになった」（『歴史序説』）と言い表している。

ガザーリーとならんで「信仰の改革者」と讃えられるファフルッディーン・ラーズィー（一二一〇年没）は、父親から法学や神学など基礎教養を授けられた後、当時弱体化していたセルジューク朝の学院ではなく私塾で哲学と神学を学び、さらに中央アジアに赴き、当地で有力であった哲学者やムウタズィラ学派との論議

◀ニザームルムルクの銅像（二〇一五年、イラン、マシュハドにて筆者撮影）。

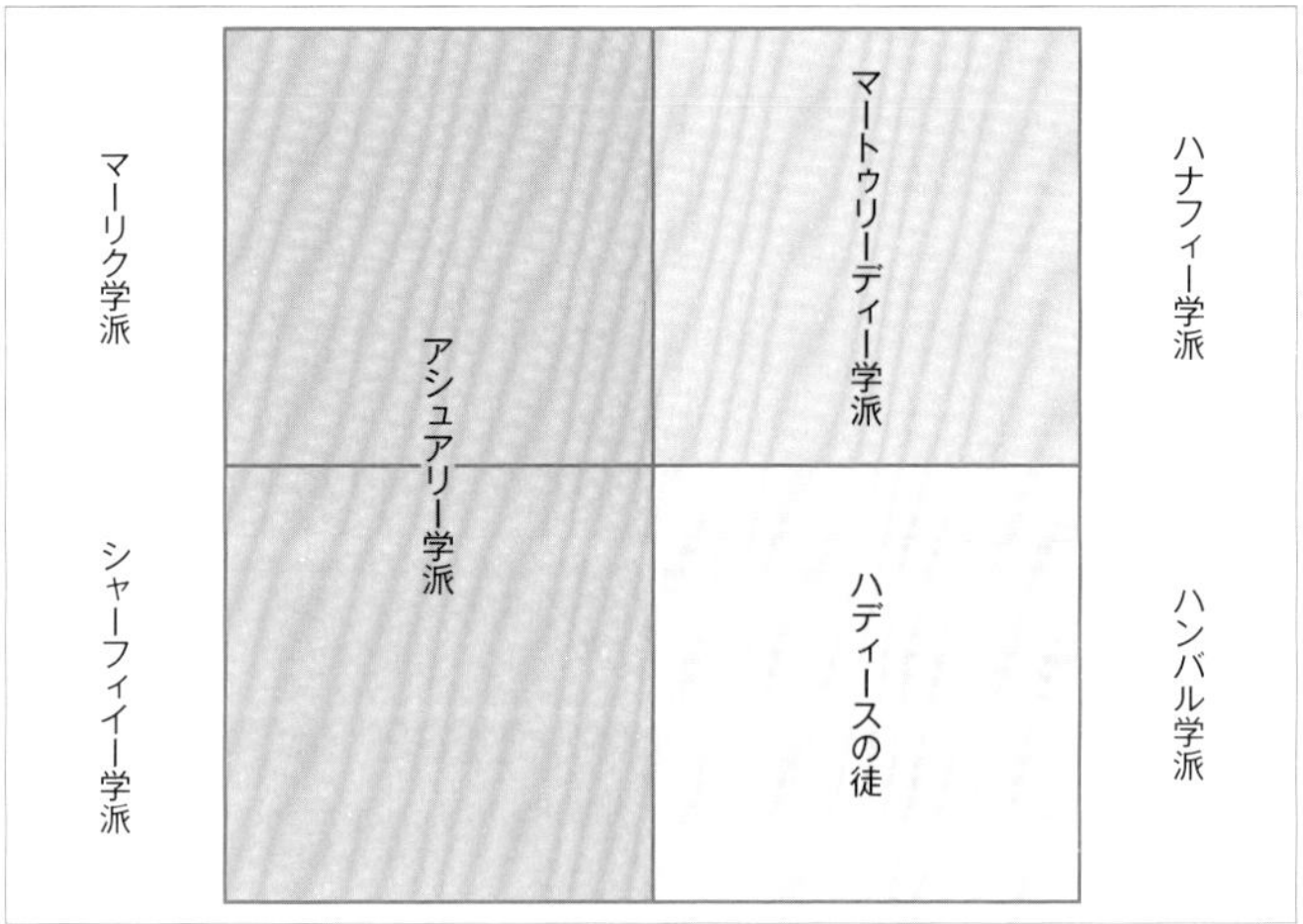

▶一四世紀以降の神学派と法学派の関係（松山洋平『イスラーム神学』七三ページを参照）。マートゥリーディー学派はサマルカンドの神学者マートゥリーディー（九四四年頃没）を名祖とし、当初は中央アジアに活動範囲が限定されていたが、ハナフィー学派と結びついて次第に拡大していった。

をくりかえした。ラーズィーはやがて東方の新興勢力であるゴール朝やホラズムシャー朝の宮廷に迎えられ、名声を博した。ヘラート（アフガニスタン西部）に学院を下賜されたラーズィーは、さまざまな思想潮流を吸収した独自の哲学的神学を表現することができた。

ホラズムシャー朝は中央アジアからイラン西部にまで版図を拡大していたが、ラーズィーの死後、東方からモンゴル軍の侵略が始まり、かつて学問の中心地であったヘラートやニーシャープールはことごとく破壊された。ニザール派勢力も殲滅され、一二五八年にはついにバグダードも征服された。こうしてアッバース朝カリフは殺害されてしまう。それまでの地方諸政権はカリフの権威のもとで支配を合法化していたが、イスラム教徒ではないモンゴル軍は躊躇なくそれを廃してしまったのである。

ラーズィーの弟子世代の学者たちはモンゴル軍から逃れ西方に移動した。セルジューク朝の後継王朝としてアナトリアを支配していたルーム・セルジューク朝や、サラーフッディーン（サラディン、在位一一六六～九三年）に始まるエジプトおよびシリアのアイユーブ朝、その奴隷軍人たちが樹立したマムルーク朝の君主たちは学院を多く新設し、そうした神学者や哲学者を庇護した。さらにモンゴル帝国の流れを汲むイル・ハーン朝下でも、宰相ラシードゥッディーン（一三一八年処刑）の政策によって神学・哲学の伝統は復興した。ただしこの時期以降の神学は護教神学としての性格を弱め、高度化した哲学的議論としての色彩を強く

ガザーリー『誤りから救うもの』

ガザーリーの自伝『誤りから救うもの』に教授職辞任の経緯が述べられている。

「そこで現在の自分の状態を反省してみると、しがらみの深みにはまり込み、四方八方からそれに縛られている自分に気がついた。また私の仕事について考えてみても、その最も良い仕事が講義と教育であったが、私が関わっていたのは、来世の道には何の価値もない、無益なつまらぬ学問であることに気がついた。

さらに教育に対する私の動機について反省してみると、それは至高なる神への専一なる帰依などではなく、高い地位や名声を求めたいという衝動であることがわかった。このような状態を改めようとしない限り、私は今にも崩れ落ちそうな崖っぷちに立ち、地獄……私は四八八年ラジャブ月（一〇九五年七月年七月）から約六カ月間、現世の欲望の誘惑と来世への衝動の間で逡巡していた。そしてその月に、事態は選択の段階を越えて、もうどうしようもない段階に入っていた。というのは、神は私の口を閉ざしてしまい、私が教えることができないようにし給うたからである」。一一年の後、宰相ニザームルムルクの息子からの要請もあって、ガザーリーは一一〇六年の夏にニーシャープールへ戻った。彼はそこでウラマーの現世欲を捨てさせるような知を広めようとしたのである。その知とは、この自伝で繰り返し語られるスーフィズムであった。

していた。「この二つの方法論は近年の学者たちによって混同され、神学の問題と哲学の問題とが入り混じり、しかもそれは学問として互いに区別がつかないほどにまで進んでしまった」（『歴史序説』）のである。

⊙現代に至るまで ❖

かつてイブン・ハンバルがムウタズィラ学派とアッバース朝カリフに抵抗したように、ハンバル学派のイブン・タイミーヤ（一三二八年没）は神学の哲学化、あるいは信仰の思弁化を批判した。このようにイブン・タイミーヤは、思弁や理性主義に否定的な伝承主義の伝統に拠って立つ。彼にとって思想上の根拠となるのはまずはコーラン、ハディースであり、その次に信頼すべきは人間の理性などではなくサラフ（イスラム史における最初の三世代）の規範であった。サラフの時代を理想化し、後代に生まれたものをしばしば「逸脱」として拒絶したイブン・タイミーヤは、シーア派やスーフィズムの批判者としてもよく知られる。彼の主張は同時代にはあまり受け入れられなかったが、その思想はサラフ主義とよばれ、第七章で詳しく述べるように、近現代になってから大きな影響を持つようになった。

オスマン帝国下にあったシリアやトル

◀ホラズムシャー朝の主要域。ガルチスターンを中心とする地域ではカッラーム派という神学派が有力であった。同派は、ラーズィーなどアシュアリー学派によって「擬人神観」だと厳しく批判されているが、その神学の実情については不明な点が多い。伝説では、ラーズィーはカッラーム派に毒殺されたと言われている。

コ、中央アジアから中国に至るまでの広汎な地域では、ハナフィー学派法学との結びつきが強いマートゥリーディー学派神学が有力である。オスマン帝国ではハナフィー学派が公式法学派として扱われたからである。同様のことがムガル帝国以来の南アジアについても言える。他方で、シャーフィイー学派法学が有力なエジプトや東南アジアではアシュアリー学派神学の伝統が続いている。そして、オスマン帝国に対抗したイランのサファヴィー朝ではシーア派神学・哲学がきわめて高度化した。一九七九年のイラン革命およびイラン・イスラム共和国はこのシーア派神学に理論的基礎があり、実際に政治がウラマーによって担われている。

　イスラム教の神学が歩んだ歴史を見てみると、そこには政治が大きく関与して

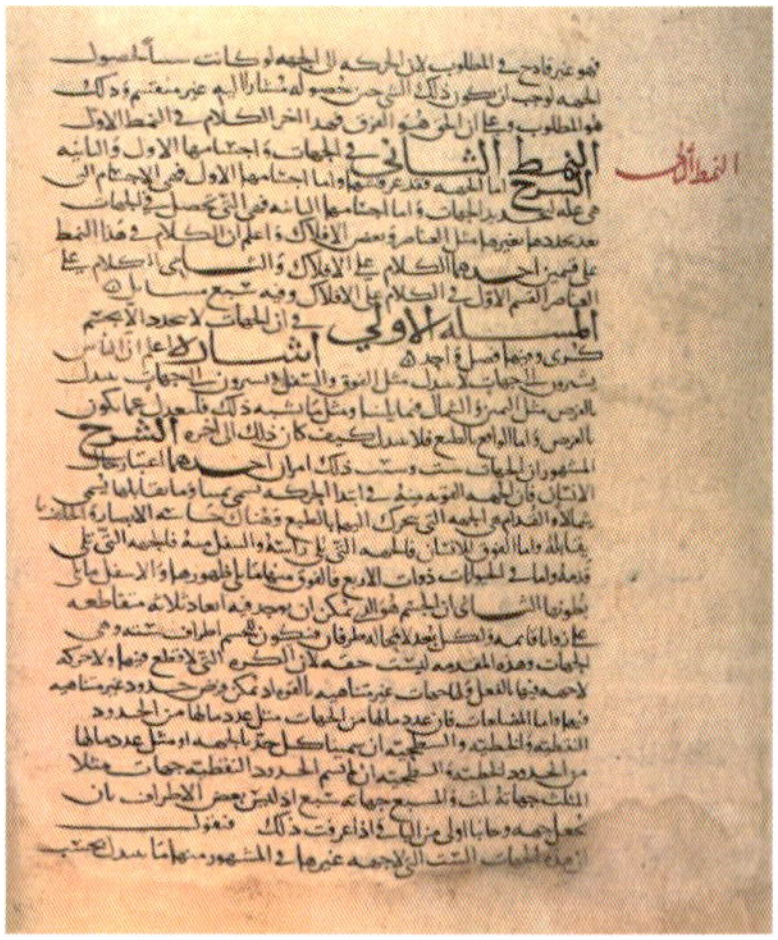

▶ラーズィーによるイブン・スィーナー『指示と勧告』の注解書（イラン国会図書館所蔵）。ヒジュラ暦六一四年（西暦一二一七～一八年）に書写されたもので、完全な状態で現存している最古の写本である。同注解書はラーズィーの生前から普及し、同時代以降の神学者・哲学者に多大な影響を与えた。

◀サラディンの肖像画。

▲モンゴル軍によるバグダード制圧の絵（ラシードゥッディーン『集史』パリ写本より）。

▼フラグによるカリフ処刑命令の絵（マルコ・ポーロ『東方見聞録』の写本より）。マルコ・ポーロによればカリフは宝物庫に監禁され餓死した。広く流布している説では、カリフは絨毯に巻かれ、馬に踏み殺されたと言われている。

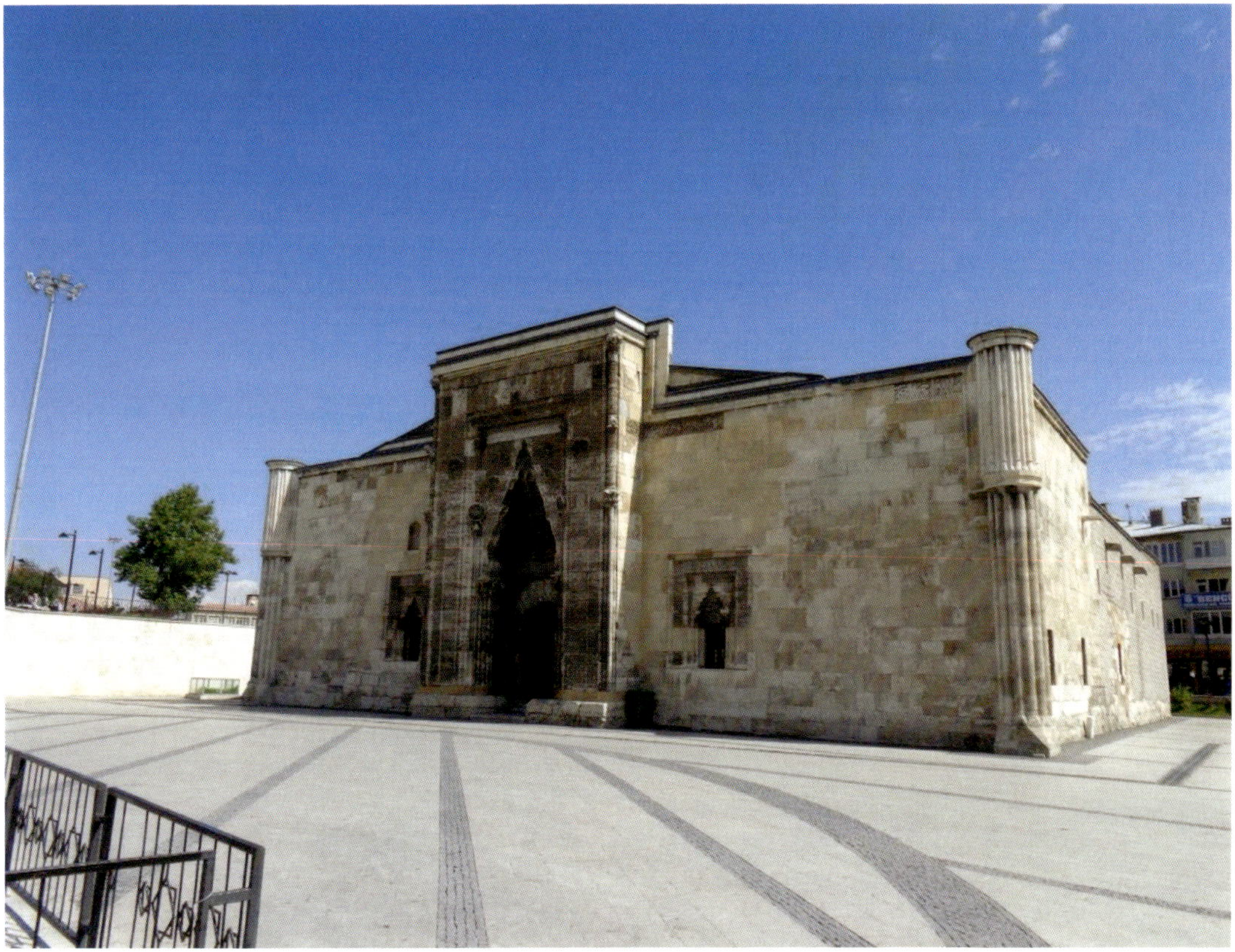

▲ルーム・セルジューク朝によって13世紀後半に建設されたブルジエ学院（2013年、トルコ、スィワスにて筆者撮影）。
▼右　トゥースィーによるイブン・スィーナー『指示と勧告』の注解書の写本（イラン国立図書館所蔵）であるが、トゥースィーの直筆のものではないかと推測されている。トゥースィーはラーズィーによるイブン・スィーナー批判に対抗した。
▼左　イスラム哲学およびシーア派神学の最重要人物の一人、ナスィールッディーン・トゥースィー（1274年没）の像（2015年、イラン、マシュハドにて筆者撮影）。イスマーイール派哲学者としてニザール派のもとで活動していたが、モンゴル襲来以降は十二イマーム派に転身してイル・ハーン朝に仕えた。ただし彼のほんとうの信条がイスマーイール派か十二イマーム派のどちらであるのかの判断は難しい。

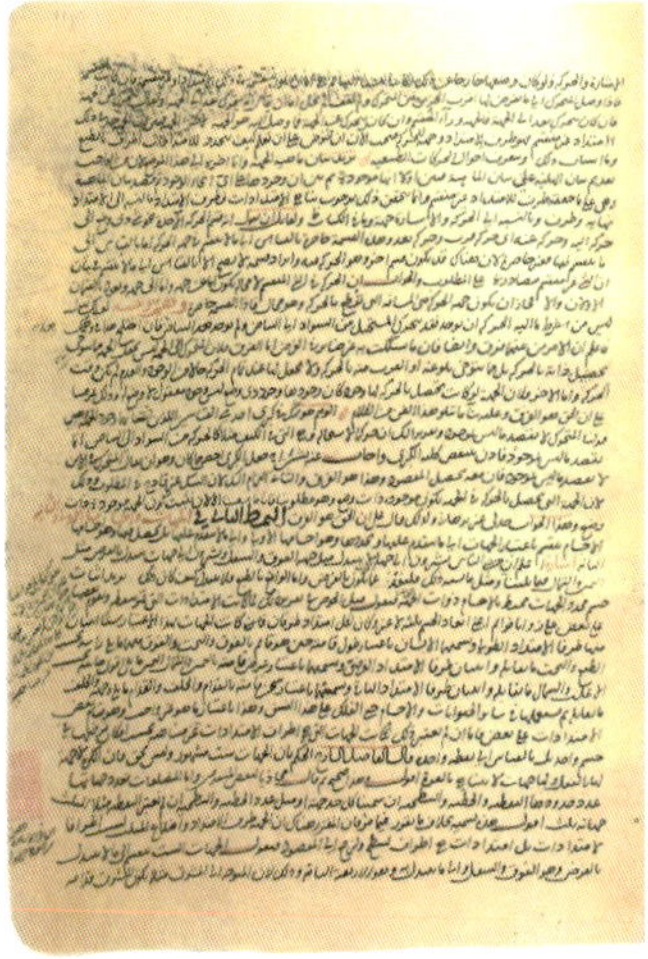

きたことがわかる。為政者は神学の庇護者であり、確かにウラマーが権力者におもねる事例も多かったが、イブン・ハンバル、イブン・タイミーヤ、そしてイラン革命の指導者ホメイニーがそうであったように、権力者に抵抗する思想は、しばしば神学を基礎として生み出されてきた。イスラム教の歴史を読み解く鍵は、現実の政治史だけではなく、神学にも求められるかもしれない。

第三章 ギリシア文明との出会い

矢口直英

1 翻訳活動

科学の歴史をひもとくと、イスラム文明のもとで起きた発展が重要な役割を果たしたことがわかる。中世ヨーロッパと比べても、同時代のイスラム世界の学問は大きく進んでいた。しかし元来アラブ人たちには、学問と呼べるものが詩を除いて存在しなかった。このようなイスラム教徒がどのようにして、ヨーロッパを凌駕するほど学問を発展させたのか。

イスラム教徒たちが初期の大征服によって、ビザンツ帝国（東ローマ帝国）の支配下にあったエジプトを手中に収めたことには大きな意味があった。五世紀頃にはすでに、アレクサンドリアがギリシアの学問活動の中心地となっていたからである。しかしイスラム教徒と古代の学問との接点は他にもあった。

⊙中東のキリスト教徒

四三一年エフェソス公会議において、イエスに神性と人性を別個に認めるネストリウスの教えが異端とされると、ネストリウスの支持者たちはビザンツ帝国圏から中東のサーサーン朝ペルシアへ逃亡した。さらに四五一年カルケドン公会議において、イエスに神性のみを認める単性論派も異端として排斥されると、彼らも中東へ逃れた。

ネストリウス派や単性論派の人々は、キリスト教圏で下火となっていた古代ギリシアの学問を中東へ運び、自分たちの学説を擁護するために哲学などの研究を続けた。そのため六世紀から七世紀初頭には、シリアのエデッサやニシビス（共に現トルコ）、イランのジュンディーシャープールなどで学問が栄えた。またハッラーン（現トルコ）でも新プラトン主義者たちが活動を続けていた。東方のキリスト教徒たちはシリア語を使用しており、ギリシア語の文献もシリア語へ翻訳して使用した。

イスラム教徒たちはこれらの地を征服すると、彼らキリスト教徒たちの進んだ学問に触れ、それらを吸収することを望んだ。しかし、キリスト教徒たちの学問はギリシア語やシリア語といった言語で書き記されていたため、まずアラビア語へ翻訳する必要があった。

⊙大翻訳時代

伝承によれば、ウマイヤ朝第二代カリフ、ヤズィード一世（在位六八〇〜六八三）の王子ハーリド（七〇四／七〇九年没）が占星術や錬金術などのギリシア語文献を翻訳させた。これが哲学・科学文献がアラビア語に翻訳された最初の事例とされるが、後代に作られた伝説である。ウマイヤ朝が首都としていたダマスカスはかつてのビザンツ帝国圏内であり、キ

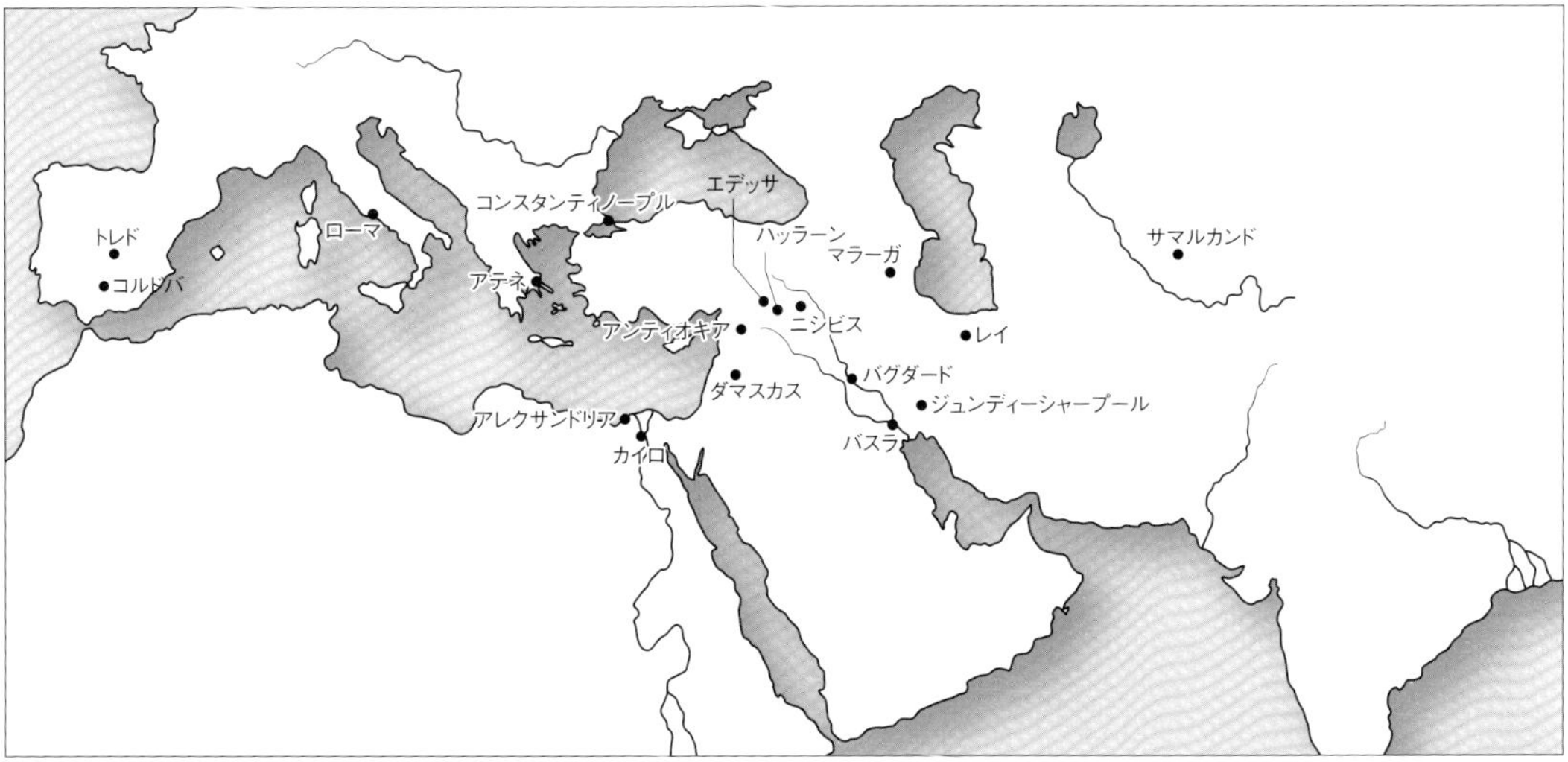

▲イスラム世界の哲学・科学に関する主要都市。スペインのトレドやコルドバは後にヨーロッパに奪還され、アラビア語文献のラテン語訳の中心地となった。

リスト教の影響が強く、異教の学問は忌避されていた。そのため、ギリシアの学問は尊重されておらず、イスラム教徒が関心を抱くことは考えにくい。

　ギリシア語からの最初の翻訳は、実際にはアッバース朝第二代カリフ、マンスール（在位七五四〜七七五年）の指示でなされたものだと考えられる。マンスールは新たにバグダード（現イラク）を帝国の首都と定めた。ダマスカスとは異なり、東方キリスト教徒たちの学問が栄えたサーサーン朝ペルシア圏内にあったバグダードには、東方キリスト教徒たちの進んだ学問の名声が知れ渡っていた。マンスールは、哲学者アリストテレス、天文学者プトレマイオス、数学者エウクレイデス（ユークリッド）といったギリシアの哲学者や科学者の著作をアラビア語に翻訳させたという。これをきっかけとして、イスラム世界では哲学・科学文献のアラビア語への翻訳が行われていく。

　翻訳を主導したのはカリフだけではなかった。王宮の重鎮や名士もまた翻訳が可能な知識人（主にキリスト教徒などの異教徒）に仕事を依頼し、経済的な援助を与えた。

　アッバース朝下で文献の翻訳が進んだ背景には別の理由もあった。七五一年のタラス河畔の戦いで捕らえられた唐の捕虜の中に製紙職人がおり、彼らによってイスラム教徒たちへ製紙技術が伝わった。イスラム世界では八世紀後半には紙が製造されるようになる。他の筆記素材と比べて安価な紙は大量生産され、知識の伝達を大幅に容易にした。

　アッバース朝第五代カリフ、ハールーン・ラシード（在位七八六〜八〇九年）や第七代カリフ、マアムーン（在位八一三〜八三三年）も科学文献の翻訳を支援した。彼らは「知恵の館」に学者を集め、天文学や数学文献を翻訳・研究させたことで知られる。

　マアムーンの時代には天文学や数学に加えて、ギリシア語の医学書が大規模に翻訳された。キリスト教徒の医者フナイン・イブン・イスハーク（八七三年没）のもとには翻訳者が集まり、医学書や哲学書の翻訳作業を進めた。古代末期アレクサンドリアや中東ではギリシアの医者ガレノスの医学が教えられており、フナインたちによってガレノスの著作が翻訳されたことが、その後の医学の発展の基礎を作った。

　フナイン一派の特徴的な点は、彼らの翻訳に対する態度である。彼らは文献の翻訳を依頼されると、その写本を最低でも三点入手して校合し、正しい文章を確かめてから翻訳に取りかかった。印刷技術が無い時代において書き写された書物は、書き間違いや読み間違いによって元々のテキストが変化してしまうことが頻繁に起きていたため、本来の著者の意図を復元する必要があったのである。フナインたちのこの手法は、現代から見ても遜色ない。フナインの翻訳は非常に高く評価され、彼はその対価として完成品と同じ重量の金貨を受け取ったとまで言われる。

❖

⊙翻訳の意義

　大勢の翻訳者が活動した結果、イスラム教徒たちは学問を発展させる素地を得た。翻訳者の業績は翻訳書を作成して、アラビア語で哲学・科学の知識を得られるようにしたことだけではない。彼らの活動のおかげでアラビア語を用いて学問を教育・研究できるようになったのである。

　イスラム教の拡大によって、東はパキスタン、西はスペイン・ポルトガルまでが一つの宗教を中心につながり、人々はコーランの言葉であるアラビア語を共通語として交流できるようになった。イスラム教徒の間では、遠方まで旅をして有名な学者の教えを受けることが通例となったため、非常に多くの人々の間で知識の伝達や情報の交換が行われた。アラビア語という共通語が無ければこのような状況にはならなかったであろう。

▶アラビア語でアリストテレスに帰せられた、『アリストテレスの神学』の写本。実際には、新プラトン主義者プロティノス（三世紀）の著作を元に編纂されたもの。キンディーの周辺で成立したと考えられている。

　しかし学問を記述するための言葉がアラビア語には欠けていたため、最初はアラビア語で専門的な事柄を表現することが不可能であった。そこで翻訳者たちは哲学・科学の専門用語を言い表すために、アラビア語の単語や表現を考案して、翻訳に使用した。これらの新語が翻訳の普及によって定着し、その後の学問の発展を基礎づけることとなった。

　この時代の翻訳者自身はそれぞれの分野に長けた学者でもあったため、ギリシア語の文献を自ら理解した上でアラビア語に翻訳することができた。九世紀頃からは、翻訳した文献を元に自らも研究を行い、書物を著す人物も多くなった。このような翻訳活動はやがて、有用な文献があらかた翻訳されるに至ると、その規模が縮小していった。一〇世紀には、すでに翻訳された文献をより正しい翻訳、より洗練されたアラビア語に改訂する動きが盛んになった。

　イスラム教徒はキリスト教化したローマ帝国が手放したギリシアの遺産を継承し、発展させた。イスラム世界の学問が中世のヨーロッパに伝わる以前、ヨーロッパの人々はギリシアの学問をほとんど知らなかった。ビザンツ帝国にはギリシアの学問が辛うじて残ったが、キリスト教正教会の影響のもと、大きな発展は望めなかった。イスラム世界がその学問を保護し、それらをヨーロッパへ再輸出したことが「一二世紀ルネサンス」を起こし、後のヨーロッパの発展につながる。イスラム世界の人々の活躍がなければ、科学の歴史は大きく異なっていたであろう。イスラム教徒は科学の歴史の上でも非常に大きな役割を果たしたのである。

❖

2 科学の発展

⊙哲学

当初アラビア語へ翻訳された哲学文献は、アリストテレスの論理学書を中心とした実用目的のものであった。イスラム教徒たちは宗教間の論争やイスラム教内の宗派間の論争を戦うための武器として、論理学を必要とした。アッバース朝第三代カリフ、マフディー（在位七七五～七八五年）の命令でアリストテレスの『トポス論』が最初に翻訳されたことが、論争の重要性を物語っている。しかしその後、論理学以外の哲学文献もまたイスラム教徒たちに求められ、アラビア語に翻訳された。

この過程で大きな影響力を持ったのが、古代末期の中東で盛んに研究された新プラトン主義の伝統である。異端として追放されたキリスト教徒たちは中東方面へ逃亡したが、その際に古代ギリシアの学問を携えていた。エデッサやニシビスに設立されていたキリスト教の学校では古くから、キリスト教の教義と並んでアリストテレスや新プラトン主義の哲学が研究されており、彼らはそれらの都市を拠点として研究活動を続けたのである。

新プラトン主義者たちはアリストテレス著作を、上級者向けのプラトン著作への導入として扱っていた。しかしローマ帝国がキリスト教化した結果、古代ギリシアの神々が登場するプラトンは忌避されるた一方、その前段であるアリストテレスの学習は継続された。この学習カリキュラムが中東へ逃げた異端キリスト教徒たちに継承され、イスラム教徒たちへ伝わった。『ティマイオス』や『国家』などごく一部を除いて、プラトン著作にアラビア語に翻訳された形跡が無いことは、この状況を反映している（ただしプラトンとその思想は様々な形で知られた）。

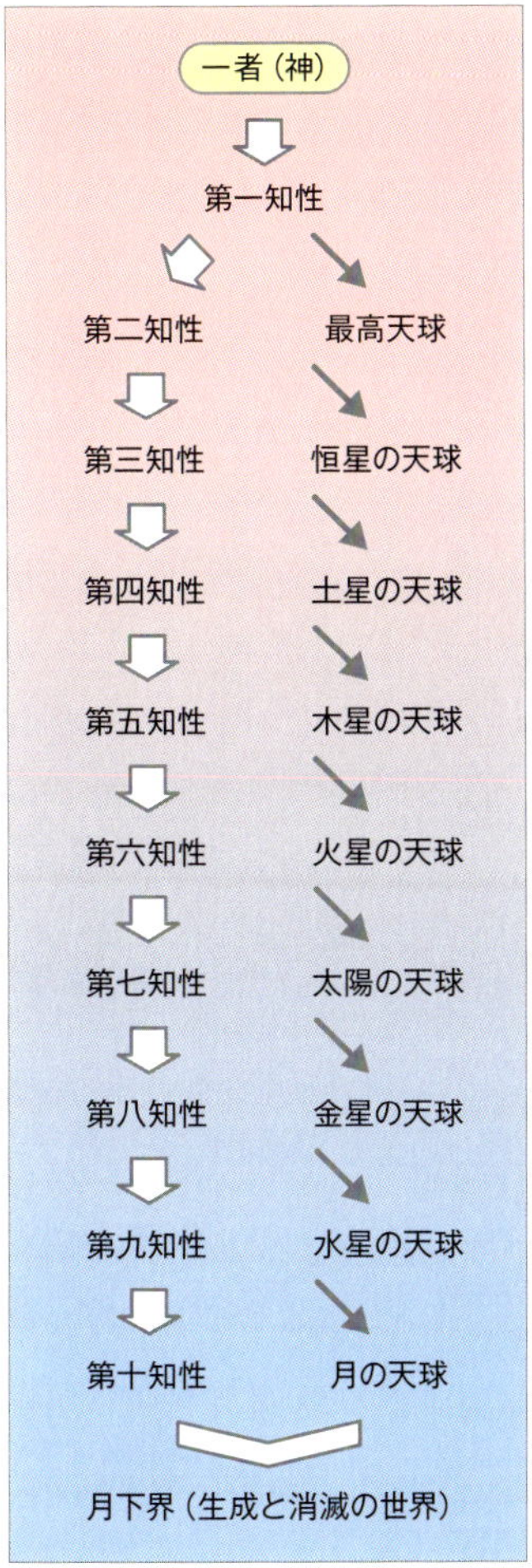

◀ファーラービーの世界構造。新プラトン主義の一者（イスラム教の神と同一視される）の自己思惟から第一知性が流出する。第一知性が一者と自己を思惟することで、第二知性と天球が流出する。この繰り返しで、第十知性から人間の住む自然界が生まれる。

●最初の哲学者キンディー

イスラム教徒で最初の哲学者とされ、「アラブの哲学者」と呼ばれるキンディー（八七〇年頃没）は、アラブ人の名門の家系に生まれ、アッバース朝カリフの子息の家庭教師として活躍した。彼自身はギリシア語を解さなかったが、ギリシア語の哲学・科学文献をアラビア語へ翻訳することを学者たちに依頼し、それを支援した。

キンディーはギリシア哲学が到達する真理とコーランで啓示された真理が同一であるという信念から、哲学の研究に力を注いだ。キンディーが活躍したのは、イスラム神学の論争が盛んな時代、つまり人間の理性を重視する派閥が勢力を増し、第七代カリフ、マアムーンに至って

▶一六世紀のヨーロッパで印刷された、天動説の天体モデル。地球を中心に置き、内から順に月、水星、金星、太陽、火星、木星、土星の天球が囲む。その外側には恒星（十二星座の記号）があり、さらに外側は神の居城とある。

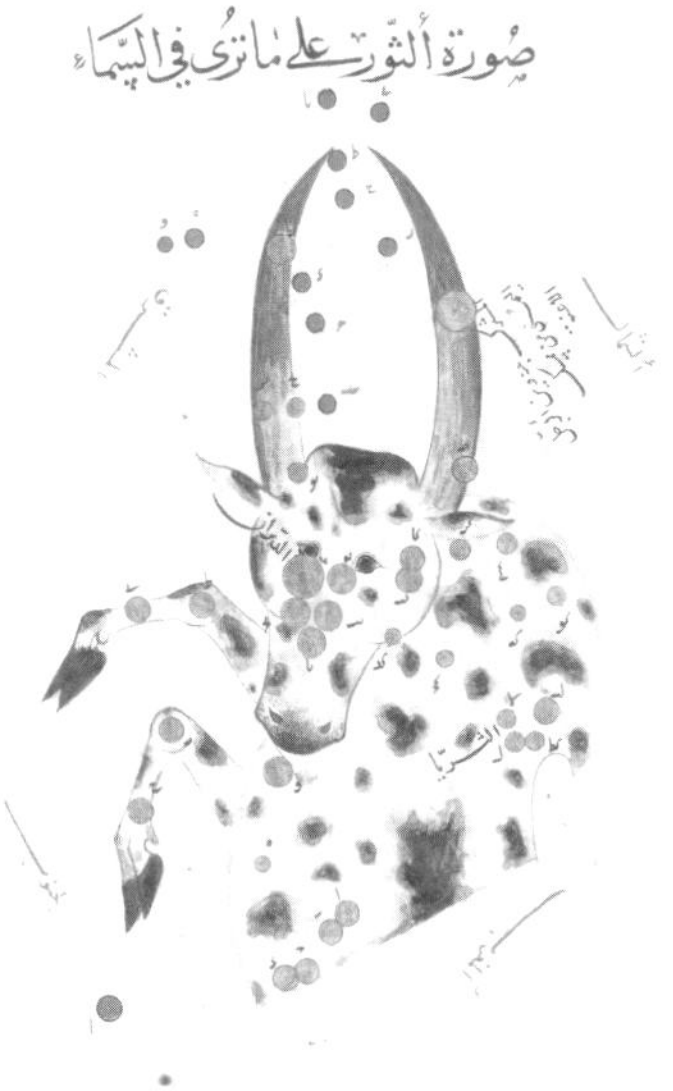

◀スーフィーの星図から、おうし座の挿絵。牛の右目に「アル＝ダバラーン（追う者）」とあり、プレアデス星団を追いかけて昇るこの星は現在アルデバランと呼ばれる。この星図は写本から写本へと描き写されて伝わった。

理性偏重の神学派ムウタズィラ学派が公認された時代であった。ムウタズィラ学派とキンディーの関係は明確ではないが、思想的な共通点が指摘されている。

キンディーは翻訳から学んだ哲学をもとに自らも哲学的な思索に励み、著作を残した。その土台となった哲学はアリストテレスのものであったが、そこには新プラトン主義的な解釈が介在していた。『アリストテレスの神学』および『純粋善について』（『原因論』）というアラビア語で伝わる新プラトン主義的文献の編纂にもキンディーが関与していたと考えられており、これらの思想がイスラム哲学史上で大きな影響力を持った。

●「第二の師」ファーラービー

九世紀からの翻訳活動の勢いが落ち着いた頃、アラビア語訳された哲学書の改訂がバグダードのキリスト教徒を中心に行われ始めた。彼らキリスト教徒たちはアラビア語を母語としており、ギリシア哲学を理解した上で、翻訳の文章を洗練させようとした。その一団のもとで哲学を学んだのがファーラービー（九五〇年没）である。彼はアリストテレス哲学の詳細な知識から、アリストテレスに次ぐ「第二の師」と呼ばれた。

ファーラービーの主たる業績は、かつてキリスト教国教化以前にアレクサンドリアで行われていたアリストテレス哲学の教育課程を再興したことにある。こうしてキリスト教下で制限されていた論理学教育は、ファーラービーの世代で完全な形を取り戻し、後代に伝わることになった。さらに彼は、ギリシア語世界の論理学をアラビア語世界に適するように標準化した。

またファーラービーは新プラトン主義の流出論の影響のもとで、アリストテレスの形而上学とプトレマイオスの惑星理論を融合させた世界観を作り上げた。この結果、自然学と形而上学の接点が明確になり、哲学の体系化がいっそう進んだ。この意味で、ファーラービーはイスラム世界で最初の本格的な哲学者と言える。

●哲学の「頭領」イブン・スィーナー

イスラム世界で最も有名な哲学者はペルシア系のイブン・スィーナー（一〇三七年没、ラテン名アヴィセンナ）であろう。彼はシーア派の一派であるイスマーイール派を信奉する父親のもとで、幼少期から学問に触れた。そして若くして医学を修め、医者あるいは行政官として各地の宮廷に入り、その業務に追われる中で哲学の研究を行った。イブン・スィーナーの著作は大半がアラビア語で書かれたが、一部は母語のペルシア語で書かれた。イスラム世界では出自にかかわらず

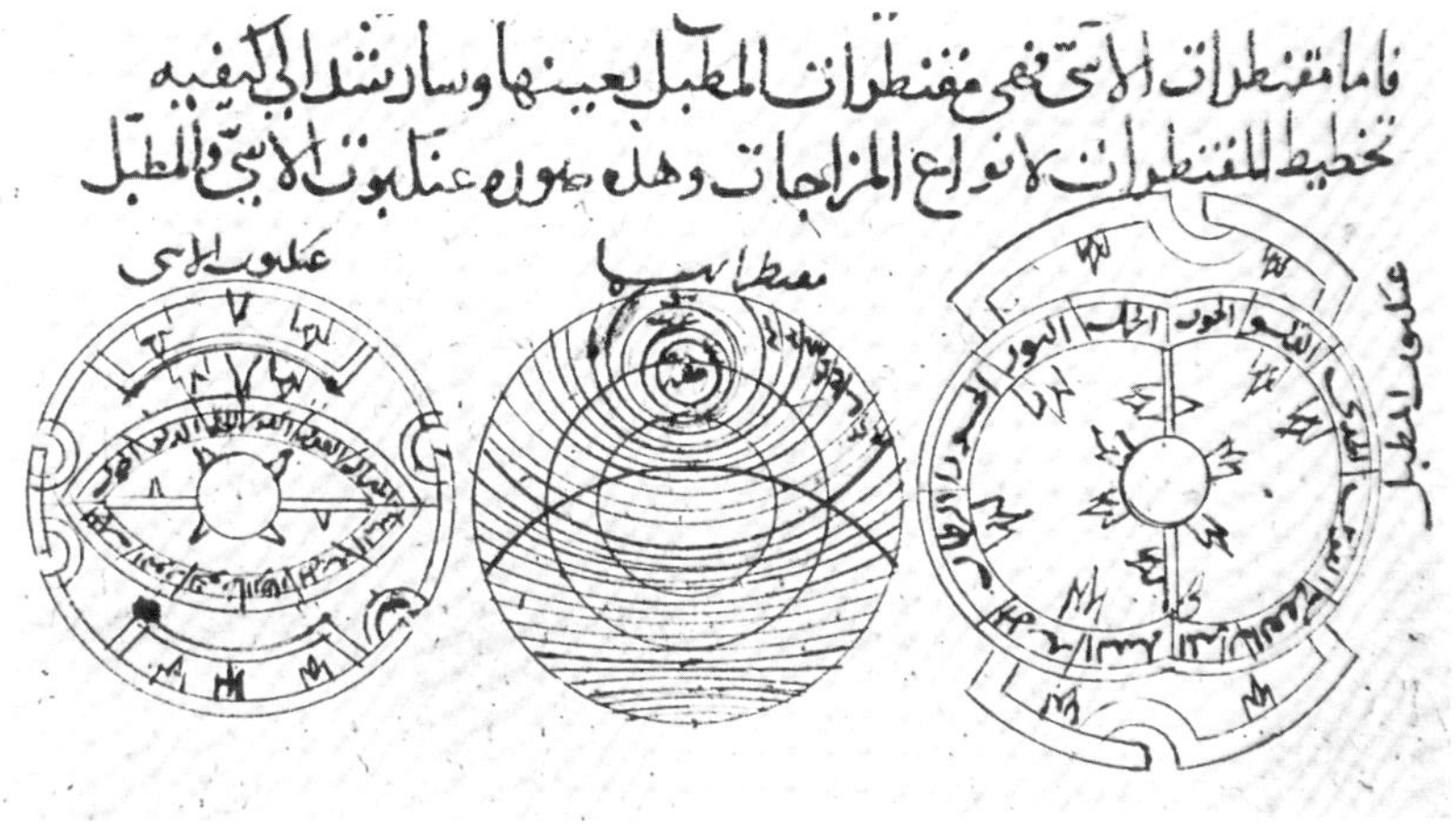

▲ビールーニー（一〇五〇年以降没）著の『アストロラーベ』に記録された天体観測器の図。

共通語のアラビア語で学問を記述することが標準であったため、彼の著作は最初期のペルシア語の哲学書に当たる。

イブン・スィーナーもまた新プラトン主義的アリストテレス哲学の体系的な記述を行った。主著『治癒の書』はアリストテレス哲学の枠組みで哲学を詳細に論

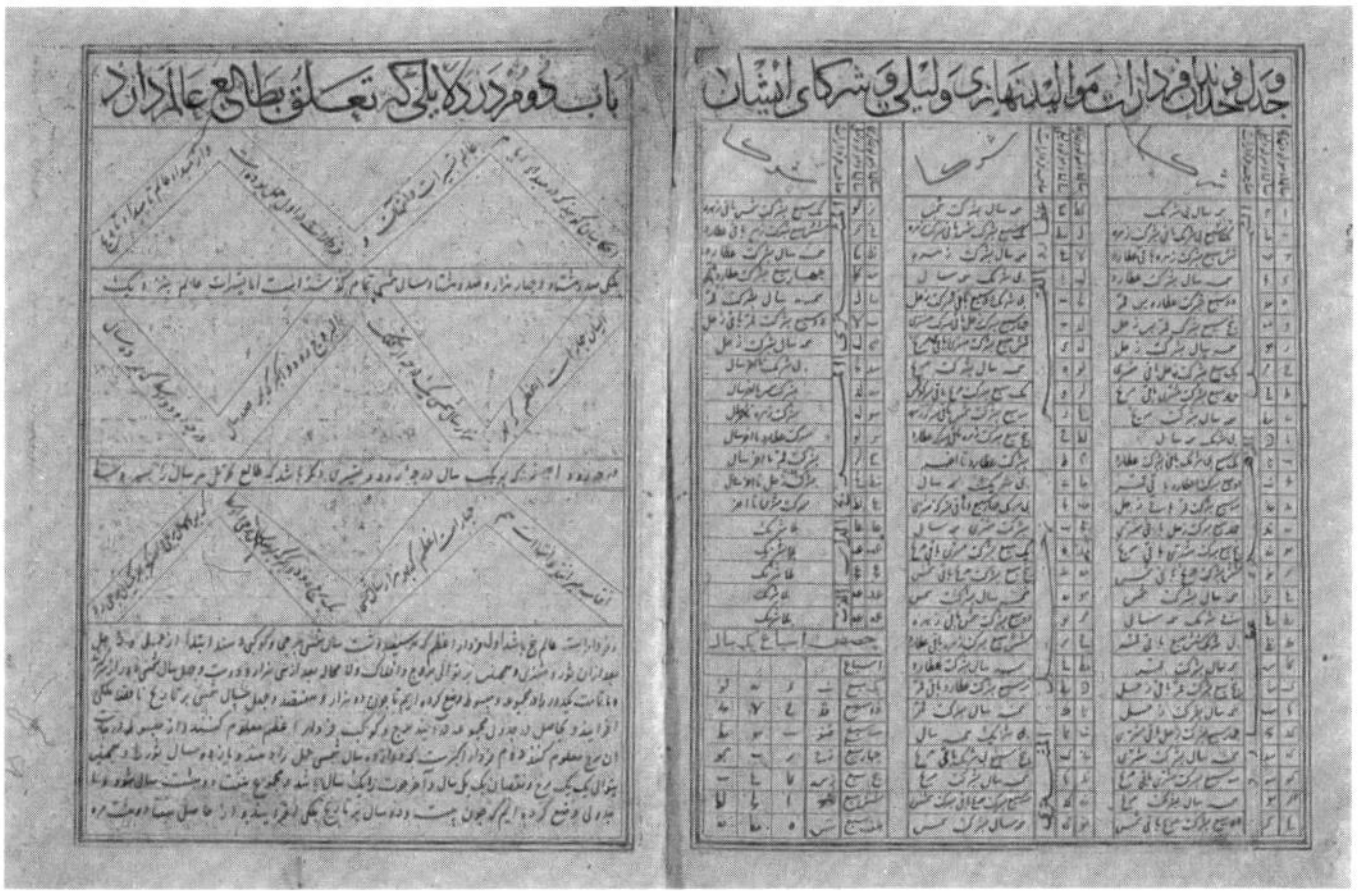

▲ティムール朝第四代君主、ウルグ・ベク（在位一四四七～四九年）の星表。ウルグ・ベクは天文学者に興味をもち、天文観測所を設立したほか、彼自身がこの星表を作成した。

じた大部な書物である。その思想はファーラービーの流れを汲むと同時に、イスラム神学者たちの議論から影響を受けている。イブン・スィーナーにおいてイスラム哲学は頂点に至ったとされ、彼の著作は後代の学者たちによる注釈の対象となるなど、非常に大きな影響力を持った。❖

⊙天文学・占星術

現在知られている恒星の中には、アラビア語の名称を起源にもつものが多い。

▲九五〇年頃にアッバース朝第一七代カリフ、ムクタフィー（在位九〇二～九〇八年）の王子のために、アフマド・イブン・カラフという人物によって作成されたアストロラーベ（天体観測器）。

▶イブン・サッファールという人物によって一〇世紀末頃にコルドバで作成された日時計。時刻ごとに線が刻まれており、左端に写る穴に日時計の棒（グノモン）を刺してその影で時間を見た。

▼アラビア語に由来する星の名前。つながりがわかりにくいものもあるが、最も明るい恒星二一個のうち、一〇個の星（太字）はアラビア語に由来する名前で呼ばれている（表ではアラビア語の読みに従って、定冠詞を残した）。

◀周天円と離心円の一例。惑星（P）が小さな円（周天円）の上を回り、その円は大きな円（従円）の上を回る。その結果、惑星は地球（E）から見て進んだり戻ったりを繰り返す複雑な動きをする。より正確に観測結果に合わせるために、この従円の中心が地球からずらされることもあった（離心円）。

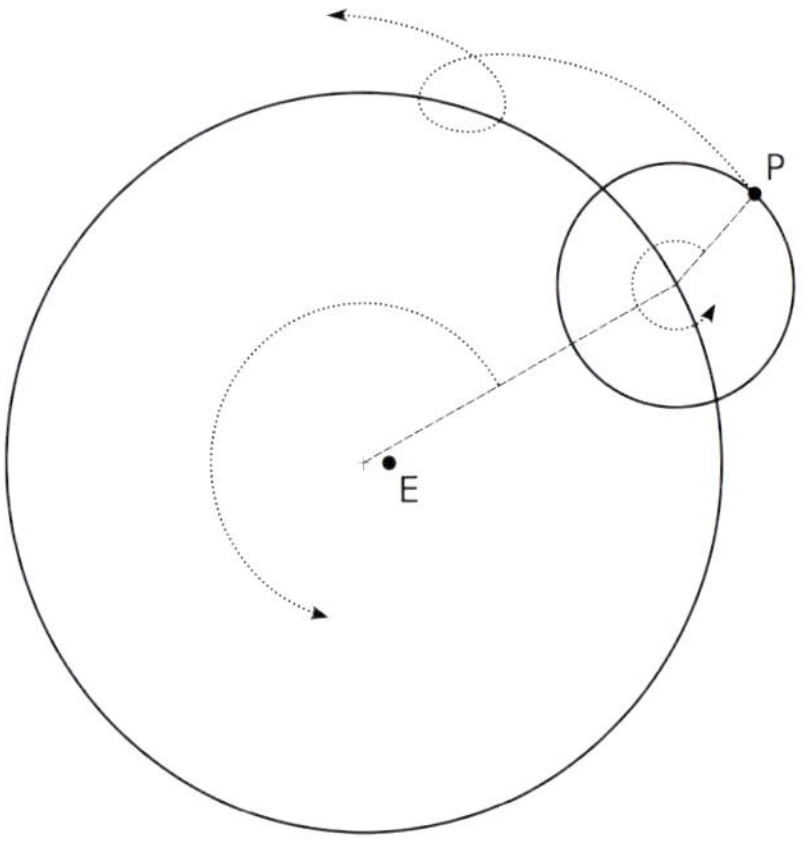

二一個ある一等星のうち一〇の星の名前がアラビア語に由来する。イスラム世界の天文学はプトレマイオスに代表されるギリシアの天文学を継承して発展した。ギリシアの天文学は古代メソポタミアの天文学を基礎にもっており、天文学研究の中心地が中東に戻ってきたと言える。

	視等急		恒星	アラビア語名
1	−1.47	おおいぬ座α	シリウス	アッ=シアラー・アル=ヤマニーヤ
2	−0.72	りゅうこつ座α	カノープス	スハイル
3	−0.04	うしかい座α	アークトゥルス	アッ=スィマーク・アッ=ラーミフ
4	−0.01	ケンタウルス座α	**リジル・ケンタウルス**	**リジュル・アル=カントゥールス**
5	0.03	こと座α	**ベガ**	アン=ナスル・アル=**ワーキア**
6	0.11	オリオン座β	**リゲル**	**リジュル**・アル=ジャウザー・アル=ユースラー
7	0.34	こいぬ座α	プロキオン	アッ=シアラー・アッ=シャーミヤ
8	0.5	エリダヌス座α	**アケルナル**	**アーヒル・アン=ナフル**
9	0.58	オリオン座α	**ベテルギウス**	**ヤド・アル=ジャウザー**
10	0.6	ケンタウルスβ	**ハダル**	**ハザーリ**
11	0.71	ぎょしゃ座α	カペラ	アル=アイユーク
12	0.77	わし座α	**アルタイル**	アン=ナスル・**アッ=タイール**
13	0.85	おうし座α	**アルデバラン**	**アッ=ダバラーン**
14	1.04	おとめ座α	スピカ	アッ=スィマーク・アル=アアザル
15	1.09	さそり座α	アンタレス	カルブ・アル=アクラブ
16	1.15	ふたご座β	ポルックス	ラアス・アッ=タウアム・アル=ムーアカル
17	1.16	みなみのうお座α	**フォーマルハウト**	**ファム・アル=フート**
18	1.25	はくちょう座α	**デネブ**	**ザナブ**・アッ=ダジャージャ
19	1.3	みなみじゅうじβ	ベクルックス	ビーター・サリーブ・ジャヌービー
20	1.35	しし座α	レグルス	カルブ・アル=アサド
21	1.4	みなみじゅうじα	アクルックス	アルファー・サリーブ・ジャヌービー

●天文学者スーフィー

ギリシアの天文学者と同様に、イスラム世界の天文学者たちは自ら天体を観測し、先人たちの業績に修正を加えていった。たとえば星の明るさや位置についての研究成果は星表や星図としてまとめられ、伝えられている。アブドゥッラフマーン・スーフィー（九八六年没）が作成した星図は、プトレマイオスが『アルマゲスト』で記した星座をもとに修正・拡充され、恒星の配列を記録した挿絵を含んでいる。この著作はラテン語に翻訳されてヨーロッパに伝わった。古代に使われていたギリシア語やラテン語の呼称が消滅したわけではないが、アラビア語に由来する名前はこのような経路からヨーロッパに受容された。

●天体モデル

近代以前のイスラムの天文学は天動説、つまり地球が宇宙の中心にあり、その周りを星が回るという考え方を採っていた。それによれば、地球を中心とする同心球状に並んだ天球と呼ばれる複数の球体に、星々（月、太陽、惑星、恒星）が埋め込まれて運ばれ、地球と最も近いところを月が、最も遠いところを恒星が回るという構造である。

古代ギリシアの世界観では、太古の昔

から永遠に回っている天体が、永遠に続く等速円運動以外の動きをすることは許されていない。ギリシア以来の天文学者たちはこの原則を維持しながら、惑星の逆行、速度や見える大きさの変化など、天体に見られる様々な現象を説明しなければならなかった。そのために天文学者たちは、地球の周りを回る円の上を惑星が回るという周転円などを考案した。イスラム世界の天文学者たちもこの原則を守りながら、新たに蓄積されていく観測データの細かいズレに沿うように、天体運動の理論を修正し続けたのである。

　イスラム世界の天文学者たちは天体の観測を継続的に行い、データを蓄積し続けた。彼らは同時に、研究の精度を向上させるために天体観測の技術革新に努め、観測機器を改良していった。星々が天に現れる位置と時刻が整理された表は、アラビア語で「ズィージュ」と呼ばれる星表として伝わっている。こうした星表が作成されたのは、イスラム教の信仰のために必要だったからである。

▲マーシャーアッラー（八一五年没）が作成したホロスコープ。アッバース朝勃興の時を示している。

●信仰と天文学

　イスラム教の暦、ヒジュラ暦は太陰暦である。我々が現在使用しているグレゴリオ暦のような太陽暦とは異なり、太陰暦は月の満ち欠けに従って一カ月を定める。ヒジュラ暦には、新月の後で夕方の空に初めて月が見えた日を新たな月の初めと判断すること、閏月を入れないため季節と一致しないことなどの特徴がある。イスラム教ではこの暦に合わせて、ラマダーン月の断食やメッカ巡礼などの宗教上の儀礼や祭りを執り行わなければならず、月の位置を予測して暦を正確に定める必要があった。

　イスラム教の信仰のためには時計も重要である。イスラム教徒は一日に五回（日没、夜半、夜明け、正午、午後）の礼拝が義務づけられているが、定められた正確な時刻に礼拝を行うために、正確な時計が必要とされた。ここで使用されていたのは主に日時計であるが、日時計は使用する土地に応じて作成しなければならないため、天文学は大きく貢献した。高度な計算に基づいて作成された時計をもとに、「ムアッズィン」と呼ばれる礼拝の呼びかけ人が礼拝の時を知らせたのである。このようにして「計時の学」は天文学の一部門として発展した。

●占星術

　信仰という目的以外に、星表は占いを行うためにも必要とされた。著名な天文学者は占星術師としても活躍し、星表のデータをもとにホロスコープを作成して、様々な事柄について吉凶を占った。天文学者が占星術に携わるというのは驚かれるかもしれないが、近代以前では不思議なことではなかった。プトレマイオスも占星術を研究し、『テトラビブロス』という占星術書を残している。その背景には、各種天体の運動が地球上の現象に影響を与えており、天体の動きから地上の出来事は予測可能であるという考え方があった。

　占星術は個人の問題のみを占う術ではなかった。イスラム世界の為政者たちが占星術を用いて、政治や軍事上の判断に役立てることもあった。アッバース朝初期にバグダードへの遷都がなされたが、バグダード建設の着工日はまさに占星術によって決定されたのである。カリフの宮廷にはお抱えの占星術師がおり、カリフや重鎮の相談役として働いた。占星術は大きな信用を得ており、ハールーン・ラシードの妻の一人が医者よりも占星術師の意見を優先させて命を落としたという逸話も伝わっている。

　さらに大きな流れに占星術を適用する試みも生まれた。イスラム世界の著名な占星術師であるアブー・マアシャル（八八六年没）などは、イスラム教の歴史を占星術を用いて解釈した。彼によれば、地球の周りを回る天体の動きは個人のみならず宗教や王朝にも影響を与える。天体は一定の周期で巡るのだから、宗教や王朝も一定のサイクルで隆盛と衰退を繰り返すことになる。天体、特に周期の長い木星や土星の動きを見ることで、彼らは歴史の流れの善し悪しを説明しようとした。

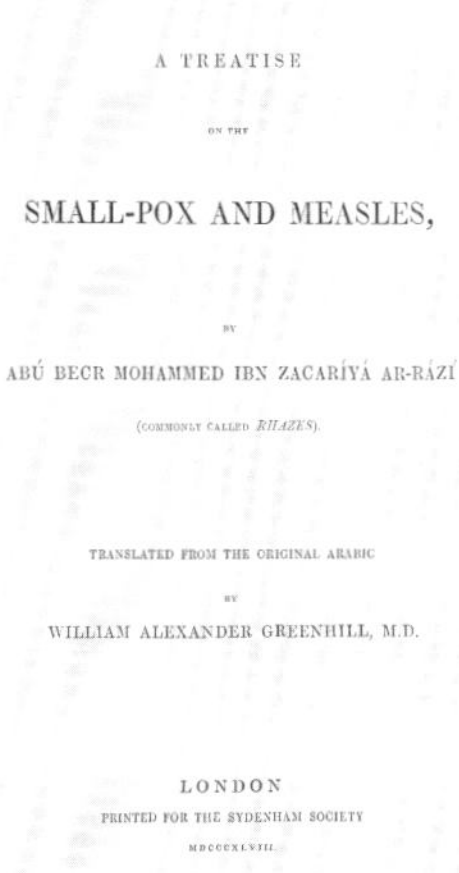
A TREATISE
ON THE
SMALL-POX AND MEASLES,
BY
ABÚ BECR MOHAMMED IBN ZACARÍYÁ AR-RÁZÍ
(COMMONLY CALLED RHAZES).
TRANSLATED FROM THE ORIGINAL ARABIC
BY
WILLIAM ALEXANDER GREENHILL, M.D.
LONDON
PRINTED FOR THE SYDENHAM SOCIETY
MDCCCXLVIII.

▶一五九三年にローマで出版された『医学典範』アラビア語版。ラテン語版だけでなく、アラビア語版の需要があったことがわかる。▲一六〇八年にヴェネツィアで出版された『医学典範』ラテン語版の表紙絵。ギリシアの医師ガレノス、ヒポクラテス、アエティオスと、アヴィセンナ（イブン・スィーナー）が並んでいる。◀一八四八年に出版された、医師グリーンヒル訳の『天然痘と麻疹について』。

　このように、イスラム世界でも占星術は大きく広まった。しかし、イスラム世界全体で占星術が肯定的に受け入れられたというわけではない。イスラム教の教義では、世界で起きる事柄はすべて神によって予め定められているとされ、それを前もって知ろうとする試みは禁忌とされたからである。天文学は表向き禁止されていた占星術と結びついており、これに伴って否定的な目で見られることになったため、天文学者たちは自らの専門分野を擁護することを迫られた。そこで彼らは、天体の運行の仕組みを探求する「星の形の学問」を主張し、占星術との関係を断つことで、研究を継続していったのである。

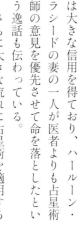

◉医学 ❖

　近代医学が始まる前のヨーロッパでは、イブン・スィーナーの『医学典範』が中心的地位を得ていた。この医学百科事典は一二世紀にはラテン語に翻訳され、ヨーロッパの医学部の教科書として尊重された。地域によって異なるが、遅いところでは一八世紀に至るまで利用されたのである。これほどまでに『医学典範』が重視されたのは、イスラム世界の医学が同時代のヨーロッパの医学より先に進んでいたからに他ならない。
『医学典範』に代表される中世医学は、古代ギリシアのヒポクラテスに始まり、ガレノスに引き継がれる体液学説を採る。

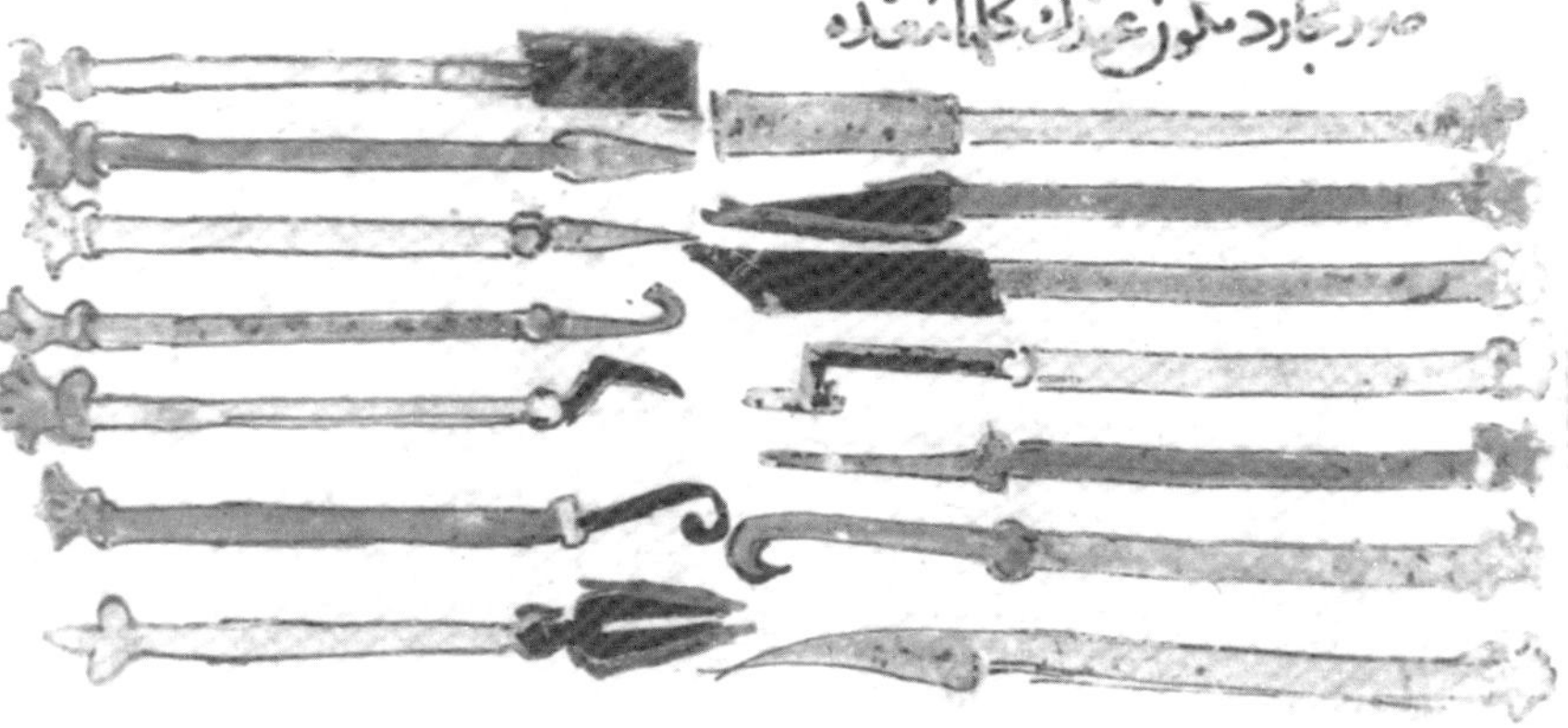

人間の身体には四元素（空気、水、火、土）に対応して、血液、粘液、黄胆汁、黒胆汁という四つの体液がある。これらのバランスが正常であれば健康だが、悪化すると病気になる。医者の仕事は食餌療法や投薬、場合によって手術を用いて、体液のバランスを正常に戻すことであった。

イスラム世界において医学が本格的に発展したのは、ギリシア語の医学書が大規模にアラビア語へ翻訳されたフナイン・イブン・イスハークの時代からである。それまでは、ジュンディーシャープールなどから高名な医者が呼ばれるのが通例であった。九世紀頃の名だたる医者は、すでに医学教育の伝統を持っていたキリスト教徒やユダヤ教徒が大半であった。伝記集によれば、イスラム教徒が占める割合が大きくなるのは一〇世紀中頃以降のことである。

▼一五世紀のシャラフッディーンによる『イル・ハーン外科術』より、焼灼（熱した焼きごてを皮膚に当てて出血を止める方法）によって、止血しようとしている医師。
▲◀ザフラーウィー著作にある外科道具の図示。上は産科用。左は歯科用。

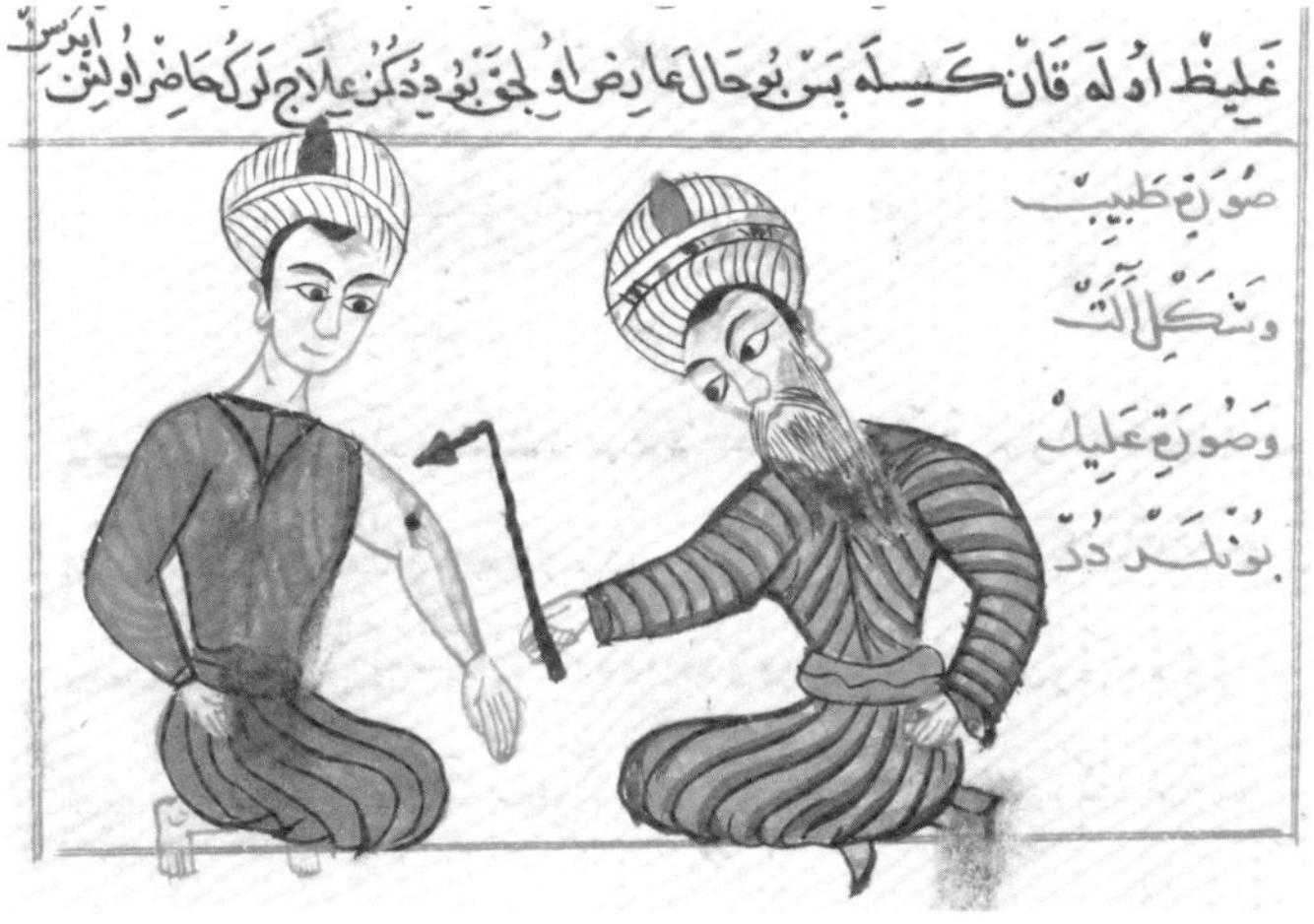

●臨床医師ラーズィー

ヨーロッパでラーゼスとして知られたアブー・バクル・ラーズィー（九二五／九三五年没）はペルシア系の出自をもち、現イランのテヘラン近郊にある町レイに

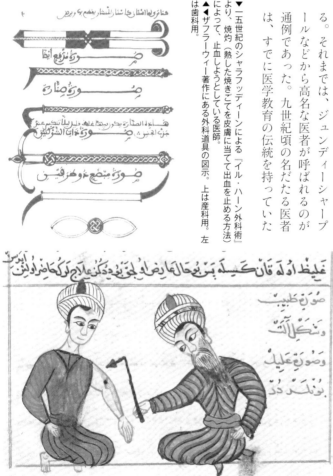

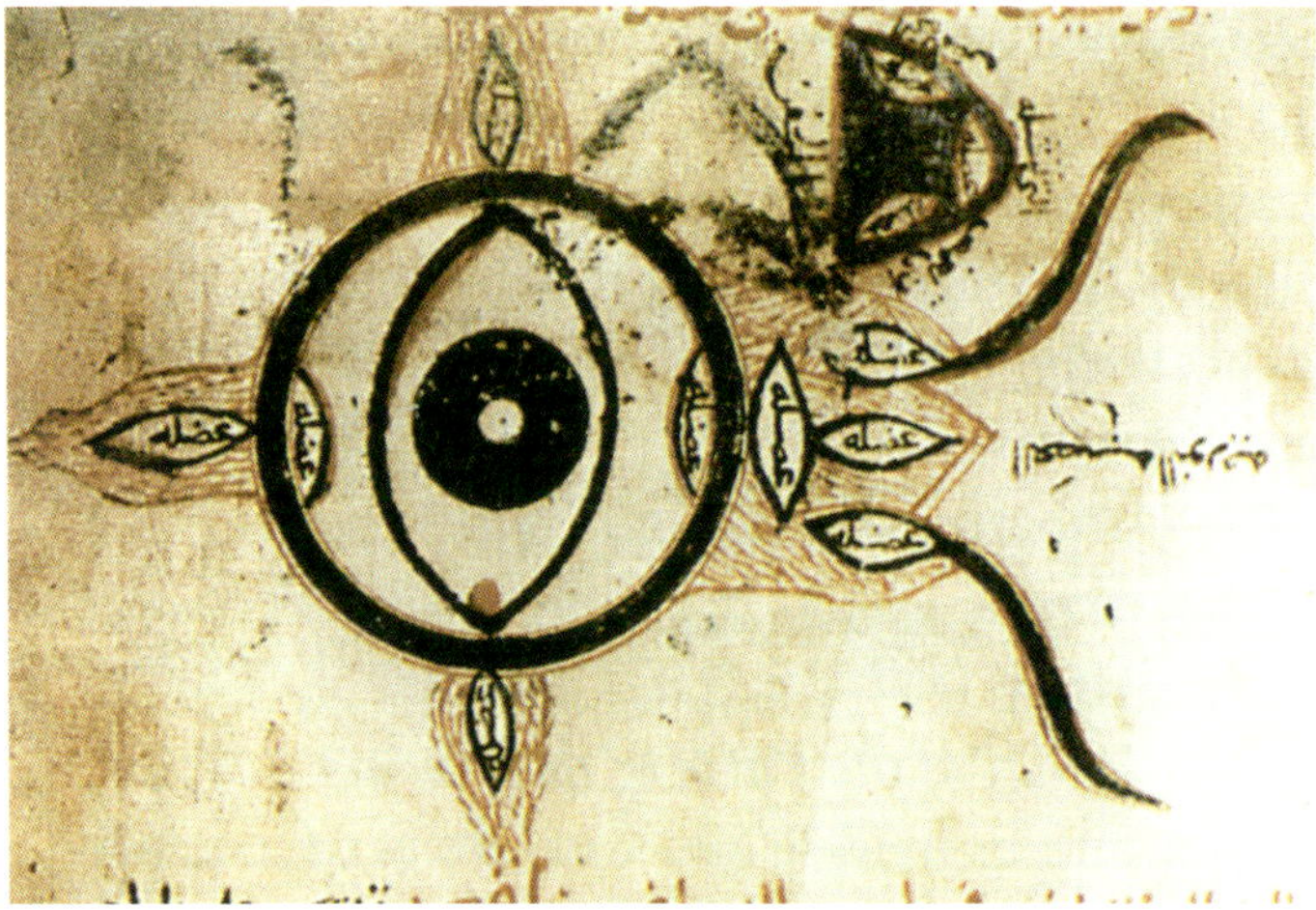

▶フナイン・イブン・イスハークの『目に関する十篇の書』にある眼の筋肉構造を表した図。

▶一二世紀にミフラーン・イブン・マンスールによって翻訳されたディオスコリデスの薬学書（一七世紀の写本）。記載された植物や動物の挿絵が付されているが、写本によっては原型を留めていないものもある。

生まれた。ラーズィーは医者として名を上げ、バグダードやレイの病院長を務めた。彼は膨大な数の書物を著しており、その著作は医学を中心として、哲学や錬金術など多岐にわたる。

ラーズィー作として知られる『包括の書』はノート集と呼べる類のもので、彼が医学を研究する過程で読んだ書物の抜粋が（彼の死後に弟子たちの手で）まとめられたものである。これを読むと、ラーズィーがギリシア、インド、ペルシア、シリアの医学書を広く読んで熱心に研究していたことが見て取れる。引用された情報には元々の文献がすでに散逸しているものもあるため、この著作は非常に大きな価値を有している。

もうひとつ重要な著作が『天然痘と麻疹について』である。これらの病気は症状が似ていたため混同されていたが、ラーズィーは優れた観察眼をもって患者の症状を観察し、二つを区別した。この業績は高く評価され、ヨーロッパ諸語に翻訳されて繰り返し出版された。ラーズィーは錬金術の研究も行っており、化学的知識を医学に応用した。

●外科学と薬学

アンダルス（スペイン）で活躍したザフラーウィー（一〇一三年頃没）もまた『配給の書』という大部の医学書を著した。この第二九巻は外科学を主題としており、様々な医療器具に関する説明と図が記録されている。それらの道具が実際に使用されていたのかどうかは明らかになっていないが、イスラム世界でも外科的手法への関心が高かったと言えよう。眼科学もイスラム世界で発展しており、白内障の手術などが行われていた。

イスラム世界の医学における重要な発展の一つは薬学である。イスラム世界の広大な版図のもとで多種多様な物品が流通し、医療に使用される薬品の数もギリシアの時代と比べて大幅に増えた。ギリシアのディオスコリデスやガレノスの著作を出発点としているが、イスラム世界の薬学は中東やインドの影響を強く受けており、医学書や薬学書で言及される薬品もこれらの地域で産出されるものの割合が比較的大きい。

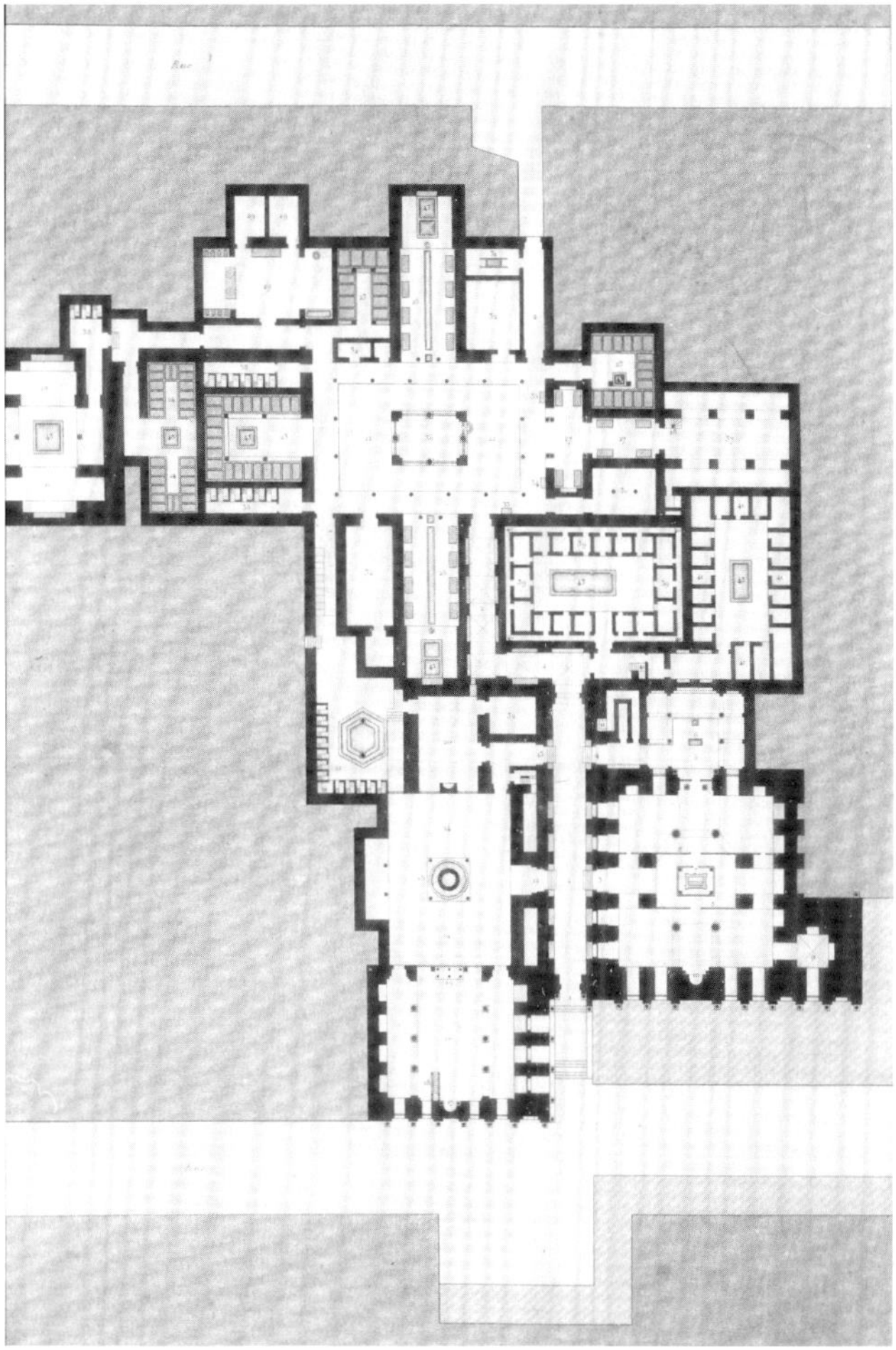

◀一三世紀後半にマムルーク朝第八代スルタン、カラーウーン（在位一二七九～九〇年）によって設立された病院の構造図。一九世紀のフランス人建築家によって記録されたもの。図の下の方が正面玄関で、手前は礼拝所がある。奥は病棟が細かく分けられている。

●病院

病院の原型を辿れば、それはビザンツ帝国にあった修道院であると言えよう。しかしこれはまだ小さな療養所に近く、現代の形で、特に病棟を備えた形の病院が初めて整備されたのは、イスラム期になってからのことである。

記録上初めての病院は、アッバース朝第五代カリフ、ハールーン・ラシードの宰相がバグダードに建設したものである。イスラム世界ではカリフや宮廷の重鎮によって病院が頻繁に建設された。こうして建設された病院はワクフというイスラム法に基づく寄進制度によって経営され、医者を含む病院スタッフの賃金、薬品などの経費がまかなわれた。ワクフによる経営には、出資者の死後も病院の運営が維持されるという利点があった。

このような病院には専属の医者が多数雇われており、たとえばブワイフ朝のアドゥドゥッダウラ（在位九四九～九八三

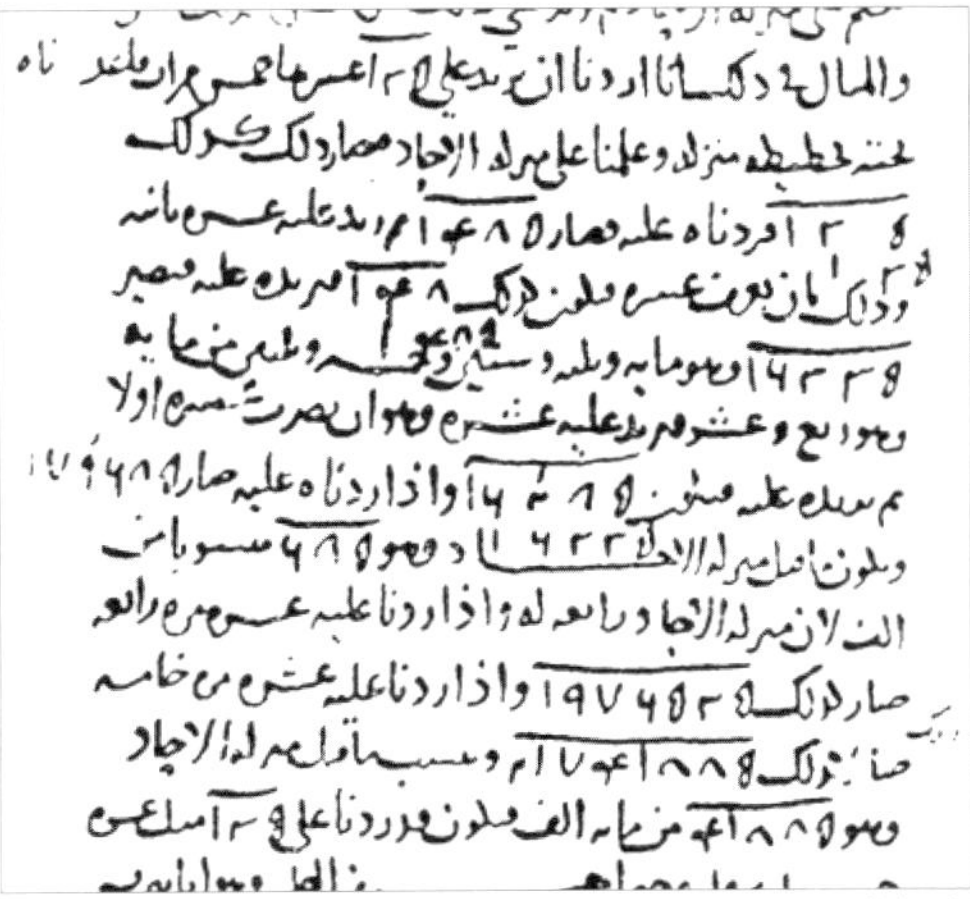

▲数字の変遷。西アラビアの数字は現代の算用数字にかなり近いことがわかる。

◀10世紀のウクリーディスィーによる小数点の表現。中段の左端に、179.685と表記されている。9の上にある点が1の位に当たる。アラビア文字は右から左に書くが、数字は左から右に書く。

▼フワーリズミーによる「$x^2+10x=39$」から求めた「$x=3$」の幾何学的証明。10を二等分した辺と未知数xの辺からなる長方形と、xの辺の正方形を合わせた面積（斜線部）が39である。白い正方形の面積を加えると39+25＝64であり、平方根をとって、大きな正方形の一辺は8となる。

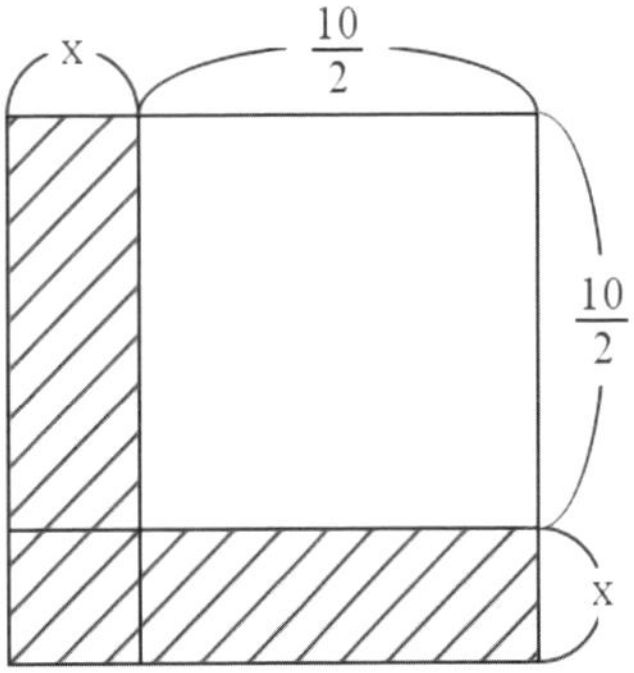

▼アブジャド記数法。アラビア文字で数字として用いて数を表記する方法。同様の記数法は、ヘブライ語やギリシア語にも存在する。例えば241=200+40+1は、ر (200) と م (40) と ا (1) を大きい方からつなげて、右から左へ書く。

ا	1	ك	20	例：
ب	2	ل	30	ب ＝2
ج	3	م	40	يج ＝13
د	4	ن	50	رما ＝241
ه	5	س	60	
و	6	ع	70	
ز	7	ف	80	
ح	8	ص	90	
ط	9	ق	100	
ي	10	ر	200	
		غ	1000	

年）がバグダードに建設した病院では二五名の医者が所属していたという。その中には内科医、眼科医、外科医、接骨医など専門医が含まれていた。

イスラム世界の病院は性別、職業、貧富、信仰の違いに関係なく、すべての人に開かれていた。また複数の病棟に分かれており、患者は男女で分けられた。症状によっては専用の部屋もあり、精神病患者を隔離することもできた。これ以外にも、薬局、キッチン、倉庫、図書室、モスクが備えられていたり、医学生の教育の場として講義室が用意されているなど、様々な設備を有する施設であった。

❖

⊙数学

●数字

我々が日常用いている算用数字はアラビア数字とも呼ばれる。これは、算用数字がアラビア語圏つまりイスラム世界で現在のような形になり、その後ヨーロッパに伝わったことを示している。

この数字の成立について詳細なことはわかっていないが、元を辿ればインドで生まれ、イスラム世界へ伝わったことは確かである。そのためアラビア語では「インド数字」と呼ばれている。また現在我々が使用しているものとは異なるが、小数点に当たる記号もイスラム世界で初めて使用された。ただし、近代以前にはアラビア数字による記数法が必ずしも使用されていたわけではない。数学書でも数を言葉で述べることが普通であり、従来のアブジャド記数法（アラビア文字で数を記す方法）なども使用された。

●代数学の祖フワーリズミー

「アルゴリズム」という言葉のもととなった人物フワーリズミー（八五〇年頃没）は、イスラムの代数学の創始者と言える。代数を意味する「アルジェブラ」はアラビア語で「骨の整復」を意味する言葉「ジャブル」に定冠詞をつけた「アル＝ジャブル」に由来する。この言葉を冠したフワーリズミーの著作『ジャブルとムカーバラの書』の第一部は、移項（ジャブル）と簡約（ムカーバラ）による方程式の解法を論じている。彼は一次・二次方程式をそれぞれ三つずつの型に整理したうえで未知数を求める方法を述べると共に、幾何学的な証明を行った。この著作はイスラム世界およびヨーロッパの数学に多大な影響を与えた。

『ジャブルとムカーバラの書』の第二部は遺産分割の計算を扱っている。イスラム世界では遺産分割はコーランで言及されるほど重要な問題であり、神の法として定められた規則が存在する。この遺産の計算に、フワーリズミーは方程式による解法を持ち込んだのである。それ以後、遺産分割問題は重要な数学的問題として認められ、イスラム世界の数学の一部門として展開していった。

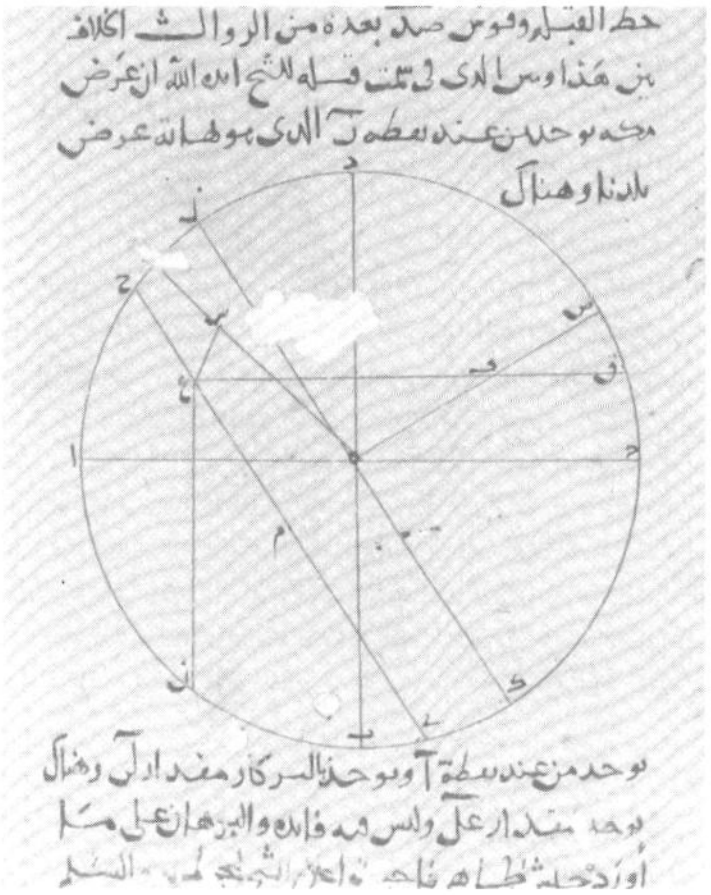

▲九世紀のハバシュ・ハースィブによるキブラ計算法。この方法では、地球を平面として扱った平面三角法を用いている。

●幾何学

イスラム世界の幾何学はエウクレイデス（ユークリッド）に代表されるギリシア幾何学を出発点としており、イスラム世界の数学はその延長線上で発展した。幾何学について新しい進展を見せたのが、三角法の分野である。星表（ズィージュ）には天文学の計算に必要な表が含まれており、その中に正弦表（円の中心角ごとに、対応する正弦［サイン］の大きさを表にしたもの）があった。この正弦表は元を辿ればインドの天文学で使用されていたが、プトレマイオスの『アルマゲスト』を経由して、イスラム世界に入ってきたものである。イスラム世界の数学者たちはこれを発展させ、正接（タンジェント）をはじめとしてすべての三角関数を加えた。また、これらの表の精度も向上させた。

イスラム世界で三角法が発展したのもまた実用のためであった。イスラム教ではメッカの方角へ向けて礼拝することが定められている。モスクにはメッカの方角を示す目印（ミフラーブ）が壁にあり、モスク建造のためにはメッカの方角を知る必要があった。広大なイスラム帝国の中では、地域によってメッカの方角はまったく異なる。この礼拝の方角（キブラ）を算出するために各都市の座標の計測が必要とされ、平面三角法と球面三角法の両分野が発展した。

●光学

数学と関連してイスラムで重要な発展を遂げた分野として、光学を挙げよう。ヨーロッパで光学の祖アルハーゼンとして知られるイブン・ハイサム（一〇四〇年頃没）は数学、光学、天文学の分野で活躍した。

イブン・ハイサムは『映像の書』で目

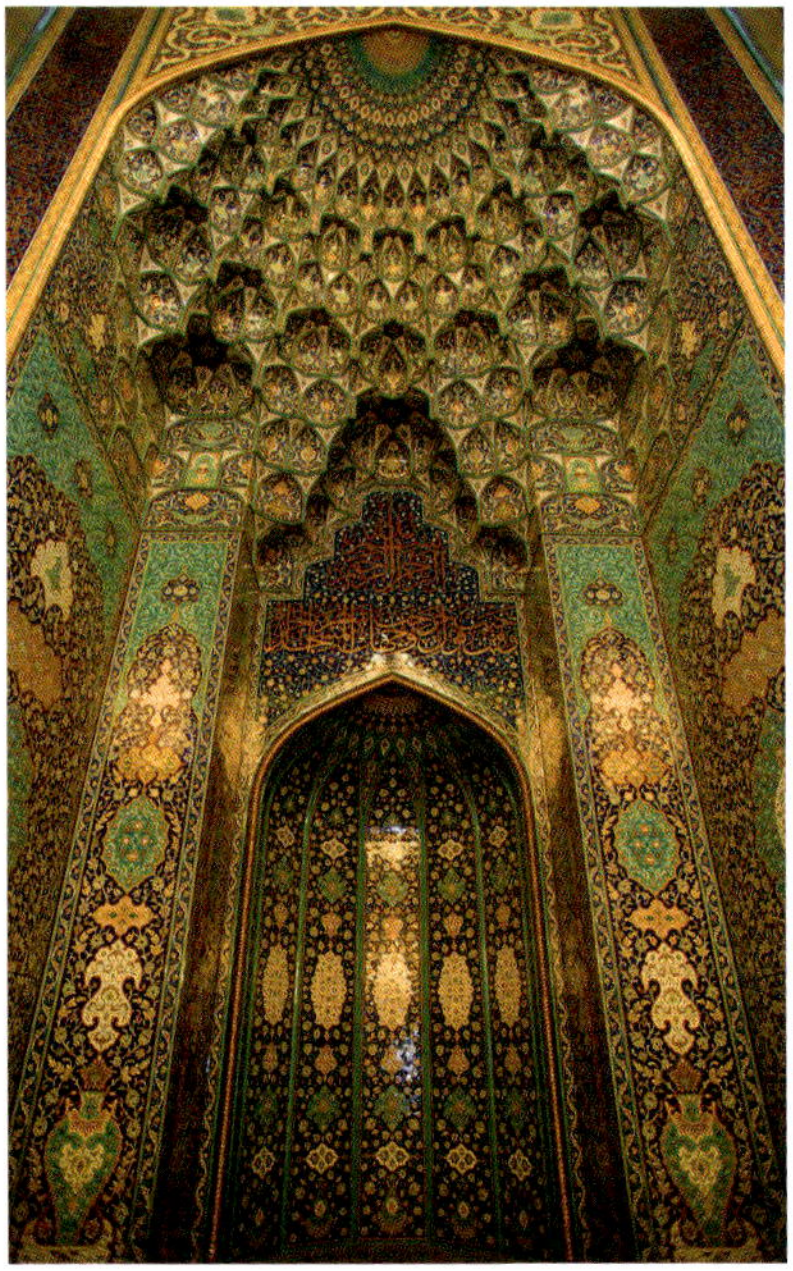

▶モスクの壁にあるミフラーブ。メッカのカアバ神殿の方角に当たる壁に設けられ、キブラ（礼拝の向き）を示している（写真提供・PPS通信社）。

の構造や視覚の仕組み、光や色の性質、光の反射・屈折を研究した。視覚の仕組みは古代から重要な問題として認識されており、哲学者、医者、数学者が各自考察している。イブン・ハイサムはプトレマイオスの光学を中心にこれらの伝統を検討して研究を行い、物が見えるのは眼から何かが放出されて対象物に到達するのではなく、対象物から発せられた色や光を眼が受容するためだ、という結論に至った。また彼は光の反射・屈折を研究する上で、実験により帰納的推論を行うという方法論を展開した。

❖

⊙錬金術

英語にはアラビア語に由来する単語が多数存在する。たとえばアルコール、アルカリ、アランビック（蒸留器）、アルマナック（暦）、ソーダ、コーヒーなどである。その多くで語頭に「アル」が付くのは、アラビア語の定冠詞"al"（英語のtheに相当）の痕跡である。

アラビア語由来の言葉は化学関係の用語に多い。このことは、化学の発展におけるイスラム世界の影響を物語っている。化学を意味するケミストリーもまたアルケミー、つまり錬金術を意味するアラビア語由来の言葉から派生したものである。

錬金術とは卑金属（鉄や鉛など）を原料に、貴金属（金や銀）を生成する技術である。地上の物質は共通して空気・水・火・土の四元素から成り立っているので、その比率を変えることで他の物質に変化させられるというのである。

アルケミーという言葉の正確な語源はよくわかっていない。一つには、エジプトの黒い土を示す「ケム」から生まれたとされ、また一つには、ギリシア語で冶金術を意味する「キュメイア」に由来すると言われる。いずれにしてもヨーロッパ人が錬金術を知ったのは、イスラム世界で「アル＝キーミヤー」と呼ばれた学問が発展した後のことになる。

●伝説的錬金術師ジャービル

イスラム世界を代表する錬金術師といえば、ジャービル・イブン・ハイヤーン（八世紀）である。その人物像は謎に包まれているが、シーア派第六代イマーム、ジャアファル・サーディク（七六五年没）とつながりがあったと言われる。彼の名で残された書物は非常に多いが、ジャービル自身が伝説化しており、その大半が彼の信奉者によって後代に書かれたものと考えられる。それらの著作はラテン語に翻訳されて、ジャービルがなまったゲーベルの名とともにヨーロッパに伝わることとなった。

ジャービル一派は土の中で硫黄と水銀が結合することによって金属が生まれると考えた。完全な硫黄と完全な水銀が完璧に調和している時、完全な金属である黄金が生まれる。反対に不完全なものからは、銀をはじめとする様々な金属が生まれる。この結合は「イクスィール」と呼ばれる薬を用いて矯正することができるという。この硫黄と水銀の理論は後世の錬金術師に受け入れられていった。

ジャービル一派はまた「秤の理論」という理論を打ち出した。これは物質の性質を定量的に説明する理論である。ギリシア哲学に従えば、あらゆる物質は四元素から構成され、熱・冷・乾・湿という性質を持っている。それらの量は物質の（アラビア語の）名称に反映されているので、言葉を分析すればその性質の比率を理解できるという。そして、錬金術師の仕事はこの量の比率を操作することにある。ジャービル一派の錬金術はこのような秘教的側面をもち、イスラム世界における錬金術研究の流れの一つを作った。

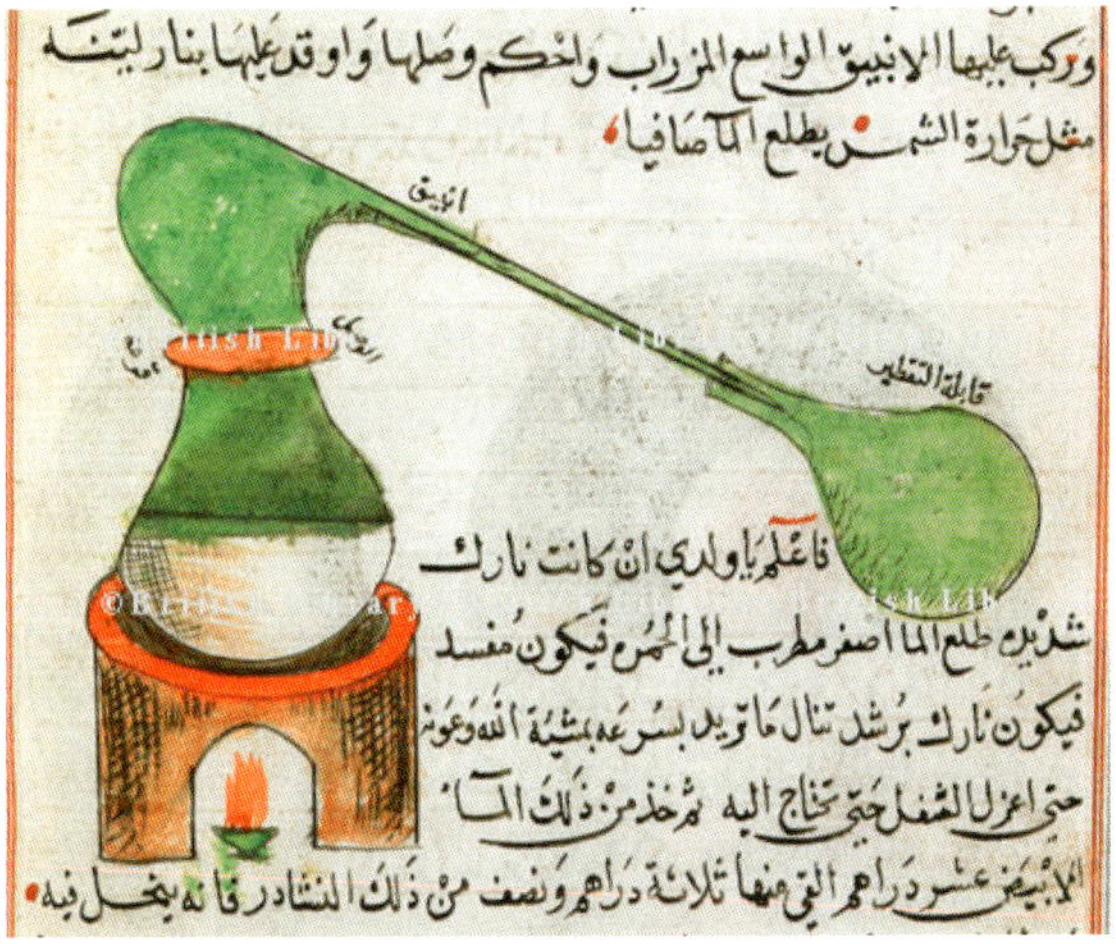

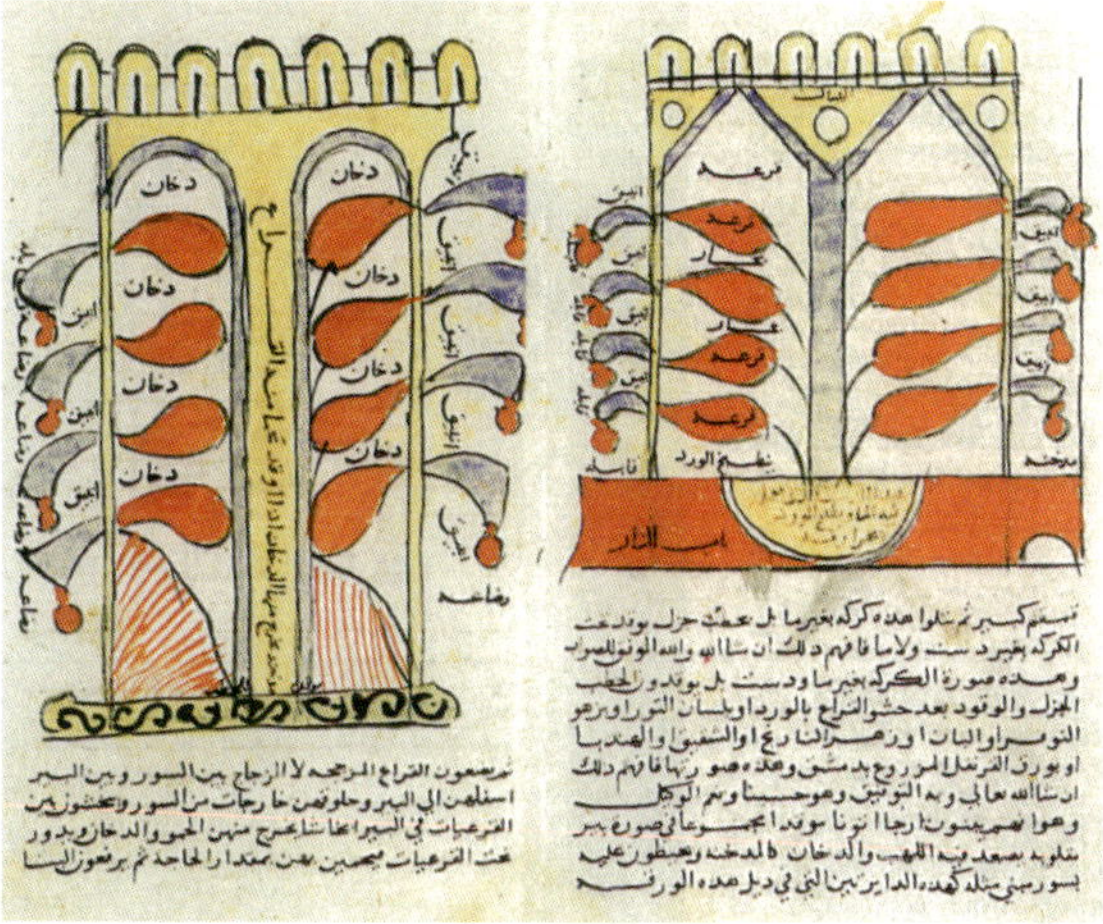

▲アランビックと呼ばれる蒸留器の図。日本にも伝わり、「ランビキ」と呼ばれた。
▼ディマシュキー（一三二七年没）が記述した蒸留器。
◀一五世紀にヨーロッパで描かれたゲーベル（ジャービル・イブン・ハイヤーン）の肖像。

●化学者ラーズィー

ジャービルとは異なり錬金術の実践を追求したことで有名な人物が、医者としても著名なラーズィーである。その錬金術研究はジャービル一派のような思弁的なものとは異なり、実践的指向が強い。ラーズィーの錬金術での業績は実験化学を生み出した点にある。彼は自然界の様々な物質を観察して分類し、詳細なリストを作成した。

金を生み出す過程では、物質の本質を抽出することが必要であると考えられたから、ラーズィーは様々な化学的処理を研究し、考案した。彼は炉、ふいご、蒸留器、フラスコ、かまど、漏斗、ふるいなどの器具を備えた実験室を有していたようである。そしてその錬金術著作には、蒸留、煆焼、溶解、蒸発、結晶化、昇華、濾過、アマルガム化などといった技法が記録されている。これらの道具と技術はすべて、錬金術で用いる物質から不純物を取り除き、純粋な素材を用意するためのものであった。錬金術は万能薬の作成には至らなかったものの、ラーズィーが発展させた化学的手法は薬学の進展につながった。

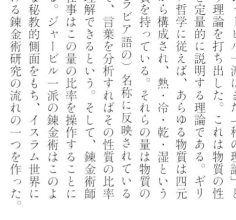

▶ビスターミーという詳細不明の人物の著作にある炉の挿絵。

●錬金術の批判

錬金術がイスラム世界で深く研究されていたことは事実であるが、その有効性が広く認められていたわけではない。錬金術書を書いたとされるイブン・スィーナーは実際には錬金術を否定しており、イブン・ハルドゥーン（一四〇六年没）も『歴史序説』で錬金術を否定的に扱っている。彼らは錬金術師の試みを神の創造行為の模倣と見なし、これを批判した。

　イスラム世界の錬金術はヨーロッパの錬金術師へ伝わった。その目的は達成されることは無かったが、イスラム世界の錬金術師たちの研究、特にラーズィーに代表される発展が現在の化学実験の基礎を作ったことは否定できない。その意味でイスラム世界の錬金術は現在の我々にとっても大きな意味を持っている。

❖

3 神学との緊張

⊙外来の学問

　イスラム世界で繁栄した哲学・科学は、イスラム教やアラブ固有の伝統に基づく詩学や文法学、法学や神学とは異なり、外から輸入された「外来の学問」であった。一部の分野ではペルシアやインドの学問の影響を受けていたが、大部分はギリシアの学問に起源を持ち、ギリシア哲学と密接な関係を持っていた。

　哲学は宗派・宗教間の論争のために論理学が導入されたのをはじめとして、後に自然学や形而上学が学ばれていった。科学も人々の役に立つ学問としてアラビア語に翻訳され、研究が行われた。これらは純粋に実用目的の受容であった。しかし学問の研究、特に哲学の研究が進むと、イスラム教の信仰にとって大きな問題が生じた。哲学者の主張する真理が教義と対立したのである。

●哲学の崩壊

　イスラム教の神学者たちはイスラム教の教義に反する哲学者の思想を批判した。その中でもアブー・ハーミド・ガザーリー（一一一一年没）による哲学批判は大きな影響力を持った。後に神秘主義者としても知られたガザーリーは、セルジューク朝下のバグダードのニザーミーヤ学院で神学や法学を教えていた。このガザーリーの批判がそれ以前の神学者の批判と異なっていたのは、彼が哲学を自ら学んで理解した上で哲学を攻撃したということにある。

　ガザーリーはまず『哲学者の意図』と

いう著作で、イブン・スィーナーの思想を中心とした哲学者たちの見解をまとめ、『哲学者の自己矛盾（崩壊）』という著作でそれらを論駁した。ただし、哲学体系のすべてを否定したわけではなく、論理学などの価値は認めており、形而上学などの一部を批判の対象とした。たとえば哲学者は世界が永遠の昔から存在していると考えるが、イスラム教の教義では世界は神によって創造されたものであり、始まりがある。このように信仰に反する哲学的見解について、ガザーリーは哲学者の論理に沿って辛辣に批判した。

　ニザーミーヤ学院の教授という立場、つまりスンナ派学問界の頂点に立つガザーリーによる哲学批判は一般信徒の哲学に対する嫌悪を強め、外来の学問全体への反感を助長した。その結果イスラム世界での哲学や科学は下火になり停滞したと、かつては言われていた。

⊙ガザーリー以後 ❖

　しかしながら、近年の研究はこのような見方に疑問を投げかけている。確かにガザーリー以降、西方で活躍したイブン・ルシュド（一一九八年没）を除いて、哲学者として著名な人物は登場しなかった。しかし、アリストテレスに由来する哲学が消滅したわけではない。論理学は神学者たちによって取り入れられ、神学書の中にイブン・スィーナー哲学の痕跡がある。イブン・スィーナーの哲学著作に対する注釈も、学者たちによって複数書かれている。哲学の伝統は絶えたのではなく、形を変えたり、場を移して展開していったのである。

　イスラム世界の天文学者たちはギリシアの先人たちと同様に、実際の観測と理論上の計算が一致するように、天体運行の理論を修正・刷新していった。ガザーリー以降の時代にも、その改良は続けられた。そうした天文学者の中には例えば、イル・ハーン朝下で活躍したシーア派神学者としても有名な、天文学者ナスィールッディーン・トゥースィー（一二七四年没）がいた。彼はマラーガに建設された天文台（観測所）で観測を行い、「イル・ハーン星表」を完成させた。また「トゥースィーの対円」と呼ばれる技巧を考案し、プトレマイオスの複雑すぎる天体モデルの難点を一つ解消した。この新案はヨーロッパに伝わって、コペルニクス（一五四三年没）の新たな天体モデルの成立に影響を及ぼしたと考えられている。

　イル・ハーン朝のマラーガ天文台以降も、サマルカンド（現ウズベキスタン）やジャイプル（現インド）に大規模な天文台が建設されている。このことは、ガザーリー以降の時代にも天文学の研究が継続的に行われたことを示している。

　医学の分野でも大きな発見があった。

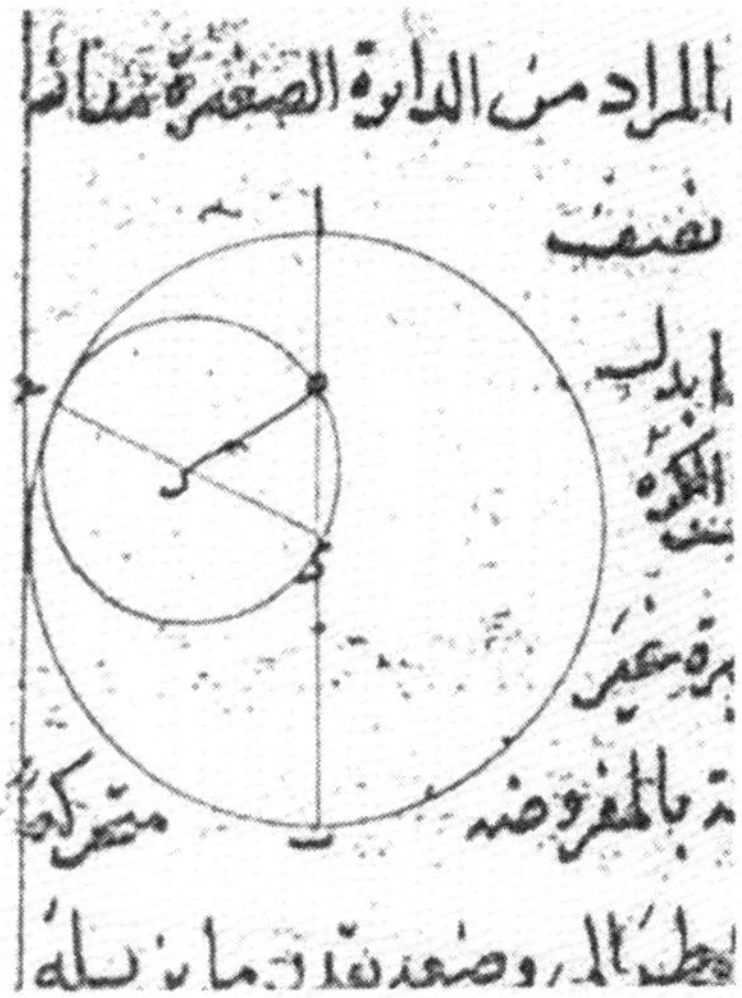

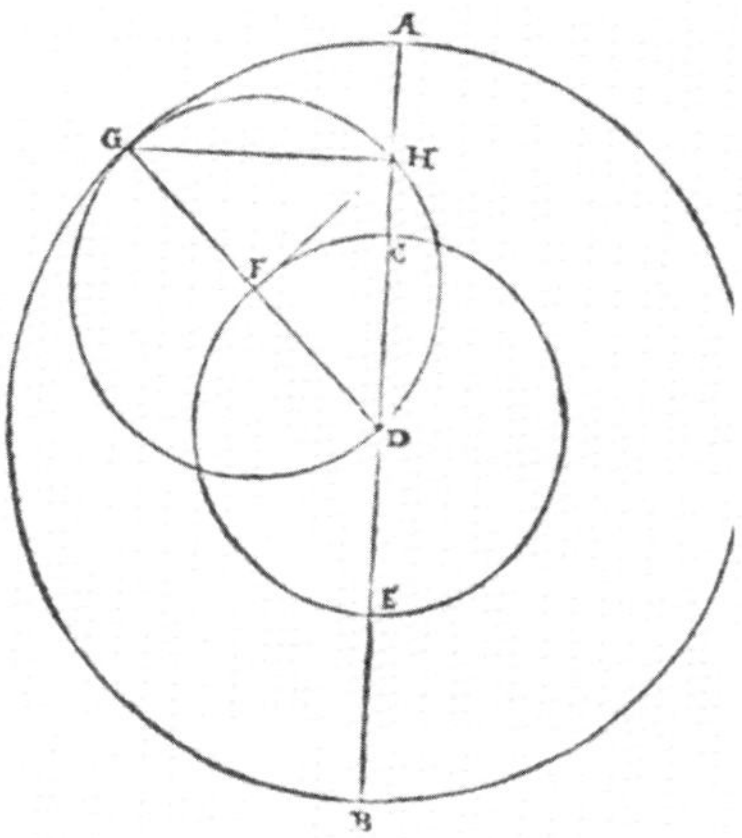

▲「トゥースィーの対円」の説明図（上）。コペルニクス『天体の回転について』における秤動の説明図（下）。トゥースィーの説明図と、点に付された文字が等しい。

▼ティムール朝のウルグ・ベクがサマルカンドに建造した天文観測所の遺構。地下を掘って造られた、巨大な六分儀。

◀一四世紀に活躍したマンスール・イブン・イルヤースによる解剖図譜。イスラム医学の理論に基づき、神経（左）、静脈（右）がそれぞれ別個に表現される。このように足を拡げているポーズはイスラムの解剖図譜に頻繁に見られる。

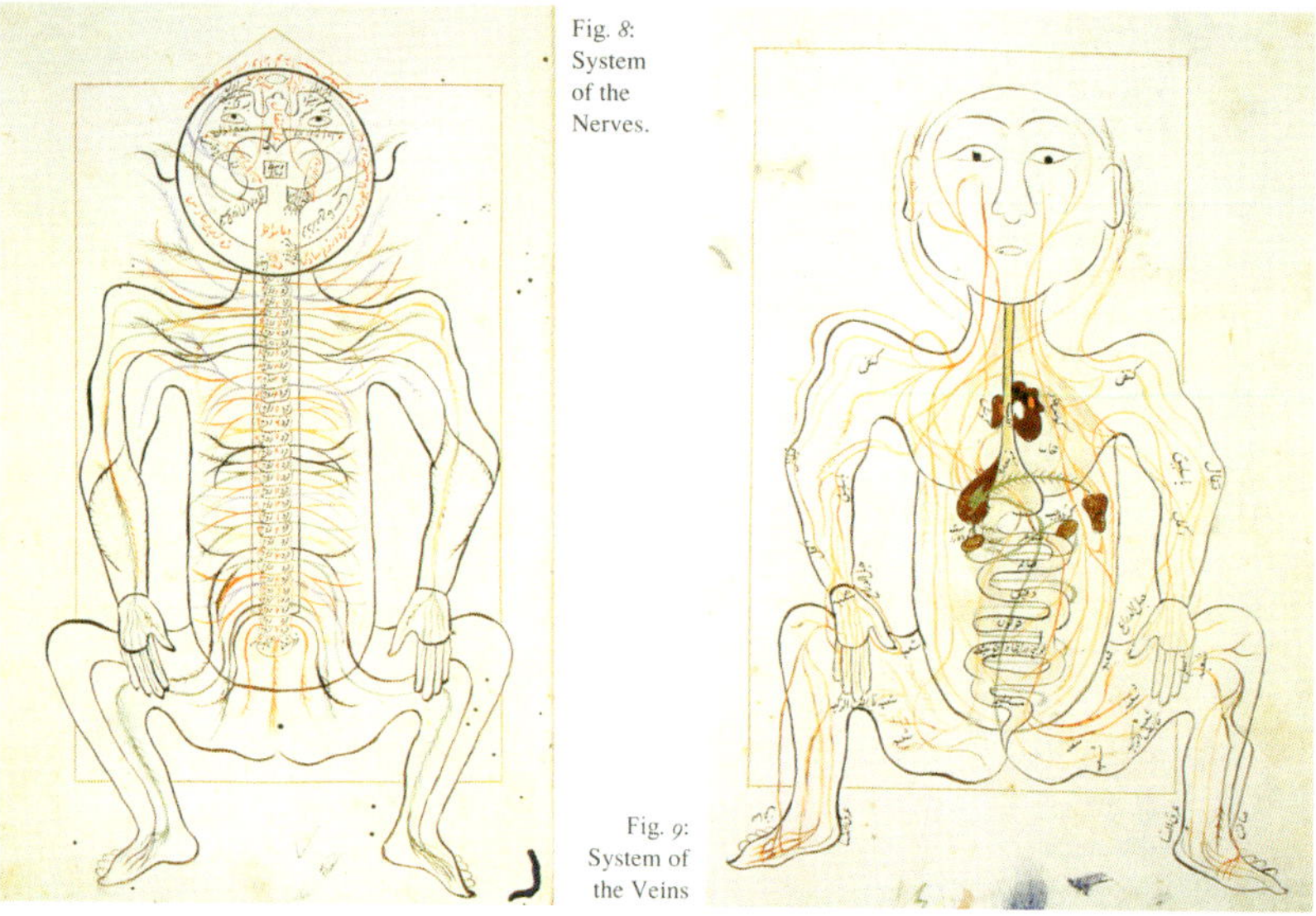

ガレノス以来、人間の心臓には左右二つの心室があると考えられていた。それによれば、肝臓で作られた血液はそれらの心室を隔てる壁に開いた細孔を通って、右の心室から左の心室へ移動する。そこで肺から来た空気と混ざり、動脈を通じて全身へ向かうという。イブン・ナフィース（一二八八年没）はイブン・スィーナーの『医学典範』の注釈の中でこの細孔の存在を否定し、血液は一度肺を通ってから左の心室へ行くと指摘した。これは医者・神学者のミシェル・セルヴェ（一五三三年没）が肺循環を指摘するより数世紀も前のことである。イブン・ナフィースの注釈はラテン語訳されたため、ヨーロッパに伝わっていた可能性は充分にある。

　これらの事例は、ガザーリーの批判によってイスラム世界における哲学・科学がとどめを刺されたのではないことを示している。また、同時代のヨーロッパの人々が引き続きイスラム世界の学問に関心を抱いていたことも指摘できる。ガザーリー以後の時代で書かれた文献の多くが注釈書であるため、それらのオリジナリティは過小評価されてきた。しかしそれらは単なる解説書ではなく、新たな知見を含んでいることもあり、暗黒時代という評価は適さない。ガザーリー以降の哲学・科学の実態については研究が充分に進んでいないが、今後明らかになっていくことであろう。

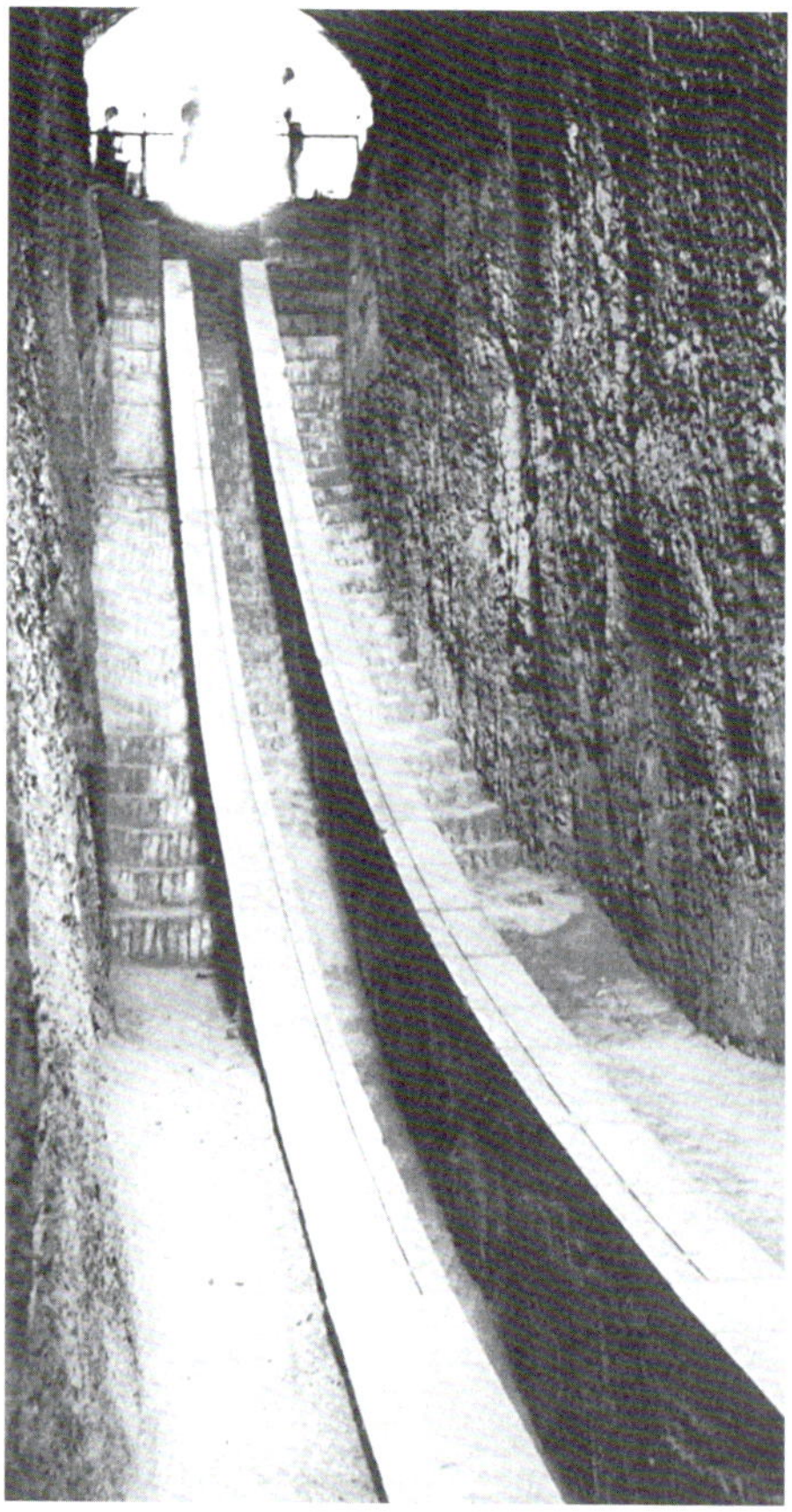

第四章 シーア派とイラン

平野貴大

1 イマーム在世期

シーア派はスンナ派とともにイスラム教の二大宗派を形成している。現在ではイスラム教徒の一割から二割がシーア派信徒である。現在のシーア派の大半は「一二イマーム派」と呼ばれ、彼らはイランやイラク、アゼルバイジャンなどでは多数派を占めている。一二イマーム派以外にも、南アジアを中心にイスマーイール派、イエメンにザイド派、シリアにアラウィー派などのシーア派系分派が存在しているが、本章での「シーア派」とは「一二イマーム派」のことを指すこととする。

現在のイランではシーア派法学者が統治を担う体制が成立しているが、これは長い間の学問的営為の結晶であるともいえよう。以下、現在に至るまでのシーア派の学問的発展と法学者の権威の推移を中心に、王朝史や現代のシーア派を取り巻く情勢なども見ていくことにする。

⊙シーア派の成立

シーア派の歴史観によれば、自派の成立は預言者ムハンマドの生存時に遡る。預言者は現サウディアラビアのガディール・フンムで彼の従弟で娘婿であるアリーを後継者として指名したとされ、アリーを支持し、彼に追従した集団が「シーア派」と呼ばれた。

シーア派では、預言者ムハンマドの後継者を「イマーム」と呼び、アリーが初代イマームとなったと考える。シーア派の「イマーム」とスンナ派の「カリフ」は、どちらもイスラム共同体の長を指す一方で、その役割は大きく異なる。スンナ派の「カリフ」は政治における長であり、宗教的事柄への特権を持たない。それに対して、シーア派におけるイマームとは、世俗の権力を保持するか否かに関わらず、いかなる罪と誤りから免れた無謬の存在であり、預言者の知識を引き継ぐ絶対的な宗教権威とされる。

ガディール・フンムで預言者は言った

「私が彼のマウラー（主人）である者にとっては、アリーが彼のマウラーである。アッラーよ、彼の仲間となる者の仲間となり、彼の敵となる者の敵となってください。彼を助ける者を助け、彼を見捨てる者を見捨ててください。彼を愛する者を愛してください」（アリー・イブン・イブラーヒーム・クンミーのコーラン解釈書における五章六七節の解釈部分から引用）

シーア派の一二人のイマームの肖像。中央がアリーで、下に彼の子孫の歴代イマームが並ぶ（菊地達也氏提供）。

▶フサインの追悼のために掛けられている。「アブー・アブドゥッラー・フサイン様よ」と書かれている（筆者撮影）。
◀フサインの殉教話の中では彼の忠実な従者であり殉教したアッバースもしばしば言及される。これはアッバースへの追悼のためにかけられたものである（筆者撮影）。

▶▼フサインがカルバラーで乗っていた白馬「ズルジャナーフ」。この馬に乗り手がいないことは、乗り手のフサインが殉教したことを暗示する（筆者撮影）。

▶追悼儀礼の際にこのような棒を持って外を練り歩くこともある（筆者撮影）。
▼関東某所のフサイニーヤ（フサイン追悼のための施設）には、イマームたちの名前の書かれた飾り物が置かれている（筆者撮影）。

⊙カルバラーでのフサイン殉教事件

教友（第一世代のムスリム）の多数派はアリーの後継者位を認めず、アリー以前に三人の教友がカリフとなった。アリーが第四代カリフに就任すると第一次内乱が起きた（詳しくは第二章を参照）。

アリーの暗殺後、彼の長男のハサンが二代イマームとなった。ハサンは統治権をアリーの宿敵ムアーウィヤに譲り、ハサン以降の一二イマーム派系シーア派は誰も政治権力につくことはなかった。

三代イマーム、フサインはシーア派の歴史において非常に重要な役割を果たした。シーア派の歴史観では、ウマイヤ朝二代カリフ、ヤズィードは公に悪行をはたらき、フサインら反対勢力の壊滅を目論んでいたとされる。ヤズィードを放置すればイスラム教が破壊されるとフサインは考えていたとされる。

アリーがかつて拠点としていたイラクのクーファにはアリー家の支持基盤があり、シリアを拠点とするウマイヤ朝に反感を持つ者も多かった。クーファの民が軍事支援を申し出たために、フサインは六八〇年にメッカを出てクーファに向かった。しかし、ウマイヤ朝はフサインの動向を察知し、クーファの途中にあるカルバラーでフサインらを包囲した。フサイン側は七〇人ほどの兵力しかなく、女性と子供を残してほとんど全員がカルバラーで惨殺された。

▶◀シーア派では礼拝で頭をつく際に、額を土につけなければならず、モスクでは土の塊が用意されている（筆者撮影）。

シーア派は彼の死後四〇日後から、フサインの殉教の追悼を行ったとされ、現在まで彼の殉教日（アーシューラー）と四〇日後（アルバイーン）に追悼儀礼を行っている。シーア派信徒は毎年これらの日にフサインを思い起こし、自らの信仰を再確認する。このように、フサインは自身の殉教によってヤズィードによる破壊からシーア派の信仰を守ったと信じられている。

⊙バーキルとサーディク

カルバラーの悲劇的事件の際に生き残ったフサインの息子が第四代イマームとなり、以降彼の子孫が代々イマームとなった。五代イマーム、ムハンマド・バーキルと、六代イマーム、ジャアファル・サーディクの時代に、シーア派の学問は大きく発展した。五代イマームがシーア派独自の法学、神学の基礎を作り、六代イマームがそれを発展させたと言われる。この時期にはシーア派のイマーム論が整備され、イマームは罪も誤りも犯さず、あらゆる宗教的知識を預言者から継承した絶対的指導者とされ、信徒にはイマームへの服従が求められた。

スンナ派四大法学派のうちハナフィー

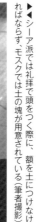

学派の学祖アブー・ハニーファとマーリク学派の学祖マーリクはサーディクの弟子であった。バーキルとサーディクは政治とは一切かかわらず、学問の発展に関心を払ったようである。その結果、イマームは多くの弟子を育成し、弟子たちは各地のシーア派共同体の指導や裁判、教義回答などをイマームの代わりに担うようになったと言われる。

⊙アッバース朝による迫害

七四九年に成立したアッバース朝はその初期からシーア派を弾圧し、七代目以降のシーア派イマームは何度も投獄、幽閉された。この時期、イマームが直接的に信徒を指導することが難しくなり、イマームは手紙や代理人を通じて信徒と交流するようになった。イマームは代理人制度を整備していき、高弟が代理として各地の共同体に派遣され、共同体の宗教実践を指導し、地下活動を通じてザカートや五分の一税などの宗教税がイマームに届けられるようになったとされる。

⊙幽隠《ガイバ》

八七四年に一一代イマームは後継者を公表することなくサーマッラーで死去し

▲イランのマシュハドにある八代イマームの廟と付随のモスク。イマームの廟は参詣地にもなっている（筆者撮影）。

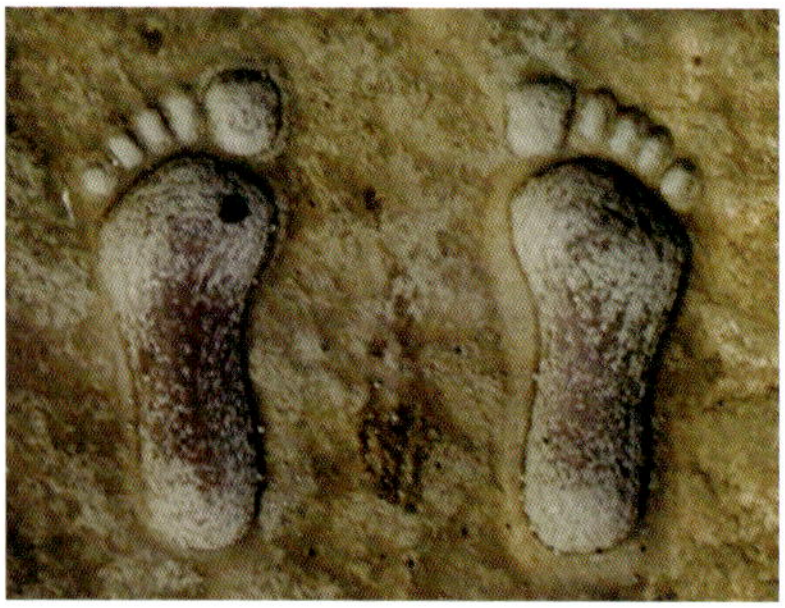

▼一二イマーム派のイマーム継承図

◀八代イマーム、リダーの足型のレプリカである。イマームは預言者同様に奇蹟を起こすことができるとされる。これは岩にイマームが乗り、岩が彼の足型を残したという奇蹟である（筆者撮影）。

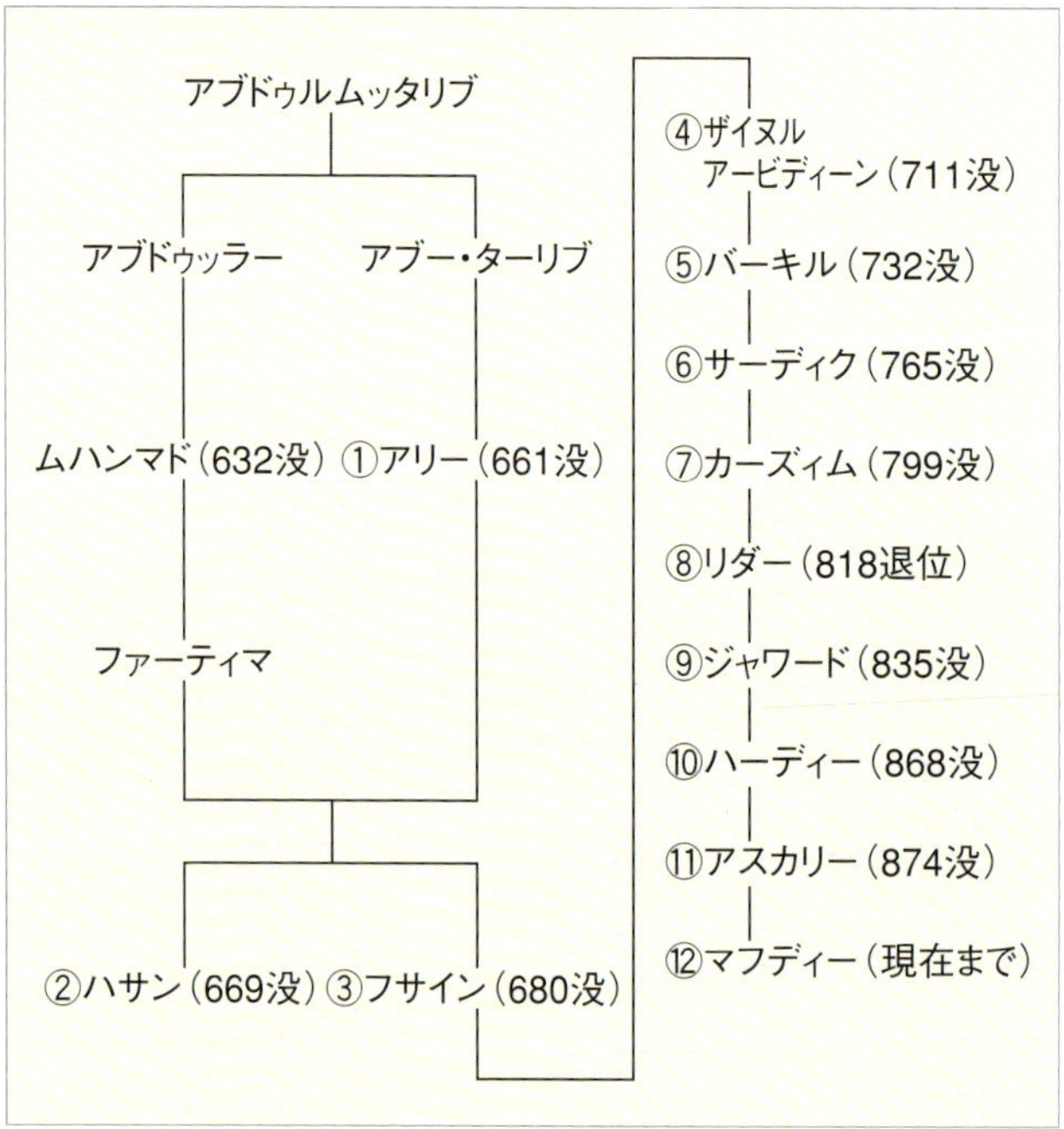

▲◀サーマッラーにある一一代イマームの廟に付設されたモスク。二〇〇六年にはスンナ派イスラム主義者の爆弾攻撃により、この黄金のドームが破壊された。上が破壊前で左が破壊後（破壊後の写真・ロイター／アフロ）。

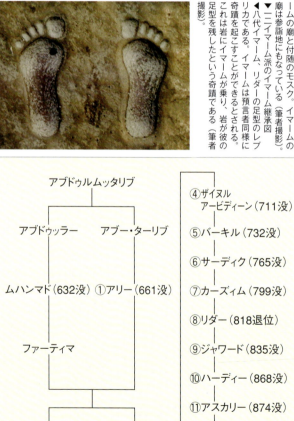

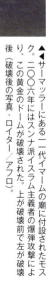

た。これはシーア派内に大きな衝撃を与えた。次のイマームを巡ってシーア派内で分裂も見られたが、シーア派は一一代イマームの姿を隠した息子をイマームと認めるようになった。アッバース朝による激しい迫害から守るために、第一一代イマームが息子を隠したと信じられている。八七四年以降、一二代イマームが代理人を通じてのみ信徒と交流をとるようになった状態を小幽隠と呼ぶ。そして九四〇年に四人目の代理人が死去する際に、一二代イマームは代理人を置かず信徒との交流を絶つことを宣言した。この状態を大幽隠と呼び、現在まで続いている。

　一二代イマームは最後のイマームであり、復活の日の前に再臨し地上を正義で満たすと信じられている。

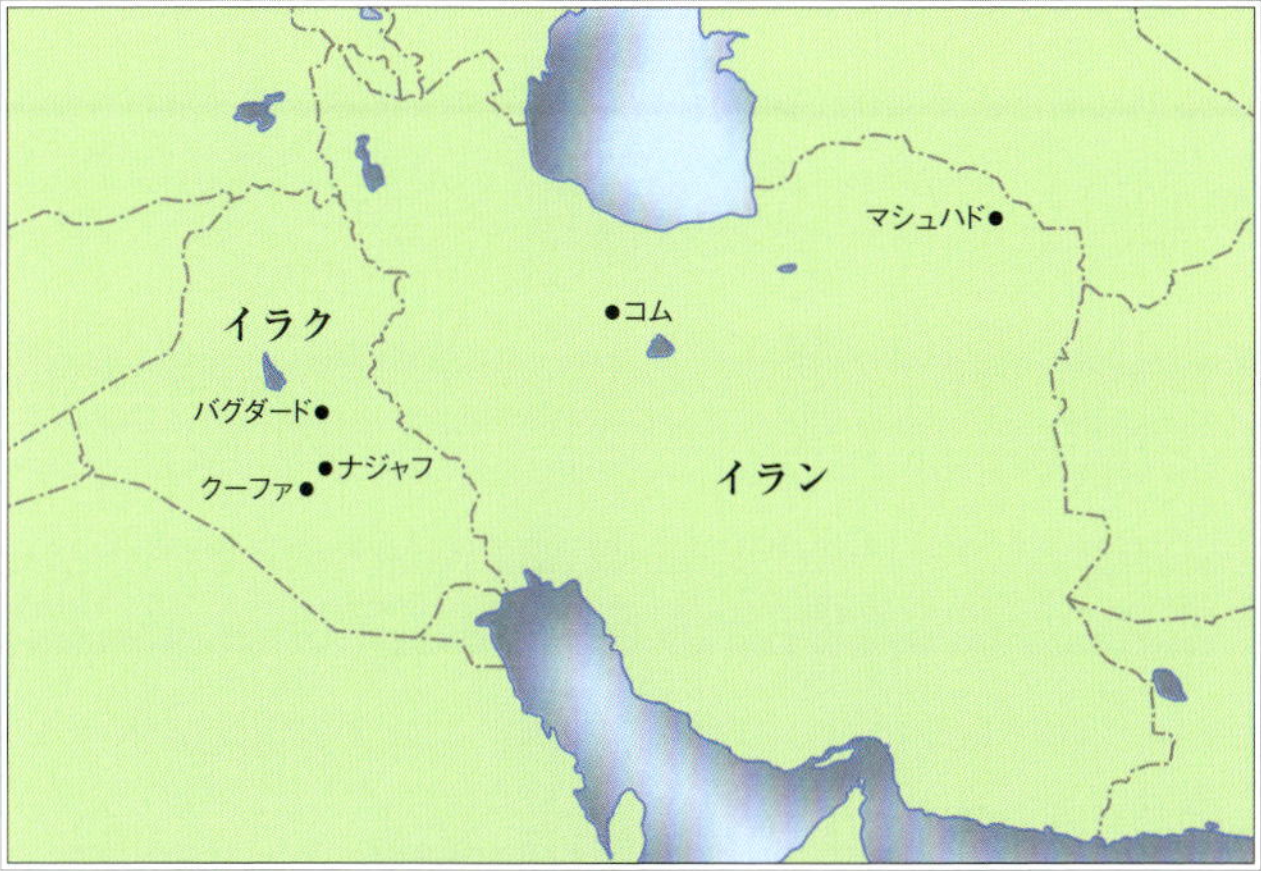

▲イランのコムやマシュハド、イラクのカルバラー、クーファ、ナジャフ、バグダードなどは古くからシーア派の活動が盛んであった。

2 幽隠後のシーア派

⊙小幽隠期における学問 ❖

小幽隠期には信徒による無謬のイマームへの質問が困難になった。そのため、この時期には多くの学者たちが執筆活動に勤しみ、教義の体系化を進めた。

　小幽隠期には、理性的推論を行わず預言者とイマームのハディースにのみ依拠する伝承主義者たちがコムを拠点に主流派を形成していた。小幽隠期に、シーア派のハディース集「四書」のうちの最初の著作であるクライニー（九四一年没）の『カーフィーの書』が執筆された。

▶ムフィード生誕一〇〇〇年を記念してイランで発行された切手。

⊙ブワイフ朝の成立

シーア派を奉じ、カスピ海で成立したブワイフ朝は、一〇世紀に急速に勢力を拡大した。九四六年にはアッバース朝の首都バグダードを制圧し、カリフを傀儡化し、軍事政権を打ち立てた。

ブワイフ朝はシーア派を強制することはなかったが、統治下でのシーア派の活動を支援した。そのため、それまで個人の家などで行われていたフサインの追悼儀礼が街頭で行われるようになった。アリーの後継者指名を祝う祭りも公に行われるようになり、シーア派学者たちの活動も盛んになった。

シーア派の活動が表立って行われたことで、この時期にはスンナ派による反シーア派暴動が複数回発生し、流血騒ぎとなることもあった。このような衝突は、現在でもシーア派の追悼儀礼の際に起こることがある。

⊙ブワイフ朝期のシーア派

ブワイフ朝時代にはシーア派学者の自由な活動が可能になり、シーア派の学問が大きく発展した。一〇世紀後半は依然として伝承主義が強い勢力を誇っていた。シャイフ・サドゥーク（九九一年没）はコムの伝承主義の碩学であり、ハディースの集成や、これらのハディースに基づく法学書、神学書などを執筆した。

一一世紀には、シーア派学問界に大きな変動が起こった。サドゥークの弟子であったムフィードはバグダードを拠点に活動し、伝承主義者と理性主義者たちを徹底的に批判した。当時の伝承主義者は理性的推論をまるで行わず、理性主義者は理性を過度に重視し、スンナ派神学内で批判の対象となっていたムウタズィラ学派（第二章参照）と同様の教義を奉じていた。現代のシーア派の理解では、ムフィードは預言者イマームのハディースに依拠しつつ理性的推論の方法論も実践するという、中道的な方法論を創始したとされる。彼の弟子であるシャイフ・トゥースィー（一〇六七年没）は師の方法論を分析し、現在まで続くシーア派の神学、法学の基礎を確立した。

⊙法学者の権威

ムフィードやシャイフ・トゥースィーの時代には、イマーム幽隠中の法学者の役割が議論されるようになった。イマームの時代から弟子が代行することもあった裁判や教義回答に加えて、ハッド刑（コーランやスンナで定められた刑罰である）の執行、ザカートや五分の一税の徴収と配分などにおいて法学者が権限を持つ学説がこの頃生まれたようである。しかし、この時期には法学者はイマームの「代理人」とは考えられていなかったようである。

⊙セルジューク朝の襲来

この頃中央アジアからセルジューク朝が襲来し、イラン地域を征服し、一〇五五年にはバグダードを制圧した。スンナ派を奉じるセルジューク朝はシーア派に対する明らかな敵意を示し、シーア派の

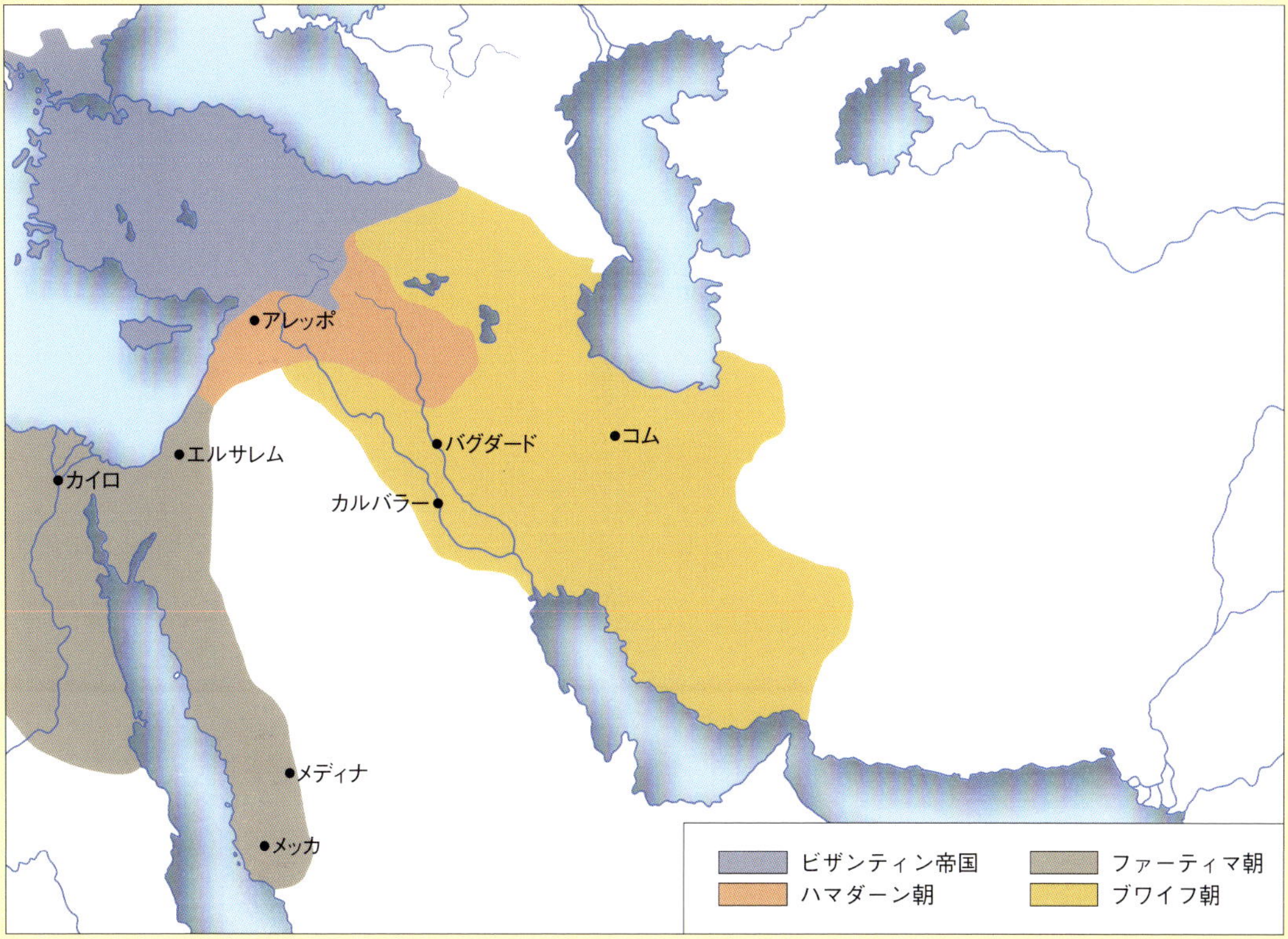

▲10世紀にはシーア派系王朝が大きく伸長した。シーア派を奉じるブワイフ朝は、イラクとイランのほぼ全土を掌握していた。シリア地域は同じくシーア派を奉じるハムダーン朝が支配していた。北アフリカやヒジャーズ地方はシーア派系イスマーイール派を奉じるファーティマ朝が支配していた。

▼11世紀にはスンナ派を奉じるセルジューク朝がイラン、イラク、シリアなどを征服し、シーア派が活動していた地域の多くはセルジューク朝の統治下に入った。

▶イランのザンジャーン州に現存するオルジェイトゥの墓。

学校、モスク、図書館などを破壊した。多くのシーア派学者たちはバグダードを逃れ、イラクのナジャフなどへ移住した。セルジューク朝による焚書と破壊はシーア派に甚大な被害を与え、一〇五五年以前に書かれていたシーア派文献の多くはこの時に散逸した。

セルジューク朝後期にはシーア派への迫害はやみ、同派の学校が再建されるようになった。しかし多くのシーア派文献が焼失したことで、この時期のシーア派には大きな学問的発展は起こらなかった。セルジューク朝期のシーア派学者たちの多くはトゥースィーの方法論に追従していたとみられている。

⊙モンゴルの襲来

一一世紀のセルジューク朝の襲来で大きな被害を受けたシーア派は、モンゴル帝国の襲来でさらなる被害を受けた。チンギス・ハーンの孫のフラグ率いるモンゴル軍はイスラム世界を席捲し、各地を破壊、略奪していった。そして一二五八年にはバグダードが陥落し、アッバース朝は滅亡した。モンゴル人によるバグダードでの略奪、破壊はシーア派居住地域にも及び、多くのシーア派施設が破壊され、当時存在していた書籍のいくつかはこの時に散逸した。バグダードはこの時期にシーア派学問の拠点としての地位を失い、イランのコムも激しい被害を受けて学問拠点としての地位を低下させた。

　イラクのヒッラという町の学者たちは事前にフラグに使者を送り、ヒッラは抵抗しない代わりに略奪や破壊から免れた。そのため、モンゴル期にヒッラはシーア派学問の拠点として急速に成長した。

⊙イル・ハーン朝とシーア派 ❖

　モンゴル帝国のフラグはイル・ハーン朝を創始し、イランやイラクなどの地域を統治した。イル・ハーン朝の初期の君主たちはイスラム教を信仰せず、モンゴル由来の宗教を信仰していた。しかし、七代君主がスンナ派に改宗して以降、イル・ハーン朝君主たちはイスラム教徒となった。八代目の君主オルジェイトゥ（在位一三〇四～一六）についてはシーア派に改宗したという逸話が伝えられている。オルジェイトゥはもともとスンナ派のイスラム教徒であったと言われるが、ある時、一時的な感情で妻に三回連続で離婚宣言をしてしまった。スンナ派法学の通説では三回連続で離婚宣言をすれば離婚が確定するため、その時点でオルジェイトゥと妻との離婚が成立したことになる。オルジェイトゥは考え直して離婚を回避しようとしたものの、スンナ派の法学者たちは彼の離婚が成立していると主張した。

　そこで、オルジェイトゥはヒッラのシーア派の大学者アッラーマ・ヒッリー（一三二五年没）に見解を求めた。シーア派では離婚の成立に証人が必要であるとヒッリーは伝え、証人がいない場でのオルジェイトゥの離婚宣言を無効とする見解を出した。オルジェイトゥはヒッリーの法学的見解に従い、スンナ派からシーア派に転向したと言われている。

　モンゴル期の学者の中ではヒッリーの貢献は大きく、彼は前述のトゥースィーの方法論を継承し発展させた。ヒッリーは法学の分野では、スンナ派で体系化されていた規定に依拠して取引に関する規定を拡大した。相続法、礼拝の時間や方向の計算には数学を導入したことでも知られる。彼の師であるナスィールッディーン・トゥースィー（一二七四年没）は神学、哲学、天文学などの発展に大きく貢献した（第二、三章参照）。

　この時期、レバノンのアーミル山地ではシーア派が成長した。同地で最も著名であったイブン・マッキー（一三八四年没）はシャイフ・トゥースィーの方法論を継承し発展させたが、彼は正統カリフを呪詛した嫌疑をかけられ、スンナ派法廷で死刑宣告を受けて処刑された。そのため、シーア派は彼を「第一の殉教者」と呼ぶ。

⊙イマーム崇敬とスーフィズム ❖

　セルジューク朝期には預言者ムハンマド一族への崇敬がイスラム世界で浸透していったと言われる。イマームの廟は最初期からシーア派信徒の参詣地となっていたが、スンナ派の信徒もイマームの廟やイマームの子孫の廟に参詣するようになっていった。民衆信仰においては、宗派を問わず預言者の血筋への崇敬があったのである。

　とりわけ、スーフィー教団（第五章参照）はシーア派イマームとの関わりを持っていた。スーフィー教団には、預言者ムハンマドから現在の教団指導者に至るまでの師弟関係の系譜を示す「スィルスィラ（鎖）」というものがある。多くのスーフィー教団のスィルスィラにはシーア派イマームが含まれており、スーフィズムにおいてシーア派イマームたちはしばしば霊的な知識を持つ精神的指導者とみなされていた。

⊙シーア派とスーフィズム ❖

　一六世紀以降のサファヴィー朝期のシーア派学者の多くはスーフィズムを禁止した。一方で、一四世紀から一五世紀には、ハイダル・アームリー（一三八五年

▲モンゴル系のイル・ハーン朝はイラン、イラク、シリアなどを支配した。

▲預言者の一族への崇敬は現在までスンナ派でも見られる。写真は右がアリー、左がフサインの名前の書かれた飾り（日本のスンナ派礼拝施設で筆者撮影）。
◀ハッカーニー教団の信徒の家にあった飾り。正統カリフであるアリー以外にもハサン、フサインの名前が写真の中で言及されている。この教団のスィルスィラの中には6代イマーム、サーディクがいる（中川勝一朗氏提供）。

没）のようにシーア派とスーフィズムの融合を図った学者もいた。ラジャブ・ブルスィー（一四一一年没）はイブン・アラビー（一二四〇年没）の神秘主義思想（九六〜九八ページ参照）に傾倒した。この時期にはいくつかのシーア派系のスーフィー教団も誕生している。

　イル・ハーン朝が分解した一三三五年頃から、シーア派から分派した極端派（イマームを神と同一視するような集団）とスーフィズムが融合した運動が、アナトリアや西北イランのトルコ系住民の間で広がった。彼らの中には武装する集団も現れ、その代表的な教団がサファヴィー教団である。サファヴィー教団はキズィルバーシュと呼ばれるトルコ系の兵士を率いて、勢力を拡大していった。

3 サファヴィー朝とイランのシーア派化

⊙サファヴィー朝の成立

　サファヴィー教団の指導者であったイスマーイール一世はキズィルバーシュを率いて一五〇一年にタブリーズを制圧し、イランにサファヴィー朝を創始した。イスマーイールは古代のペルシアの王の称号である「シャー」を自称した。

　サファヴィー朝以前にもイラン各地にシーア派共同体が存在していたが、イランにおける多数派はスンナ派を信奉していた。イスマーイール一世のシーア派思想史上の功績は、極端派的主張をとりさげ、シーア派の主流派である「一二イマーム派」を国教としたことである。サファヴィー朝はスンナ派とスーフィー教団への弾圧を行い、スーフィー教団の大半はサファヴィー朝期にイランから姿を消したと言われる。イランのシーア派化は漸進的に進んでいき、一七世紀の初頭にはシーア派がイランの多数派となった。

⊙イマームの代理人

　一六世紀の初頭、イスマーイール一世はレバノンのアーミル山地から有名な学者であるカラキー（一五三四年没）を招聘した。

　カラキーは、法学者の権威に関わる議論において大きく貢献した学者である。それ以前には、幽隠中のイマームの代理人とは、小幽隠の時代の四人の代理人を意味していた。それに対して、カラキーは幽隠中のイマームの代理人を、「特定代理人」と「一般代理人」に分けて議論した。カラキーによれば、「特定代理人」が小幽隠期の四人の代理人を指す一方で、「一般代理人」とは法学者を指す。すなわち、幽隠中に法学者がイマームの代理人として振舞うことが教義上正当化されたのである。カラキーは、法学者が影響を及ぼす領域が広がっていく可能性を開き、一九七九年のイラン革命を準備したとも言えよう。

⊙サファヴィー朝の最盛期

　サファヴィー朝は西では一五一四年にオスマン朝とのチャルディランの戦いに敗れ、一時はイラクや西北イランの領域を失った。また東ではウズベク族の侵攻を受けていた。

　このような状況下で、一五八七年にアッバース一世（在位一五八七〜一六二九年）が王位に就いた。彼の時代にサファヴィー朝は失地を奪還し、版図を拡大した。一五九八年にアッバース一世はイスファハーンを首都とし、イスファハーンは「世界の半分」と呼ばれるまでに繁栄した。

　イスファハーンを中心にシーア派の学問が発展し、とりわけヒクマ（叡智）哲学と呼ばれる神智学が発展した。この神智学はイブン・アラビーの神秘主義思想とイスラム哲学の思想などが融合したものである。この分野ではムッラー・サドラーら多くの学者が誕生した。

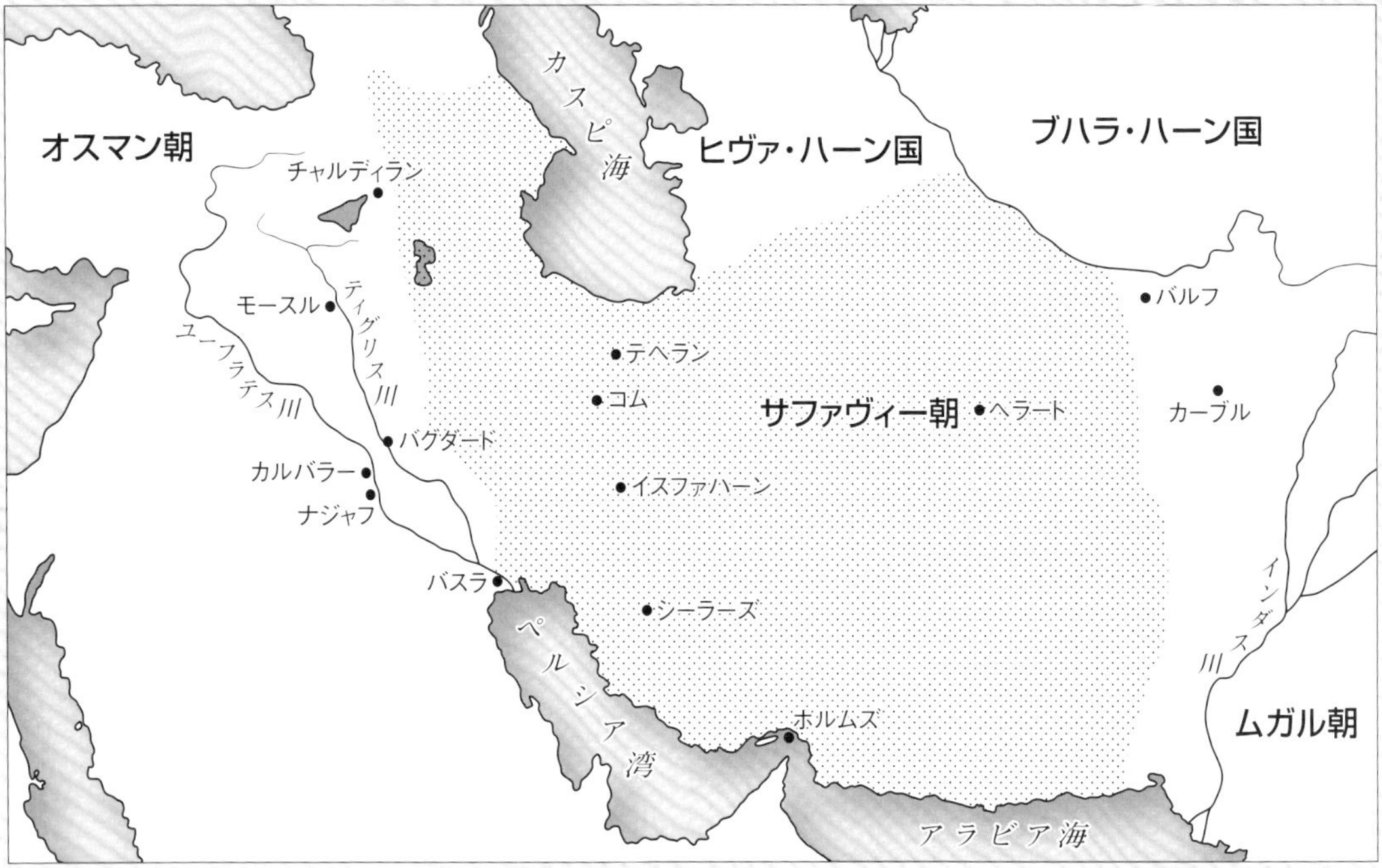

▲17世紀のサファヴィー朝の版図は現在のイランの領域を包摂している。

▶アッバース1世がイスファハーンに建設した「シャーのモスク」。イラン革命後は「イマームのモスク」と呼ばれる（筆者撮影）。

▼アッバース1世がイスファハーンに建設した「王の広場」。イラン革命以降は「イマームの広場」と呼ばれる（筆者撮影）。

⊙アフバール学派の擡頭

これまで見てきたように、一〇世紀までは理性的推論を行わない伝承主義がシーア派の多数派を占めていたが、一一世紀以降は伝承と理性の調和を図る潮流が主流となっていた。

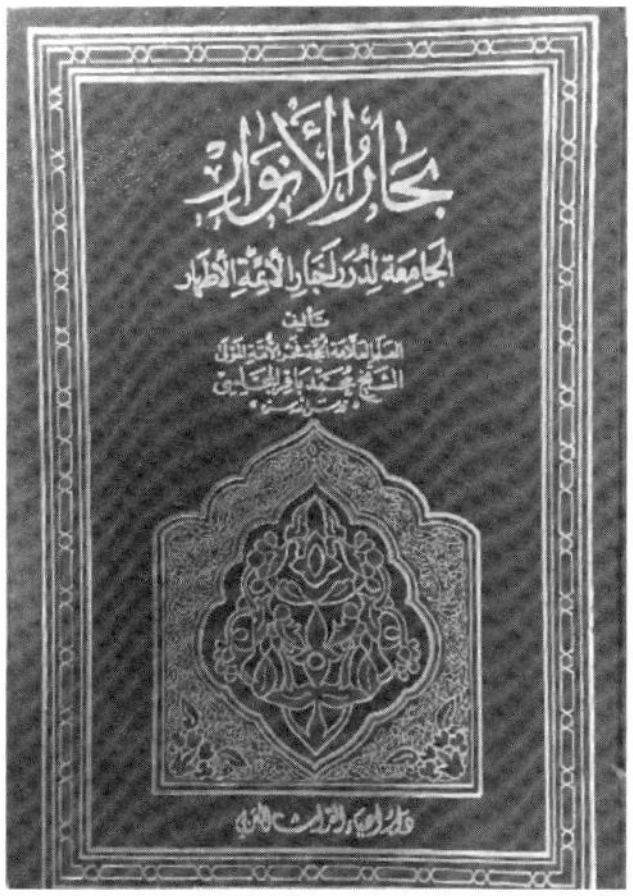

▶◀マジュリスィーが編纂した伝承集『光の大洋』は刊本にして一一〇巻にも及ぶ大著である（東京大学イスラム学図書室所蔵）。

サファヴィー朝期には、後者の方法論を批判し、理性的推論を控えてイマームの伝承に依拠するべきであると主張するアフバール学派が台頭した。彼らは自説の根拠にしばしば一〇世紀の伝承主義者たちの学説を引用した。

アフバール学派の中興の祖と呼ばれる学者に、アスタラーバーディー（一六二三年没）がいる。アフバール学派の論敵には、理性と伝承の調和を図る学派であるウスール学派がいた。一七世紀にはアフバール学派とウスール学派は激しく対立し、互いに相手をスンナ派の影響を受けた集団と誹り合うこともあった。

しかしアスタラーバーディー以降、アフバール学派が優位に立ち、この時期にはマジュリスィー（一六九九年没）ら多くの学者がハディース集を執筆した。また過去の文献の再発見や写本の増加もあり、一七世紀はシーア派学問界にとって重要な時代であった。

⊙各地のシーア派の交流

一六世紀から一七世紀にはイランのみならず、イラク、インドのデカン高原、アラビア半島のヒジャーズ地方、レバノンなどにシーア派の共同体が存在していた。これらの地域間を学者が移動することはしばしばあったと伝えられている。イラクのシーア派聖地やヒジャーズ地方はオスマン朝の統治下にありながら、サファヴィー朝による寄付、支援を受けていた。デカン高原のシーア派はスンナ派のムガル朝の支配下にあったが、学問活動は継続して行われていた。

4 法学者の統治へ

⊙カージャール朝成立

一六二九年にアッバース一世が死去して以降、サファヴィー朝は衰退の一途を辿った。一七二二年にアフガン族がイスファハーンを攻略し、一七三六年にはアフシャール族のナーディル・シャーがアフシャール朝を樹立した。ナーディル・シャーはオスマン朝に対して、スンナ派四大法学派に加えてシーア派も認めるように尽力したことで知られる。しかしアフシャール朝の統治は長続きせず、一七九六年にはアーガー・ムハンマドがイランを統一し、カージャール朝を創始した。

⊙ウスール学派の勝利

一八世紀、シーア派では大きな思想的変動が起こった。サファヴィー朝期に優勢だったアフバール学派が急速に衰退し、伝承と理性の両方を重視するウスール学派がシーア派学問界を席巻したのである。

この時期のウスール学派の代表的な人物はビフバハーニー（一七九一年没）である。ビフバハーニーは当初アフバール学派を奉じていたが、ウスール学派に転向して以降、アフバール学派を激しく非難した。ビフバハーニーの影響は非常に大きく、以降ウスール学派がシーア派の大半を占めるようになり、現在に至っている。

⊙マルジャア制の確立

ウスール学派によれば、信徒はムジュタヒドとムカッリドに分かれる。ムジュタヒドとは高い学識を持ち、独力で法解釈を行うことのできる人間を意味する。ムカッリドとは独力で法解釈を行えない圧倒的多数の信徒のことであり、彼らはイスラム法の実践においてムジュタヒドの見解に服従しなければならないとされる。

一説では、ウスール学派が支配的となった一九世紀頃からムジュタヒド間の序列が形成されるようになった。最上位のムジュタヒドはマルジャア・アッ＝タクリードと呼ばれた。特定の法学派に帰属することを課すスンナ派の伝統的な考えとは異なり、シーア派では学祖や学派への拘束ではなく、マルジャアに従うことが課されるようになった。マルジャアはシーア派世界で最も学識のある学者とみなされ、国境を越えてシーア派世界全体に非常に強い影響力を及ぼすようになった。法学者の位階制度がないスンナ派とは異なり、シーア派はマルジャアに見解が集約されやすくなった。

なお、ウスール学派の歴史観では、マルジャア制度の起源はイマームの在世期に遡る。バーキルとサーディク両イマームの時代にシーア派法学が確立すると、イマームの弟子たちは実践的な法学書を執筆するようになったと伝えられている。この時期に弟子たちは一般信徒に対してシーア派法学上の教義回答を行うようになった。ウスール学派では、このようなイマームの弟子たちの活動がマルジャア制度の起源であると考えられている。

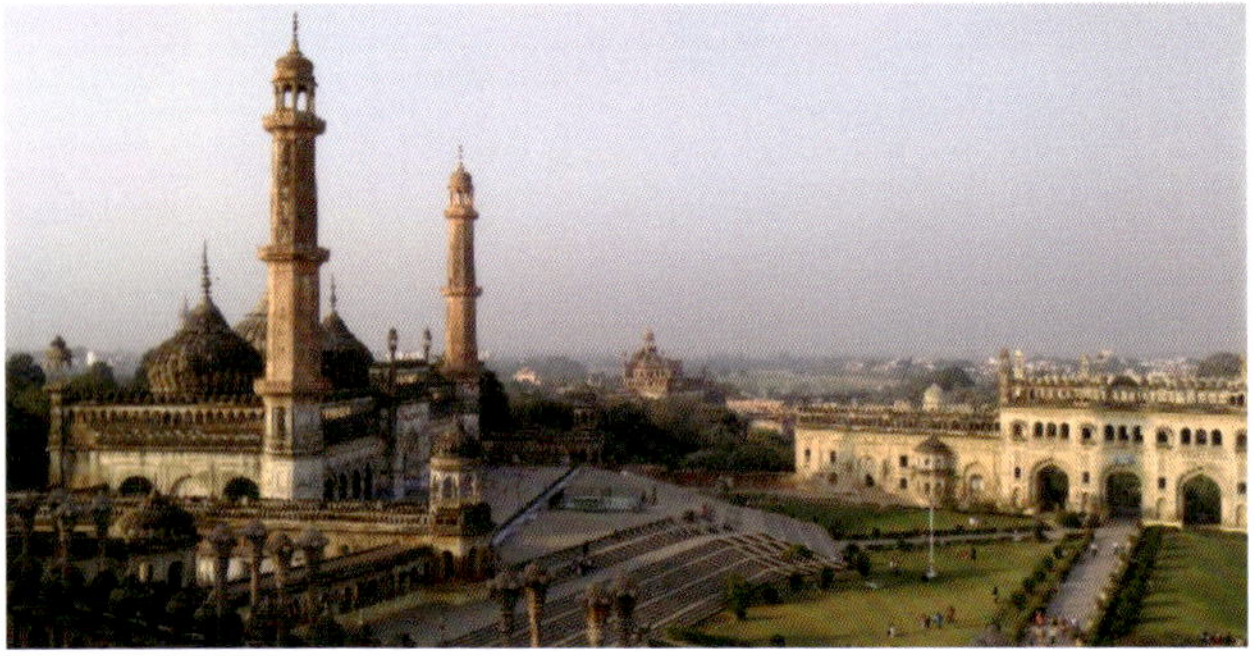

▲インドのラクナウにあるシーア派のコンプレックス施設。写真左は金曜礼拝モスク（大渕久志氏撮影）。
▶ラクナウにあるイマーム廟のレプリカ。インドからイマーム廟のあるイラクまでは距離があるため、インドのシーア派は彼らの土地に廟のレプリカを作り、それに参詣するようになったようである（大渕久志氏撮影）。

⊙カージャール朝とシーア派学者

カージャール朝期、ロシアは南下政策によってイランの近隣国まで侵攻していた。カージャール朝はロシアと対抗するため、シーア派住民の協力を仰ぐ必要があった。当時のシーア派学者カーシフルギター（一八一二年没）はカージャール朝の国王と交渉し、ロシアとの戦闘をイスラム法上の義務であるジハードと宣言する代わりに、学者による五分の一税の徴収を国王に認めさせた。

シーア派学者とカージャール朝との関係でもう一つ重要であるのは、タバコ・ボイコット運動であろう。カージャール朝がタバコ利権をイギリス人に譲渡したことを受けて、一八九一年から九二年にかけてイラン国内で激しい抗議運動が起きた。当時のマルジャアによるタバコ禁止令によって、抗議運動は激しさを増し、カージャール朝に利権譲渡を撤回させるに至った。この事件は、学者の最高位に位置するマルジャアの社会的影響力の大きさを示すものであり、シーア派特有の現象とも言えよう。

⊙パフラヴィー朝の成立と世俗主義

第一次大戦中、イギリスとロシアがカージャール朝に侵攻した。その後の政治的混乱の中で、当時首相であったレザー・シャーがカージャール朝を廃し、パフラヴィー朝を建設した。

レザー・シャーはトルコ共和国のケマル・アタテュルクを真似てイランの世俗化と近代化を目指した。彼は世俗化の邪魔となるシーア派学者たちの政治・社会的影響力を排除する政策を実施した。レザー・シャーは西欧に倣った法律を導入し、それまで法学者が担ってきた司法と教育の領域から彼らを排除した。学者たちの資金源となっていたワクフと呼ばれる宗教財も国家が接収した。フサインの追悼儀礼を公に行うことが禁じられ、女性はイランの伝統的なヴェールであるチャードルを着用することを禁じられた。

▶「カージャール朝の最初の国王」アーガー・ムハンマド。

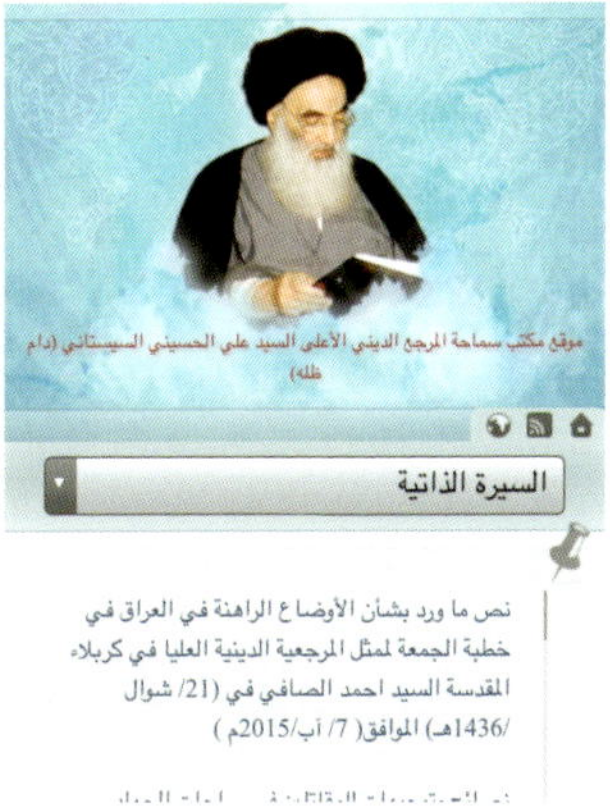

◀マルジャアであるスィースターニーのサイト。世界中の信徒が寄せた質問にスィースターニーが回答している。

⊙イラン革命前夜

第二次世界大戦中にはイランはイギリス、ソ連の半植民地と化した。一九四一年、英ソの圧力でレザー・シャーが退位し、モハンマド・レザー・パフラヴィーが王位についた。彼は独裁政治によるイランの近代化を目指してアメリカに接近し、イランは中東における親米大国に成長した。

この時期のイランは大きな問題を抱えていた。経済的問題が増大し、独裁政治への不満も増していた。イスラム教の教義に反する世俗主義的政策は学者たちの批判を浴びた。このような状況下で、不正な国王を排除し、イスラム教の原理に基づく国家の建設を目指したのが、ホメイニーである。国王は王政を非難するホメイニーを投獄し、処刑しようとしたものの、マルジャアであるホメイニーの処刑に多くの反対が起き、彼は国外追放となった。

⊙イラン・イスラム革命

イラン革命は一九七八年初頭にホメイニーを中傷する記事がテヘランの有力紙に掲載されたことをきっかけとしてコム

▲パフラヴィー朝の創始者レザー・シャー。

▲パフラヴィー朝最後の王モハンマド・レザー・パフラヴィー（写真2点・PPS通信社提供）

で発生した暴動から始まった。その際に多くの死者が出て、彼らへの追悼のためのデモが各地に広がっていった。デモに加えて、ストライキも多数起こり、同年末には国家機能が麻痺する状態となった。反王政への機運がやむことはなく、一九七九年一月に国王は国外に逃亡した。それを受けて、二月にホメイニーは亡命先のフランスからイランに帰還し、四月には国民投票の結果に基づき、イスラム共和国の樹立が宣言された。一九七八年に始まった革命運動は、翌七九年における国王の退位とイスラム政権の樹立を持って成就した。

⊙法学者の統治 ❖

ホメイニーの思想史上の功績は「法学者の統治」論を提唱したことである。法学者の統治論とは、本来政治はイマームが行うべき事柄であるが、イマームの幽隠中は法学者がイマームの代理人として政治を行うべきである、というものである。幽隠期の統治における法学者の地位はイマームや預言者の地位に準ずるものとされた。

　上述のようにイマームの幽隠以降、法学者が監督できる領域について様々な議論があったが、その領域は時代を経るとともに少しずつ拡大してきた。そしてウスール学派の思想的営為の中で、法学者がイマームの代理人として振舞える領域を最大限に拡大したのがホメイニーである。

　当初は、イランの最高指導者はマルジャアが務めることが憲法で明記されていた。しかし、ホメイニーの後継者としてマルジャアの中に適任者がいなかったため、ホメイニーは憲法の改正を指示し、マルジャアでなくとも最高指導者になれることが一九八九年に憲法に明記された。同年にホメイニーが死去すると、マルジャアではないハーメネイーがイランの最高指導者に選ばれた。

⊙マルジャアの政治的態度 ❖

　ホメイニーは多くのイラン人の支持を受けてイランの最高指導者になった。しかし、シーア派全体が「法学者の統治」を認めているわけではない。以下、現代の二人のマルジャアに焦点を当て、法学者と政治との関係を見てみよう。

　一人目はハーメネイーである。彼はホメイニーの後継者として一九八九年から現在までイランの最高指導者を務める。彼は当初はマルジャアでなかったため、シーア派全体への影響力は持たなかった。そのため、イランの国家体制とシーア派とのマルジャア制度との間に齟齬が生まれた。彼がマルジャアとなって以降は、最高指導者としてイラン政治の頂点にいるのみならず、マルジャアとしてシーア派世界全体に大きな影響力を及ぼすようになった。

▲▼ホメイニー廟とそれに付設されたモスク。ホメイニーの廟は現在では参詣地の1つとなっている（筆者撮影）。

◀法学者の統治を掲げイラン・イスラム革命後に最高指導者となったホメイニー（写真提供・PPS通信社）。
▼ホメイニーと彼の後継者ハーメネイーが並んだポスター（筆者所蔵）。

▲ヒズブ・アッラーの旗。ヒズブ・アッラーとは「アッラーの党」の意味である。旗の一番上にはクルアーン「アッラーの党（ヒズブ・アッラー）、彼らこそ勝利者である」（コーラン第5章56節）が書かれている（菊地達也氏提供）。

▼ヒズブ・アッラーを宣伝するポスター。中央は書記長のハサン・ナスルッラーである（菊地達也氏提供）。

▲▼現在のイランの最高指導者ハーメネイーのポスター（上・筆者所蔵）と肖像写真（写真提供・PPS通信社）。

　二人目はスィースターニーである。イラクで活動する彼は、一九九二年に同国で死去したマルジャアであり法学者の統治に反対したフーイーの後継者である。スィースターニーは公には法学者の統治に支持も反対もせず、政治には一切関わらなかった。しかし、彼は二〇〇三年のイラク戦争後に態度を変え、政治への直接介入はしなかったものの、戦後の国政や国政選挙に対して大きな影響力を行使した。

　このように、法学者による政治介入の程度は様々である。

⊙イランの対外シーア派支援 ❖

イランは様々な形で国外のシーア派への支援を行ってきた。以下にレバノンとイラクを例に、イランのハードパワーを用いた対外シーア派支援を概説する。

ヒズブ・アッラー（いわゆるヒズボラ）は一九八〇年代前半のレバノン内戦中に結成されたシーア派イスラム主義組織であり、同国からのイスラエルや外国軍の撤退に大きく寄与した。彼らはホメイニー（後にハーメネイー）をマルジャアとみなし、イランを模したイスラム国家をレバノンに樹立することを目指した。イランは「革命輸出」の戦略として革命防衛隊をレバノンに派遣し、ヒズブ・アッラーの教育、訓練、宣伝を行った。九〇年代にヒズブ・アッラーは合法政党化し議会政治に参加するようになる。合法政党化については組織内部の見解の対立があったが、ハーメネイーが法学裁定を示すことでこの内部対立は解消され、彼らは合法政党化の道を歩んだ。このように、ヒズブ・アッラーの思想および彼らの組織としての方針と行動にイランが大きく関与していることがわかる。

イラクでは二〇〇三年のイラク戦争後にシーア派勢力を首班とする政権が成立し、これを機にイランはイラクのシーア派政権に影響力を行使するようになった。二〇一四年のISによるモースル制圧以降は、イラクにあるイマームの廟の防衛のために、イランは聖地への革命防衛隊の派遣を行った。

⊙イランのシーア派布教——インドネシアを例に ❖

イランは近隣諸国のシーア派へのハードパワーを用いた支援のみならず、ソフトパワーを用いた支援にも力を入れている。ここでは、インドネシアを例に、イランのシーア派布教、教育活動を見る。

▲コムのアルムスタファー国際大学の校舎（筆者撮影）。

▲10世紀に編纂されたシーア派のハディース集のインドネシア語、アラビア語対訳。ジャカルタのショッピングモールの書店にあったものである。

▼シーア派専門書店で売られている、ハーメネイーの教義回答集のインドネシア語訳。ハーメネイーに追従するインドネシア人が多いことを示唆する（2点とも筆者撮影）。

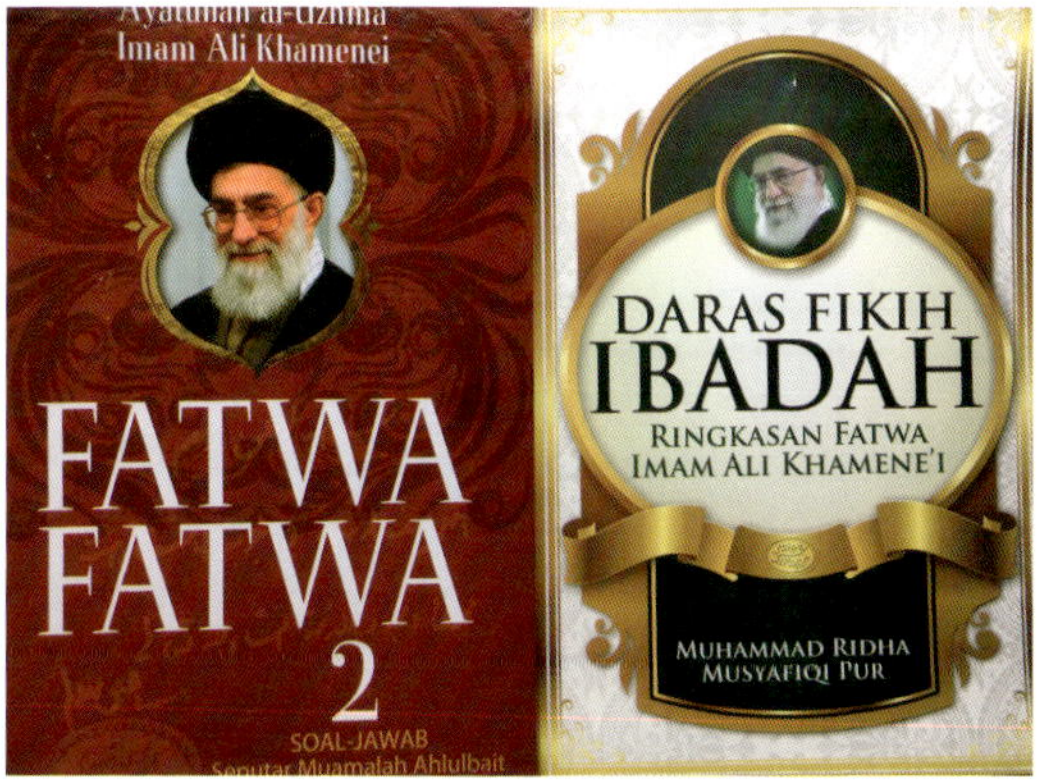

インドネシアは人口が二億六千万近くおりその九割はイスラム教徒であるが、シーア派はそのうちの一〇〇万人から三〇〇万人ほどであると考えられている。このためインドネシアでは、シーア派は超少数派となっている。イラン革命以前はシーア派の信徒数は非常に少なかったようである。イラン革命以降は、もとからいたシーア派信徒がイランのコムに留学するようになり、彼らが帰国後布教活動に専念した。コムのアルムスタファー国際大学は外国人の留学生を集めてシーア派教育を行い、その分校はジャカルタにも設立された。

　一九八〇年代からはシーア派文献がインドネシア語に翻訳され、一般の書店に並ぶこともあった。シーア派信徒が経営するシーア派専門書店では、一〇世紀、一一世紀のシーア派文献の翻訳本や現代のイランの学者たちの著作の翻訳本なども売られている。またハーメネイーの教義回答集はインドネシア語に全訳されている。

　イランの支援で設立されたＩＣＣ（イスラム文化センター）は図書室や礼拝所、書店、フサイン追悼のための施設も備えており、シーア派の布教に大きく貢献した。このようにインドネシアのシーア派の活動にはイランが非常に大きく関わっている。

▲ジャカルタのICC。イランのモスクを連想させる建物である。
▼ICCの下駄箱。上にはホメイニーの写真が貼られている（2点とも筆者撮影）。

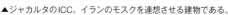

第五章 スーフィズムと民間信仰

相樂悠太

1 スーフィズムの歴史と特徴

⊙スーフィズムとは何か

アラビア語でスーフィーと呼ばれる人々の営為、思想、文化をスーフィズムと呼ぶ。この語は西洋の研究者たちが、スーフィーというアラビア語に英語の接尾辞 -ismをつけて作った造語である。スーフィーという語の語源については諸説あるが、「羊毛」を意味するスーフという語に由来するという説があり、これによればスーフィーとはもともと「羊毛の粗衣を着用した者」を意味するという。

スーフィーはイスラム教の神秘家、スーフィズムはイスラム教の神秘主義と理解されることが多い。神秘主義を定義することは難しいが、自己と世界の根源である絶対的な超越的存在との一体化を目指す営みだと考えられる。ユダヤ教やキリスト教、仏教などさまざまな宗教に神秘主義とよばれる営みが存在するが、イスラム教の場合はスーフィズムがこれを代表する。

⊙禁欲主義とスーフィズム

スーフィズムが発生したのは八世紀から九世紀にかけての中東地域だとされている。最初期のスーフィズムはしばしば禁欲主義（ズフド）の潮流と関連付けて捉えられる。

◀スーフィー。彼らはファキール、デルヴィーシュとも呼ばれる。これらの語はそれぞれアラビア語、ペルシア語で「貧者」を意味する。

禁欲主義の潮流は教友（サハーバ）の時代にすでに存在していたという。世界の終末が目前に迫っていること、最後の審判の厳正さと火獄での刑罰の苛烈さ、現世や現身のはかなさと無価値、終末と審判に備えるべきことはコーランの中で繰り返し強調されている。こうしたコーランの章句の読誦に慣れ親しんでいた教友の中に、神への畏怖を主因として、禁欲、現世の否定、神への専心を強く意識するようになった人たちがいた。

教友の一人であるイムラーン・イブン・フサイン（六七二年没）は、「私は風が散らす埃になりたい。私は［神の審判による］罰の恐ろしさを思うと、創造されたくなかった」（鎌田繁訳）と語ったと伝えられる。バスラで活動した有名な禁欲家、ハサン・バスリー（七二八年没）は神への恐怖とそれから来る苦痛で生涯のあいだ笑顔を人に見せなかったと伝え

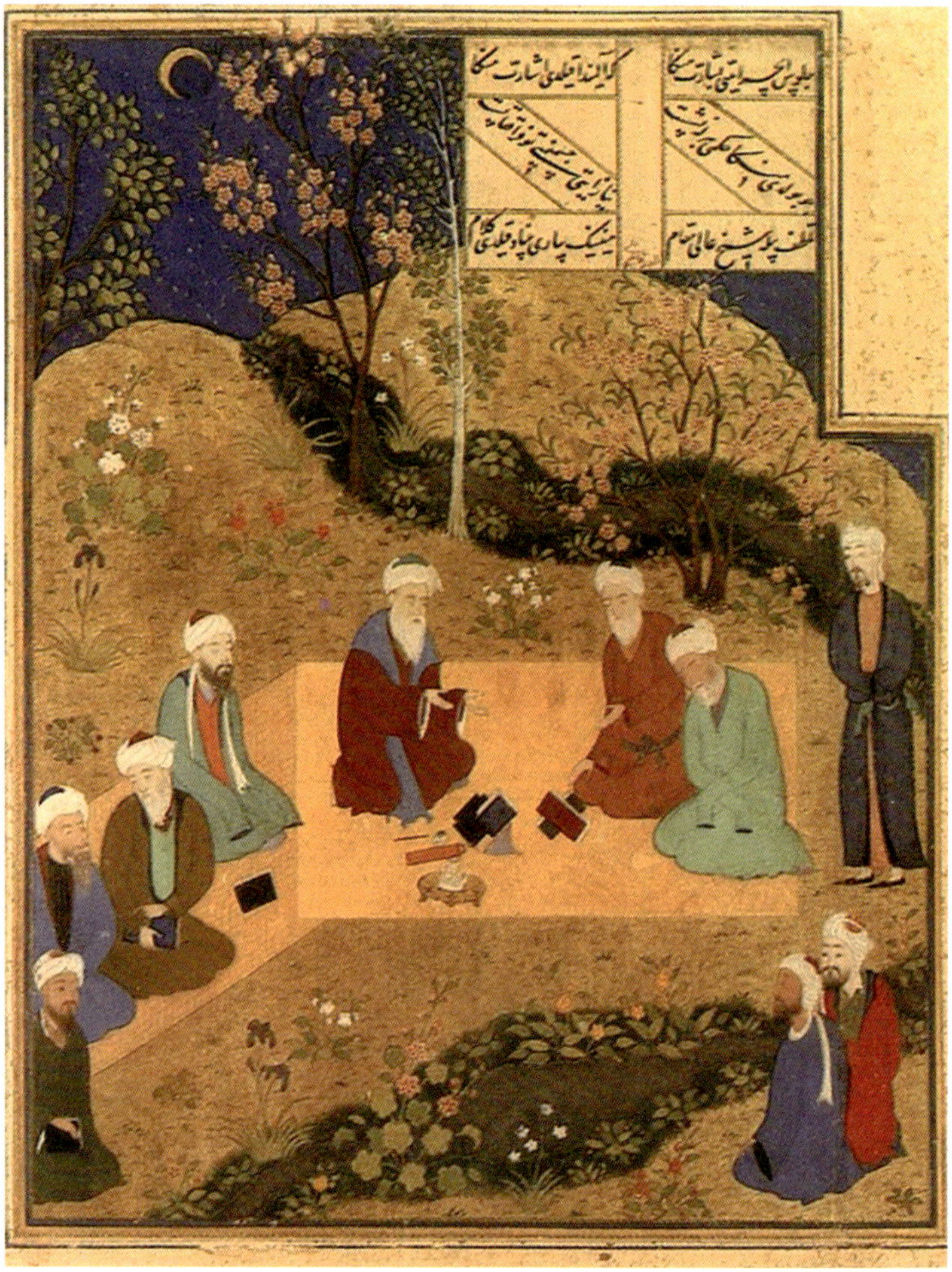

▶スーフィーの集会の絵。スーフィーの中には学識をもち、神学や法学に通じる者もいた。

られている。彼ら禁欲家たちがすべてスーフィーと呼ばれていたわけでも、その自覚があったわけでもないが、後世のスーフィーの中には、自らを彼らの系譜に連なる者だと考える者もいた。

　こうした禁欲家たちの中から、神秘家としてのスーフィーが現れてくる。そして彼らスーフィーたちの修行には禁欲主義的要素がはっきりと見いだされる。❖

⊙神への愛

　単なる禁欲主義から神秘家としてのスーフィーの思想を区別するのは、「神への愛」という原理である。スーフィーは神と人の関係を「愛する者」と「愛される者」のあいだの人格的関係としてとらえる。そして神を畏怖するだけでなく、神に対する無私の愛と絶対的信頼を持つ。

　愛を謳うスーフィーの代表とされるのが、女性のスーフィー、ラービア（八〇一年没、一説に七九六／七年没）である。彼女は八世紀のバスラで生まれ、そこで没した。先に触れたハサン・バスリーとも親交があったとされる。「我が主よ。もし、私が、地獄を怖れるゆえにあなたを崇めるなら、私を地獄で焼いて下さい。そして、天上の楽園を希求して崇拝するなら、私を不如法《ハラーム》の身として排除して下さい。もし、あなたのために、あなたを崇めるなら、久遠の美を私に惜しまないで下さい」（藤井守男訳）という彼女の言葉が伝わっている。彼女が求めるのは来世で自分が救済されることではなく、神だけであることがここで語られている。❖

⊙スーフィーの修行

　スーフィーの目的は神に近づくことである。一般的にこの目的は一時に達成できるものではなく、いくつもの段階を踏んで一歩一歩神へと近づいていく必要がある。このための手段が瞑想や祈禱などの修行である。スーフィーは修行のプロセスをしばしば旅路のイメージでとらえている。すなわち修行者は神へいたる長い道のりを歩む旅人に、修行の諸段階は

▶一五世紀ティムール朝のスーフィーの絵。動物の皮を身に着け、目の前には棒切れとボウルを置き、物乞いをしている。物乞いをするスーフィーは多かった。眉や髪、ひげを剃り、奇妙な服装で放浪するスーフィーはカランダルとも呼ばれた。

◀放浪中のスーフィーを描いた一七世紀ペルシアの絵。二人は深い瞑想に沈んでいる。イスラム教の歴史を通じて、放浪するスーフィーの姿はよく見られた光景であり、文学作品にもしばしば登場する。

旅人が目的地に到着するまでに通過する宿場にたとえられた。

この修行の諸段階は「神秘階梯」（マカーマート）とよばれる。その具体的内容として代表的なものを紹介しよう。第一に「悔悟」、これはこれまでの現世的生活の一切を否定し、スーフィーとして新たな生き方をすることを誓うことである。第二が「聖法遵守」である。イスラム教の信者である以上、スーフィーは一般の信者と同様に神から下された聖法を守る必要があり、聖法を守ることで神に近づくことができるとされた。第三が「隠遁と独居」である。スーフィーは社会との関わりを極力絶つことが求められた。そして第四が「清貧と禁欲」、第五が「心との戦い」、第六が「神への絶対的信頼」である。

スーフィーの修行法の中で最も有名なものが、ズィクル（唱名）の行である。これは、神の御名やその他の定められた文句を繰り返し唱え、神を念ずるというものである。ズィクルは音楽や舞踊を伴って集団で行われることもあった。この行をサマーウ（歌舞音曲）という。これらの行を通じてスーフィーは忘我（エクスタシー）状態を体験した。

❖

⊙神との合一

イラン出身の有名なスーフィー、ハッラージュ（九二二年没）は「われは真理（神）なり」という言葉を残した。神と被造物は本質的に異なるという考え方を前提とするイスラム教の教義からみれば、この言葉は恐るべき神への冒瀆である。事実ハッラージュは同時代のウラマー（学者たち）から異端として告発され、バグダードにて公衆の面前でむごたらしいやり方で処刑された。彼はどうしてこのような言葉を発したのだろうか。

スーフィーたちの修行道における究極の境地は、ファナー（消滅）とよばれる。ファナーとは修行の結果、修行者の自我が消滅する境地である。一滴の水が大海

▲インドのスーフィー儀礼の場面を描いた17世紀のムガル朝の細密画。見物人の前でスーフィーが忘我状態におちいっている。忘我状態を経験することは、自我の滅却を目的とするスーフィーの修行道において重視された。

▶ズィクルの際、忘我状態におちいるスーフィー。

◀サマーウを行うスーフィーたち。サマーウは修行者が忘我状態に到るための有効な手段として広く行われたが、修行者の堕落を招くとして、その是非はしばしば問題となった。

に落ち、溶け込んでしまうように、ここに至って修行者の自我は神の中に溶け込み、跡形もなくなってしまう。

この状態の修行者には、もはや人間としての「わたし」はなくなり、神が「わたし」となる。ハッラージュを弁護する後世のスーフィーたちは、彼の上記の言葉はこのファナーの状態で、神としての「わたし」から発せられたものであり、それゆえに神への冒瀆ではないと主張した。

一部のスーフィーがハッラージュのように過激な発言をしたり、聖法を軽視する態度をとったりしたため、スーフィーの営みに対して批判的なウラマーもいた。これに対し、スーフィズムは聖法に抵触するものではなく、聖法と両立するものであるという主張が、一〇世紀末以降のスーフィーたちの中から出てきた。そして神学と哲学に精通する大学者であると同時にスーフィーでもあったガザーリーなどの功績により、スーフィズムはやがて正統イスラム諸学の一部として位置づけられるようになる。

2 修行と教団

⊙スーフィーの師弟関係

スーフィーの修行は師弟関係を基本とする。修行を志す者は、すでに修行を終えて神との合一を果たした人物に弟子入りをし、その指導のもとに修行を進める。導師を持たない者は「悪魔を導師とする者」と言われ、一人で勝手に修行を行うことは非常に危険であると考えられた。

師弟関係は基本的に個人的なものだったが、有名なスーフィーのまわりには多くの弟子が教えを請いに集まり、中には修行場を建設して集団生活を送る者もみられた。これらのスーフィーの集団は一二世紀以前には、小規模で組織性を持たず、導師が亡くなると消滅するのが普通だった。

これに対して一二世紀から一三世紀にかけて、導師の教えを継承し、導師の没後も存続するスーフィーの集団がみられ

◀サマーウを行うスーフィーたち。踊り手と、楽器を演奏する者に分かれている。

るようになった。スーフィズムが正統イスラム諸学の中に位置づけられるようになったことで、スーフィーの修行を志す者が急増したことがその背景にあったと言われる。スーフィーのこの集団は、時代が下るにつれて教団という形で組織化されていった。

⊙スーフィー教団（タリーカ）の普及 ❖

スーフィー教団をタリーカとよぶ。この語はもともと「道」を意味するアラビア語であり、スーフィズムでは「神へと至る道」、すなわちスーフィーの修行の道程や方法を指す。スーフィー教団は、修行道についての導師の教えを継承し、実践し続ける集団なのである。

スーフィー教団はその祖とされる導師の名を冠するのが普通である。それぞれの教団では固有の規則や儀礼が定められ、内部の階層化が進み、集団的修行が行われた。一方で組織はかならずしも閉鎖的でなく、複数の教団の導師から教えを受けるスーフィーも珍しくなかった。

ある教団の中で修行を終え、一人前になったスーフィーは、師のもとから離れて独り立ちし、別の場所で同じ教団の支部を作った。このようにして教団の勢力範囲は拡大していった。とはいえこれらの教団の中央（普通は名祖の廟のある場所）と各地の支部の関係は、中央集権的なメヴレヴィー教団などの例外を除いて、組織化されたものではなく、精神的紐帯によってゆるやかにまとまっていたにすぎない。スーフィー教団は商人たちとともにサハラ砂漠以南のアフリカや中国、

▲修行場で踊るスーフィーたち。スーフィーの修行場はハーンカー、テッケ、ザーウィヤなどとよばれた。

▼集団で踊るスーフィーの絵。絵の中での場面設定は屋外だが、実際には修行場の中で行われた。ズィクルでは「アッラー」という神の名や、「ラー・イラーハ・イッラッラー・アッラー」（アッラーのほかに神はなし）という信仰告白の言葉などが繰り返し唱えられる。

教団名	名祖	主要な分布地域	主な特徴
カーディリー教団	アブドゥルカーディル・ジーラーニー（1166年没）	イラク、北アフリカ、インド	イスラム世界における最初のスーフィー教団とされる、宗教的に穏健な立場
スフラワルディー教団	アブドゥルカーヒル・スフラワルディー（1168年没）	イラク、インド	宗教的に穏健な立場、清貧の価値を否定する傾向
リファーイー教団	リファーイー（1182年没）	イラク、シリア、エジプト	激しいズィクル、極端な苦行や奇行で神秘的な力を誇示
ナクシュバンディー教団	ナクシュバンド(1389年没)	中央アジア、インド、トルコ、ジャワ	聖法主義、沈黙のズィクル、サマーウや遊行や独居の禁止、民衆との交わり
シャーズィリー教団	シャーズィリー(1258年没)	北アフリカ	信徒の世俗における職業生活を重視
ベクタシー教団	ハジュ・ベクタシュ（1270年頃没か）	トルコ	イエニチェリ軍団との結合、教義におけるイスラム教以前のトルコ的伝統の保持、キリスト教との共通要素
チシュティー教団	チシュティー（1236年没）	インド	清貧、40日間の行
メヴレヴィー教団	ジャラールッディーン・ルーミー（1273年没）	トルコ	教義においてキリスト教をも包摂する寛容さ、サマーウ旋舞
ハルワティー教団	ウマル・ハルワティー（1397/8年没）	トルコ、エジプト	社会から身を引いて修行を行うことを重視

▲主要なスーフィー教団

インド、東南アジアなどイスラム教が浸透していない地域にも活動範囲を広げ、イスラム世界の拡大に貢献した。

一六世紀以降、スーフィー教団はさらに隆盛に向かい、大衆化していく。スーフィーの道に専従する者以外に、普段は生業に従事している一般信徒も教団のメンバーとなり、定期的な教団の修行に参加し、導師の指導を受けた。支配者層から庶民まで様々な社会階層の者が教団に参加した。近代以前には最終的に、ウラマーも含めてほとんどの信徒がいずれかのスーフィー教団に所属するという状態になっていく。

⊙多様な教団

代表的な教団に、イラクで生まれたカーディリー教団とスフラワルディー教団などがある。カーディリー教団はエジプトを含むイスラム世界全域に、スフラワルディー教団は特に南アジアに広く根づいた。同じくイラクに生まれた教団にはリファーイー教団があり、これもエジプトを含む世界各地に広がっている。同様に世界各地に展開した教団としては中央アジアで生まれたナクシュバンディー教団がある。アフリカではシャーズィリー教団が有名である。

一方で特定の地域に根ざし、その地域性を色濃く反映する教団も数多く存在する。たとえばベクタシー教団はアナトリアを中心にバルカン半島などにも広がったが、トルコ系遊牧民のシャーマニズム的信仰を強く残す習合的な教団として知られている。またチシュティー教団は南アジアでもっとも有力な教団である（代表的な教団については上表を参照）。

スーフィー教団での修行のやり方には、名祖の教えに応じて違いが見られた。メヴレヴィー教団には、音楽に合わせて集団で旋回しながらサマーウを行う有名な修行法があるが、これは名祖ジャラールッディーン・ルーミー（一二七三年没）の教えと実践を弟子たちが受け継ぎ、この教団特有の様式として発展させたものである。また、ズィクルの行についても、多くの教団では先述のとおり神の御名を唱えるかたちをとるが、ナクシュバンディー教団では無言で行う「沈黙のズィクル」が特徴的である。

修行倫理の面でも教団によって違いがあり、ハルワティー教団では修行者は社会からできるだけ身を引いて修行に専念することが求められるのに対して、シャ

▶チシュティー教団の名祖チシュティーの肖像。
▲メヴレヴィー教団の旋舞。現在では多くの観光客が集まる。トルコのコンヤにて撮影（大渕久志氏提供）。
◀身体を動かしながらズィクルを行うスーフィーたち。エジプト。スーフィー教団では唱える文句、唱える時の体の動かし方、唱える時の息の仕方、唱える速さなどのズィクルの技術が指導された。

▶メヴレヴィー教団のサマーウの儀礼でのバンド演奏。

ーズィリー教団では労働を重視し、社会との積極的な関わりが推奨される。このほかにもスーフィー教団には、内部組織の構造、聖法やウラマーに対する態度、政治権力との関係、支持階層などの点で様々な違いが見られた。

▲右　カーディリー教団のヒルカ。
▲左　リファーイー教団の支流であるケナン・リファーイー教団の修行場。トルコのイスタンブル（井上貴恵氏提供）。

◀メヴレヴィー教団のスーフィーがサマーウを行う修行場。トルコのイスタンブル（井上貴恵氏提供）。

◀ケナン・リファーイー教団の四〇日の隠遁の行に用いる道具。修行者が立ったまま眠るために、杖にあごを置く部分が付いている（井上貴恵氏提供）。

▶子供に手を触れ、バラカを分けるスーフィーの導師。聖者はワリー（神の友）のほかにもサーリフ（信仰正しき者）、スィッディーク（誠実なる者）、アーリフ・ビッラー（神をよく知る者）、シャイフ（導師）、ピール（師）などのさまざまな語によってよばれた。

⊙教団の活動 ❖

スーフィー教団の活動の拠点は修行場であり、そこで教団員が参加するズィクルの集会が日常的に開かれ、導師やその代理人の指導の下、修行が行われた。修行場は名祖の墓に付随して建てられていることが多く、また宿泊施設や墓地、モスクなどを備えることもあった。

修行を志す入門者は、師弟の誓いの儀式を行うことで、教団に入ることを許された。修行を完遂し教団の教えを会得した者は、導師から免状を授与される。これによって彼は自らが導師となり、教団の教えを次世代へと伝えることが認められる。こうした儀式の時や、修行の様々な段階で、修行者はヒルカとよばれる衣を導師から与えられた。

▶聖者シャー・イサームッディーンの廟にある聖樹。

教団では、名祖の教えの継承者の名前が記された、師弟関係の系譜（スィルスィラ）が作成された。この系譜は預言者ムハンマドから始まり、教友や初期の有名なスーフィーを経由して名祖に到り、それから現在の導師へとつながっていくのが普通である。つまりこの系譜には教団の教えが預言者にまでさかのぼる、イスラム的正統性を帯びたものであることを示すという意味もあったのである。この系譜はしばしば理念的で、必ずしも実際の師弟関係を忠実に反映しないこともあったが、教団に属するスーフィーはこれを自らのアイデンティティーを示すものとして大切にした。

3 聖者信仰と現世利益

⊙イスラム教における聖者 ❖

スーフィー教団の導師たちは聖者とみなされ、信仰の対象となった。スーフィ

▶著名なスーフィー、エミール・スルタン（一四二九年頃没）の棺。聖者からはよい匂いがするといわれている。女性信徒が頭を押し付けて匂いを嗅ごうとしている。トルコのブルサ（井上貴恵氏提供）

ー教団の勢力拡大と大衆化を支えたのは、聖者に対する民衆の信仰心である。

とはいえ、イスラム教で聖者とみなされたのはスーフィーだけではない。預言者ムハンマドとその一族、預言者の教友、偉大な学者や為政者、征服者といったイスラム教の歴史上の偉人、アブラハムやモーセといったイスラム教以前の預言者たち、かれらはみな聖者として信仰の対象となった。さらには異教徒の聖者や古代の英雄、またジンとよばれる精霊に憑かれたとされる狂人までもが聖者とみなされた。

▶預言者ムハンマドと、カーディリー教団の名祖アブドゥルカーディル・ジーラーニーの足跡。

イスラム世界には聖者を指す様々な語があるが、有名なのはワリーというアラビア語である。この語の原義は「(神の)友」という意味で、コーランでは「まことに神を友とするものたち、彼らには恐怖はなく、彼らは悲しまないのではないか」(コーラン第一〇章六二節)という章句で言及されている。スーフィズムでは修行を完遂し、神との合一を果たしたスーフィーがワリーと呼ばれ、預言者とワリーの優劣関係や、個々のワリーの間の上下関係といった問題をめぐる理論が展開された。スーフィズムの大衆化にともなって、ワリーはスーフィー聖者を指すことが多くなっていく。

⊙聖者の恩寵——バラカ ❖

聖者は通常の人間にはなしえない奇蹟を行うことができると信じられた。聖者に帰された奇蹟は、病を治すこと、雨を降らせること、未来予知、読心術、透視、瞬間移動、空中飛行や水上歩行、同時に二カ所に出現することなど多岐にわたる。有名な聖者については、数多くの奇蹟が記録された聖者伝が書かれた。

こうした聖者の奇蹟は、個人の能力に

▶ナクシュバンディー教団のスーフィーたちの修行場でのズィクルの集会。クアラルンプール。
▲預言者ムハンマドの（ものとされる）髪を浸した聖水を分けてもらうために集まる信徒たち。預言者も聖者であり、その髪にはバラカが宿ると信じられた。預言者の遺品として信仰の対象になったのは、髪のほかにひげ、歯、筆跡、家財、足跡などがある。預言者同様に神からバラカを授けられたとされる預言者の家族や教友、後代の高名な聖者たちの遺品も、イスラム教の聖遺物として信仰の対象となっている。インドのカコリで撮影（大渕久志氏提供）。

由来するのではなく、バラカとよばれる神から与えられた特別の恩寵によるものだと説明された。バラカは生きた聖者との身体的接触や、その唾や汗、ときには精液によって聖者でない人にも分け与えられ、病気を治す、願い事を叶えるなど様々な現世利益をもたらすと信じられた。

　また聖者は「神の友」として神と特別な関係にあるがゆえに、民衆の願望を神に取り次ぐことができると信じられ、神と人間の間の仲介者とみなされた。人々は聖者のバラカに与るため、あるいは自身の願望を神に代願してもらうために、聖者のもとに集まったのである。

　聖者が死んでしまっても、そのバラカの力は消えることなく存続すると信じられた。聖者の遺体や墓石、その囲いにバラカが宿ると信じられ、ありがたがられた。聖者が触れた石や樹木、聖者の衣服や髪の毛、聖者が使った道具類もイスラム世界の各地で聖遺物として崇敬された。

⊙聖者信仰とスーフィー教団 ❖

　スーフィー教団組織が、その名祖の生前にすでに存在していた例は実際にはまれである。聖者として崇敬された名祖の廟が巡礼地となり、これを中心として教団組織がしだいに整っていったと考えられている。

　聖者である名祖の聖なる力は、その系譜に連なる導師に受け継がれ、その導師の死後は指導を通じて神秘の知を伝授された弟子が、聖なる力をも受け継ぐと考えられた。このようにスーフィー教団は聖性を継承する集団という側面をもっていたが、しだいに多くの教団で導師の地位は世襲されるようになり、聖性は血統を通じて子孫たちに継承されていると考えられた。

スーフィー教団の導師は、奇蹟を起こし人々に恵みをもたらす、あるいは人々が死後に楽園に行けるように神にとりなしてくれる聖者として民衆を惹きつけ、民衆の間のカリスマ的存在となっていった。スーフィーの修行を志す者だけでなく、彼のバラカに与ろうと欲した一般信徒たちが教団への喜捨というかたちで教団に参加し、教団の財政を支えた。

教団の名祖や代々の導師の墓廟も信仰の対象となり、教団のメンバー以外の信徒も参詣に訪れ、多くの寄進が寄せられた。また、政治権力がスーフィー教団の活動を支援することで、教団のカリスマ性や宗教的権威を統治のために利用する場合もあった。このように、民衆の聖者信仰を背景として教団には人と富が集まり、教団の導師はしばしば地域的有力者、経済的実力者となっていった。中には侵入してきた異教徒と戦う導師や、民衆の不満を政権に対して代弁する導師もいたという。

▲イランのトルバテ・ジャームのシャイフ・アフマデ・ジャーム廟にある、シャイフ・アフマデ・ジャームの墓石（大渕久志氏提供）。
◀イランのトルバテ・ジャームにある、シャイフ・アフマデ・ジャーム廟（大渕久志氏提供）。

4 聖者廟参詣と祭り

⊙聖者廟参詣（ズィヤーラ）❖

すでに述べた通り、聖者の死後も彼の墓にはバラカが宿ると信じられた。また、

▶カイロ近郊の「死者の街」。

聖者は死後も墓の中から人々の願いを聞き、それを神に取り次ぐと信じられた。ゆえに聖者の墓廟は人々の信仰の対象となり、人々は聖者の廟に宿るバラカに与るために、また墓の中の聖者に自らの願いを聞いてもらうために、聖者の墓廟に参詣を行った。

　この聖者廟参詣（ズィヤーラ）は、老若男女の様々な信者によって行われた。彼らは近くの墓所にお参りするだけでなく、グループごとに案内人に率いられて聖者廟を巡る集団参詣のツアーも行った。人々は墓所で特定のコーランの章句を誦み、香草、金銭、ろうそくなどの供物をささげて、病気治癒や安産、旅の安全などの現世利益や、来世での楽園入りを祈願した。これらの聖地の由来や所在地をまとめた、参詣のガイドブックともいえる「参詣の書」も、様々な種類のものが著された。

　有名な参詣地の一つに、「死者の街」と呼ばれるエジプトのカイロ近郊の墓地区がある。そこには古くから人々が大挙して参詣に訪れ、その数の多さから墓地の荒廃を憂慮した統治者によって制限されるにいたるほどであった。参詣者の中には、カイロ近郊やエジプト全土からばかりでなく、遠くはメッカ巡礼の中途に立ち寄ったアンダルスや西アフリカの人々も含まれており、その社会階層も君主や支配者層から底辺の民衆まで幅広いものであった。

　墓地での礼拝や華美な墓廟建設、聖者信仰は神以外の人物崇拝へとつながりかねないもので

▶ルーミーの生涯の友であり師であるシャムセ・タブリーズの棺。トルコのコンヤ（井上貴恵氏提供）。

▲チシュティー教団のスーフィー聖者、ニザームッディーン・アウリヤー（1325年没）の廟。現在のインド、ニューデリー南東部に位置する。そこには預言者のものとされる髪や預言者の足跡とされるくぼみのついた石板といった聖遺物が保管されている（大渕久志氏提供）。

▼オルハン・ガーズィーの棺（井上貴恵氏提供）。

▶ハズラテ・ウフターデの霊廟内部で祈る信徒たち。トルコのブルサ（井上貴恵氏提供）。

あったため、聖者廟参詣の慣行をイスラム教教義からの逸脱であるとして厳しく批判するウラマーもいた。それにもかかわらずこの慣行は、一部の地域を除くイスラム世界各地で今でも絶えることなく行われている。

▲ルーミー廟。トルコのコンヤ（井上貴恵氏提供）。

⊙聖者廟の構造と環境❖

聖者廟にはスーフィーの修行場が付随し、複合施設を形成することが多い。この複合施設をザーウィヤとよぶ。ザーウィヤの第一の構成要素は聖者の墓または聖遺物である。墓は地下にあり、その上に空っぽの長方形の棺が置かれている。これは丸屋根の建物の中にあり、この建物を中心とした区域は聖域とされ、異教徒や政治権力の立ち入りが制限されることもあった。

▶生誕祭の際のリファーイー教団の行進。打楽器を鳴らし、声を張り上げている。

▲名祖アリー・バイユーミー（1769年没）の生誕祭でのバイユーミー教団の行進。導師たちに率いられてスーフィーたちが大通りに沿って長い行列を作り、名祖の墓廟へと向かう。群衆がかっさいをあげ、まわりの建物のバルコニーから行列に菓子が投げ込まれる。1988年2月撮影。

▲生誕祭の際の廟の近くの出店。エジプト。

▶エジプト高地の生誕祭には欠かせない、タフティーブとよばれる儀礼化された二人のスーフィーの戦い。戦いは楽器の演奏とともに行われ、踊りに近い。

◀シリアのアレッポでの二〇〇六年春の聖者廟参詣。廟の近くでスーフィーたちは円をつくって集まり、導師の前に一人のスーフィーが出ると、腹に剣を突き立てた。だが神の愛により、血が出ることはないという。

ザーウィヤにはしばしばモスクが付随し、大きなザーウィヤには巡礼者や修行者の宿泊や教育のための部屋、中庭、沐浴所、動物を犠牲にするための屠畜場も備わる。農村の聖者廟は周囲にまで聖性が及ぶ。近くに墓地があり、聖者の近くに埋葬されることを期待した人々の墓が広がる。墓地の周囲の森や大木、泉や井戸の水にも聖者のバラカが宿ると信じられている。さらに聖者廟所有の畑や果樹園が広がっている。こうした光景はイスラム圏にかなり普遍的にみられる。

⊙生誕祭（マウリド）❖

スーフィー教団は、聖者廟でそこに眠る聖者たちの誕生日を祝う祭りを定期的に開催した。それはスーフィーだけでなく地域全体の人々が聖者のバラカに与る祭りとして賑わった。スーフィー教団にとっては、この聖者の生誕祭（マウリド）は、教団が継承する聖性を民衆に示す最大の機会であった。

スーフィー聖者以外に預言者ムハンマドやその子孫たちの生誕祭も祝われたが、彼らの生誕祭にもスーフィーたちが参加し、ズィクルをはじめとする儀礼を披露した。こうした聖者の生誕祭は、ワッハーブ派が支配的なサウディアラビアなどを除くイスラム世界各地で盛大に祝われている。誕生日を祝うとはいっても、生誕祭の期日は農繁期を避けて人為的に決定されることも多い。しかもヒジュラ暦によらず地方の農事暦によって年に二回行われたり、誕生日ではなく命日に行われたりすることも珍しくない。

生誕祭では民衆が大挙して参加し、聖者を讃え、スーフィーたちが儀礼を行うだけでなく、各地から商人が集まって市が開かれ、歌や見世物などの娯楽が提供され、さらには男女が入り乱れ、ときには売春も大っぴらに行われた。

一七世紀後半にエジプトを訪れたオスマン帝国時代の旅行家エヴリヤ・チェレビー（一六八四年頃没）は、そこでの聖者アフマド・バダウィー（一二七六年没）の生誕祭の様子を自らの旅行記の中で伝えている。それによれば、スーフィーの行列が手太鼓を使って頌詩を詠み、神を讃えつつカイロの通りや市場を行進し、タンターにあるバダウィー廟へ向かったという。タンターの町は人波で溢れ、いたるところに参詣者の滞留するテントが張られ、遠くはインドやスィンド地方、イエメン、エチオピア、ペルシアなどからも人が参集し、各地の王が巨額の寄付を行っていた。生誕祭の夜には夜空を花火が彩り、広場ではあらゆる種類の大道芸人や奇術師が技を競っていたという。

◀「彼」を意味するアラビア語、「フワ」。バルカン半島のブナにある修行場の中のスーフィー聖者サリー・サルトゥークの廟の壁面にこの文字が描かれている。「彼」とは、本来人間言語で表現不可能な神の本質を指す。

5 神秘哲学と神秘主義詩

⊙イブン・アラビーと神秘哲学 ❖

これまで見てきたように一二〜一三世紀にかけての時代は、スーフィー教団の形成が始まるとともに、スーフィズムが民間の聖者信仰と結びつき始めた時代であり、スーフィーたちの歴史における転機であった。スーフィズムの思想の面でも、この時代に神秘哲学という新たな潮流が生まれた。

神秘哲学の担い手として最も名高い思想家は、「最大の師」と称される偉大なスーフィー、イブン・アラビー（一二四〇年没）である。彼は南スペインのムル

▶この絵はルーミーの『精神的マスナヴィー』に収められた、次の物語を表している。旅人の一団が賢者の忠告を無視し、象の子を殺し、食べた。母親の象が彼らを襲い、自分の子を食べていないことが匂いでわかった者だけが助かった。象の子は高潔さを、旅人の貪欲さは罪を、母親の象は神の裁きを寓意している。

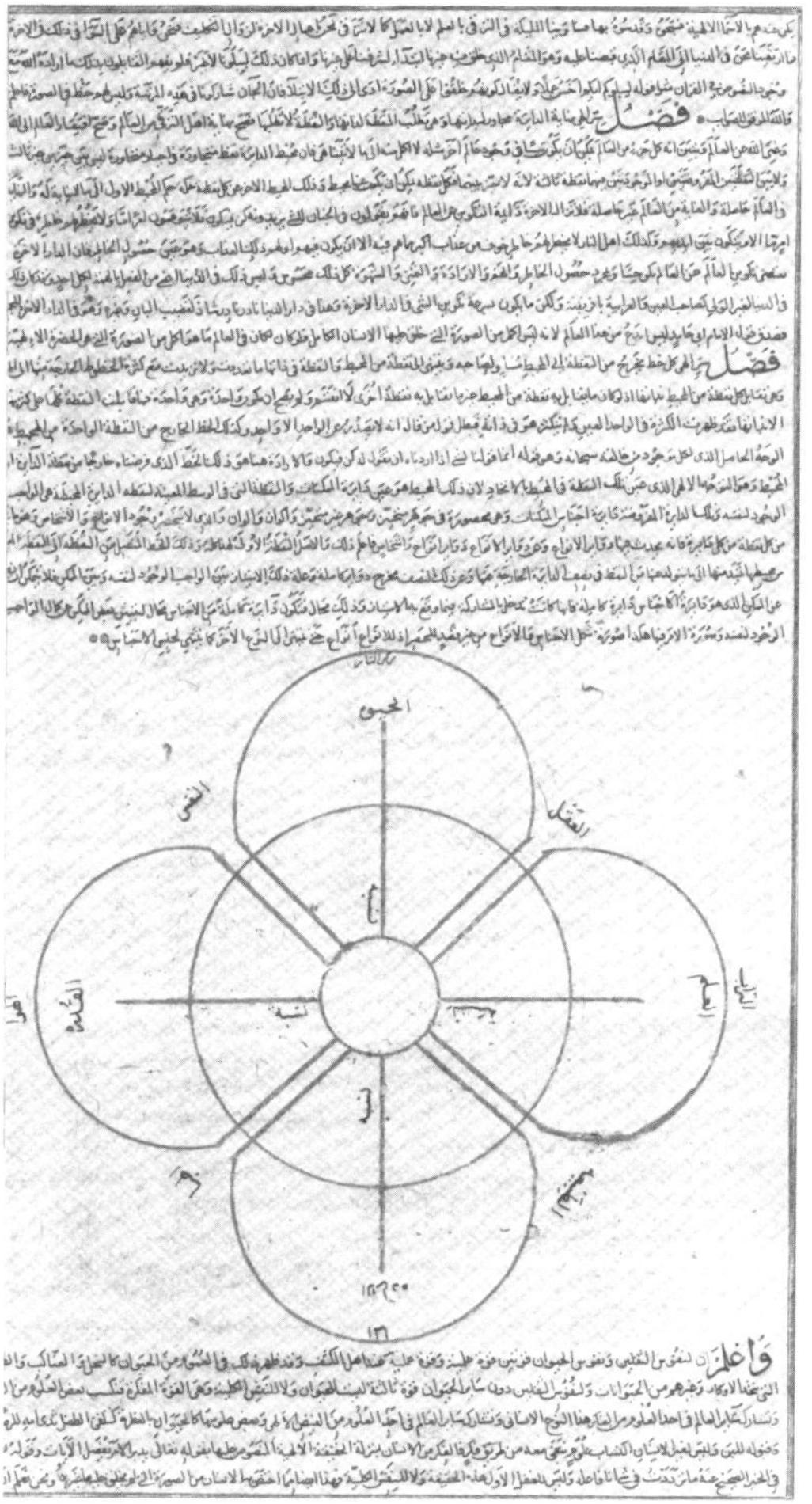

◀イブン・アラビーの著作の一六世紀の写本に書かれた図。一者からの多性の発出を描いている。一なる神が多なる被造物として顕現すると説く彼の思想において、一と多の相関の問題は重要なテーマである。

シアに生まれ、北アフリカ、西アジアで宗教的遍歴生活を続けたのち、ダマスカスで死んだアラブ人である。主著に『メッカ啓示』や『叡智の台座』がある。彼は体験中心的であった彼以前のスーフィーたちの思想を高度に思弁化し、独自の存在論的哲学を構築した。彼の思想は、彼以後のイスラム世界の精神的地貌を決定したといわれるほどに後世に深い影響を与えた。

⊙イブン・アラビーの思想

イブン・アラビーの思想の中心にあるのは神の「自己顕現」（タジャッリー）という概念である。イスラム教では通常、創造者である神と被造物である世界の間には大きな断絶があると考えられる。イブン・アラビーは神による創造を否定するわけではないが、神と世界の間の関係を別の特徴的な仕方で表現している。すなわち、世界全体が神の顕現の場であり、あらゆる事物や現象はある特定の姿をとった神の顕現であると説く。この思想の典拠として、イブン・アラビーは「わたしは隠れた宝であったが、知られることを欲して世界を創った」という、神が一人称で語るハディースを引用している。

イブン・アラビーは上記の考え方を「存在」という哲学的概念を用いて表現している。彼によれば、神は特定の姿形をもたない「存在」そのものであり、これが特定の姿形によって限定されることで「存在者」として顕れたものが被造物の世界である。個々の「存在者」の姿形は多様であるが、一なる「存在」としての神の顕現であるという意味で、それらは一つである。存在の単一性という観点か

▶『鳥の言葉』の物語を描いた絵。同書のクライマックスでは次のように詠われる。「疑いなく、この三十羽の鳥（スィー・モルグ）があのスィーモルグだった／彼らすべては驚いて気が動転した／彼らは改めて再び驚愕した／自分たちを見ればまさしくスィーモルグ／スィーモルグ自身が常に三十羽の鳥（スィー・モルグ）であった」（黒柳恒男訳）

ら、多なる万物が根本において一であることを説くイブン・アラビーのこの思想は「存在一性論」と呼ばれる。

イブン・アラビーのもう一つの有名な教説に「完全人間」論がある。イブン・アラビーは修行によって究極の境地に達した神秘家を「完全人間」と呼んだ。「完全人間」の特徴は、あらゆる対立を超えて、それらを統合しうることである。相反するものをともに持つというこの統合性は、元来神の性質であるため、「完全人間」は神の写しとして表象される。「完全人間」は神と世界の両者をも統合するとされ、神と世界の間の結節点として位置づけられた。このゆえに「完全人間」なくして世界は存在しえないとされる。

上記の「存在一性論」的世界観においても「完全人間」は重要な位置を占める。すなわち個々の事物において神は限定的なやり方でのみ自己を現すが、神の写しである「完全人間」において神は自己のあらゆる属性を十全に現すことができるとされる。こうしたイブン・アラビーの思想はその弟子筋の思想家たちによって体系化・精緻化されていった。

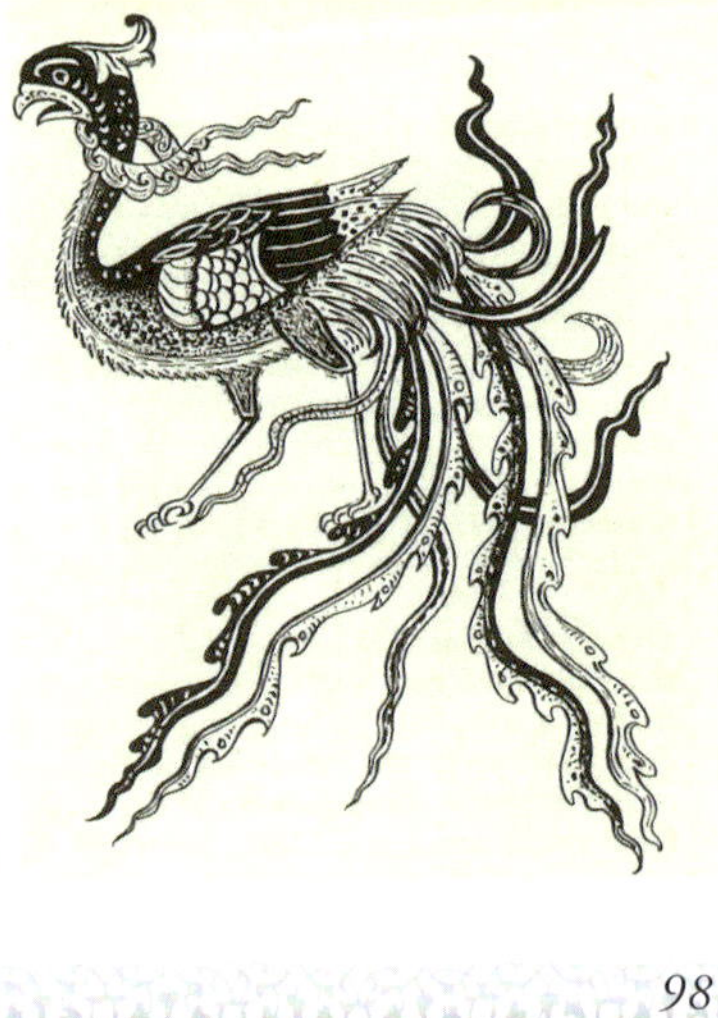

▶アッタールの『鳥の言葉』の中で神のシンボルとみなされた幻鳥、スィームルグの絵。同書で次のように詠われる。「命を捧げて道に歩を踏み出せ／踊りながらあの宮殿に頭を向けよ／カーフ山という山の彼方には／われらにとってまぎれもない王がおわす／王の御名（みな）はスィーモルグ、鳥たちの帝王（スルタン）」（黒柳恒男訳）

⊙神秘主義詩の伝統

スーフィーたちは神秘哲学のような高

度に抽象的な理論を展開する一方で、しばしば詩を用いた。思想の表現手段としてしばしば詩を用いた。先述のイブン・アラビーも理論家であると同時に詩人の面も持っていた。

直観とイメージに訴える詩は、本来言語で伝達不可能な直接的体験に基づくスーフィーたちの真理を表現するために、論理性を要求される散文よりもある意味でふさわしいものであった。また、詩の形で表現することで、一見するとイスラム神学や法学の枠組みから外れるような大胆な言説も、さほど非難の対象とされずに表現することができるということも、詩が用いられた理由として考えられる。

◀スーフィー的象徴を描いたイランの皿。一二一〇年の日付がある。乗り手のいない馬に表象された、地上的欲望を捨て去った若者が、神秘的高揚のうちで、小さな女性のすがたをした自らの魂を観照している。神のうちで生きる魂は、水の中の魚のようにも描かれている。

神秘主義詩にはアラビア語によるものもあるが、ペルシア語によるものの方が有名である。ペルシア語スーフィー文学は詩によって花開いた。

中でも最大の詩人は、メヴレヴィー教団の祖でもあるルーミーである。彼は一二〇七年にバルフ(現アフガニスタン)に生まれ、ルーム・セルジューク朝の首都コンヤ(現トルコ)に定住した。彼の最高傑作とされる『精神的マスナヴィー』では、スーフィズムのあらゆる側面が寓話や逸話に託して説かれており、「ペルシア語のコーラン」と評された。本書の冒頭を飾る詩「葦笛の曲」では、故郷の葦原から切り離された葦笛の嘆きが詠われる。同じように自己の根源である神から切り離された人間は、現在の自己を死ぬことによって高次の生へと再生し、真の故郷である神へと帰還することができる。こうした主題が『マスナヴィー』では詠われている。

ニーシャープール(現イラン)に生まれ、その地で没したアッタール(一二三〇年頃没)も、ペルシア系神秘主義詩を代表する詩人である。彼は晩年に当時少年であったルーミーに会い、その才能を見抜いて自作の書を与えたといわれる。彼は神への愛、神との合一、神秘主義修行の諸相を、寓意や比喩を交えた叙事詩体の詩で巧みに詠った、ペルシアにおける神秘主義的叙事詩の伝統の創始者である。主著に『鳥の言葉』がある。その内容は、世界中の鳥たちが集まり、自らの王であるスィームルグという架空の鳥の宮殿を目指して旅立つも、長く険しい旅の途中で次々と仲間が倒れていき、最後に残った三〇羽だけが、自分たち自身が実はスィームルグであることに気づく(スィー・ムルグとはペルシア語で「三〇羽の鳥」を意味する)、というものである。

第六章　イスラム法と西洋化の時代

堀井聡江

1　イスラム法と国家

⊙イスラム法とは何か

本章では、中東を中心として近現代のイスラム法（シャリーア）を取り上げる。まずはイスラム法とは何かについて、簡単に説明しておこう。

「神への絶対的帰依」を意味するイスラム教にとって、宗教は信者の内的生活だけではなく、個人から家族、社会、国家に至るあらゆるレベルで彼らの現世的な営みを規定する法を含んでいる。この法を指す言葉がシャリーア（原義は「水場」または「水場に通じる道」）である。聖典コーランによれば、神はアダムを最初とする数々の預言者を地上に遣わし、彼らの一部には特に啓典を授けたが、それは啓示をもって人間たちの「争いを裁断」する法となし、宗教共同体（ウンマ、ミッラ）を築くことであった（コーラン第二章二一三節）。つまりシャリーアとは元来、このように神が人類に授けた法を総称し、それにより宗教に基礎をおく国家としてのウンマが営まれることになる。ここから国家と宗教を一体のものとするイスラムの政教一致の理念を導くことができる。

もっとも、イスラム法の規定のうち、コーランに直接由来するものはわずかであり、大部分は「学的努力」（イジュティハード）と呼ばれる、ウラマーによる啓示の解釈（一〇一ページコラム参照）から導かれる。ここでウラマーがイスラム法裁判官（カーディー）等の公的な地位にあるか否かは無関係である。従って学的努力の結果は彼らの個人的な学説であり、著書等を通じて後世に伝えられさえすれば、イスラム法を構成する。つまりイスラム法は、我々が法律と呼ぶところの制定法（公の立法機関が一定の手続の下に定めた法。その際に文書化されるという意味では成文法ともいう）ではない。理論上、イスラム法の立法者は神であり、ウラマーの役割はイスラム法を明らかにすることに尽きる。ただし彼らはそうした立場を取りつつ、実際には彼らが生きた地域や時代に適合する新たな要素をイスラム法につけ加えていった。

⊙イスラム法の特徴

一九七〇年代以降、イスラム法のこうした法創造性に懐疑的だったそれまでの西洋の研究者の見解を反証する形で、この法の時代や地域に応じた多様な法発展を実証する研究がさかんになった。これらを通じてイスラム法の二つの特徴が強調されることになった。第一の特徴は、前述のようにイスラム法がウラマーの学説から成り、国家が制定した法ではないことである。つまりイスラム法には法典がなく、ウラマーが著した教科書や研究書の内容（学説）がそれに代わる。この点で、イスラム法はトーラーの解釈から導かれたユダヤ法（ハラハー）やイスラム勢力と八〇〇年近く対峙したビザンツ帝国におけるローマ法と類似する。イスラムの法・政治理論によれば、支配者が正統と認められるには、カーディーの任命等によるイスラム法の適用義務を負う。

　第二の特徴は、やはりユダヤ法やローマ法にもあてはまるが、学説の相違に発するイスラム法の多様性である。スンナ派では、イスラム法は概ね一〇世紀までに後述の公認四大法学派（ハナフィー学派、マーリク学派、シャーフィイー学派、ハンバル学派）ごとに体系化され、各体系も時代や地域に応じた学説の相違を示す（一〇三ページコラム参照）。スンナ派の信者はいずれの法学派に従ってもよく、その都度都合のよい法学派の法を選択することも制度的には可能であった。法を解釈・適用する側のウラマーも、様々な学説の選択を通じて社会の需要に応えていた。

　不統一な学説法がイスラム法本来の姿であるとされた結果、法の近代化により西洋モデルの制定法が導入される一九世紀以降が歴史的な転換点としてクローズアップされることになった。イスラム法はこれらの法律によって排除されるか、または近代的解釈と学説の取捨選択に基づく統一的な法典やマニュアルという形で、部分的にのみ存続するようになった

シャリーアは何から導かれるか

シャリーアは、前述のように広い意味では神が啓示を通じて人類に授けた法を総称する。例えばトーラーは、本来は「モーセ五書」つまり旧約聖書の最初の五つの書を指すが、イスラムでは律法全般を指す言葉であり、ユダヤ教のシャリーアとされる。キリスト教のシャリーアは福音書とされる。神は彼らとムスリムが別々の宗教と法に従うよう命じた（コーラン第五章四八節）。その後のイスラム国家の中でも、ムスリムと異教徒は宗教共同体ごとに別々の法に服した。

　シャリーアを形成するイスラム法学（フィクフ）は学的努力（イジュティハード）を通じたシャリーアの「理解」を意味する。イジュティハードはジハード（狭義にはイスラム共同体防衛のための戦争）と同じ語源の言葉で、平たく言えば啓示の解釈となる。ここにいう啓示はコーランだけでなくスンナ（預言者ムハンマドの言行）を含む。それは神が信者に対し、「神、この使徒（ムハンマド）および汝ら（信者たち）の中で権威のある人々」に従うよう命じ（同書第四章五九節）、啓示のない問題についてムハンマドに判断権を与えたからである。事実、彼による法的問題の解決は多数伝えられ、ゆえに法学書ではしばしばムハンマドを「立法者」と呼ぶことがある。

　では、イスラム法はコーランとスンナによって全て明らかにされているのだろうか。答えは否である。一般に、法を認識するための素材を法源という（例えば日本法の法源は国会が定めた法律の他、行政機関の命令や条例、条約、さらに慣習や条理等を含む）。シャリーアの法源は実は四つあり、コーランとスンナはシャリーアのそれぞれ第一、第二の法源にすぎない。第三法源の合意（イジュマー）は、信者代表としてのウラマーの学説の一致を指す。例えば、イスラム教徒の男性が四人以下のイスラム教徒女性または啓典の民（ユダヤ教徒、キリスト教徒）の女性と複婚できるとする解釈については合意が成立している。スンナ派では合意を法源としない少数説があるが、多数説は上記コーランにいう信者たちの中の「権威のある人々」がウラマーを指すとして、合意をコーラン、スンナに準じる啓示的法源とする。

　以上三つの法源によって解決できない問題については、第四法源の推論法（キヤース）によりウラマーが判断する。推論法は啓示的根拠に基づく類推解釈を中心とする一定の推論形式に限定されるが、実質的にイスラム法の主要な法源をなすため、学的努力は狭い意味では推論法を指す。

　これらの法源に基づく学的努力の方法論は、イスラム法学のうち「根の学」（ウスール・アル＝フィクフ、「法学の根」の意）という分野の専門である。これに対応する「枝の学」（フルーウ・アル＝フィクフ、「法学の枝」）はこの方法に従って具体的な法規定を導き、法として体系化する。その名の通り、イスラム法は本来「根」あっての「枝」のはずだが、イスラム法学は「枝の学」として出発し、「根の学」はようやく一一世紀に確立した。

▲ウラマーによる宗教相談。イスラム諸国では現在もウラマーによる宗教相談やファトワー（法学意見）の発行が行われている。左手奥に白いターバンのウラマー、手前に相談者の女性が見える（イスファハーン、筆者撮影）。

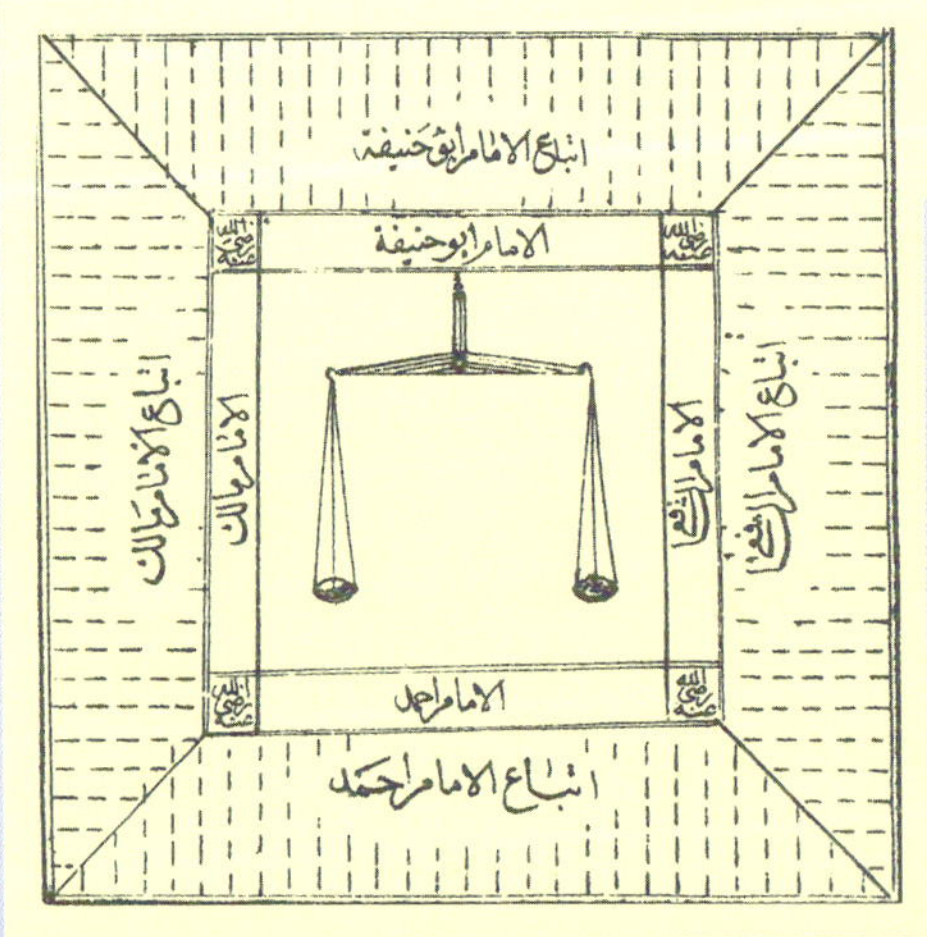

▲法学の樹。「シャリーアの泉」に育まれた「根の学」から「枝の学」としての実定法規が派生することを表した図。

◀四大法学派。中央の秤に象徴される最後の審判の場に、四大法学派の学祖（上から時計回りにアブー・ハニーファ、シャーフィイー、イブン・ハンバル、マーリク・ブン・アナス）が臨む。彼らは背後に控える支持者たちのため神にとりなしを行うと信じられた。

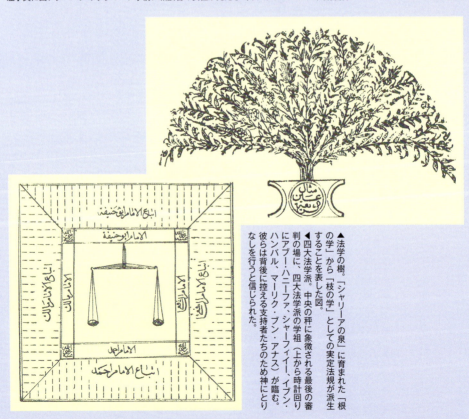

スンナ派四大法学派

法学派（マズハブ）の原義は「道」ないし「立場」であり、スンナ派四大法学派はいずれも名祖とされる特定の学者の法学的立場の支持者の総体として定義される。すなわちハナフィー学派はクーファのアブー・ハニーファ（七六七年没）、マーリク学派はメディナのマーリク・イブン・アナス（メディナ出身、七九五年没）、シャーフィイー学派はシャーフィイー（八二〇年没。恐らくパレスティナ出身で、後年エジプトに移住）、ハンバル学派はバグダードのイブン・ハンバル（八五五年没。三〇ページ参照）に由来する。このうち、ハナフィー学派とマーリク学派は、ウマイヤ朝時代に初期イスラム法学の二大中心地であったイラクとヒジャーズ（メッカ、メディナを中心とするアラビア半島西部）にそれぞれ起源を持つ。

「根の学」（一〇一ページコラム参照）成立以前の初期法学においては、預言者ムハンマド没後の社会的な要請に応え、ウラマー自身の積極的な問題解決によるイスラム法の整備を優先する立場に対し、彼らを「個人的見解（ラアイ）の徒」（合理主義）として批判し、極力啓示（コーランとスンナ）のみからイスラム法を構築すべきとする「ハディースの徒」（伝承主義）が現れた。両派の対立はつきつめると神学的な立場の相違に遡る（三〇～三一ページ参照）。ハナフィー学派はイラクの合理主義を祖とし、マーリク学派も啓示よりヒジャーズ（特にメディナ）の学説を重視した。これに対しシャーフィイー学派と、それ以上にハンバル学派は伝承主義の影響下に成立した。

スンナ派の「根の学」においては、啓示的法源と推論法を組み合わせた四法源論に表されるように、伝承主義と合理主義の立場が折衷された（その一部はすでにシャーフィイーの著書『根の学論（リサーラ）』に先取りされている）。四大法学派はそれぞれの個性を残しつつもこうした理論に適合し、あらゆる規定が四法源のいずれかに基づく（ひいては少なくとも間接的には啓示に由来する）ように、既存の学説体系を再編した。逆に、厳格な伝承主義の立場から推論法を否定したザーヒル学派などの法学派は淘汰されていった。こうしてスンナ派の「合意」として四大法学派が公認され、かつ新たな法学派の創設に至る「学的努力の門の閉鎖」が暗黙裡に承認された。

四大法学派のイスラム法は理論上対等であったが、実際には特定の法学派が優勢な地域・時代が多くみられた。中でもハナフィー学派はイラクから中央アジアに広がった後、オスマン帝国の公式法学派となったことで、エジプト以東のアラブ諸国に広く法的影響を及ぼすことになる。北アフリカおよびイベリア半島はマーリク学派によって席捲された。シャーフィイー学派はエジプトで優勢であったが、この地がオスマン帝国に征服されると後退し、代わって東南アジアに進出した。ハンバル学派の影響力はほぼシリアに限定されていたが、同学派中興の祖イブン・タイミーヤ（一三二六年没）の近代における思想的影響の下、スンナ派の厳格なセクトであるワッハーブ派と結びつき（一一七ページ参照）、後述のように公式法学派となった。

からである。❖

⊙イスラム法の形成

確かに、イスラム国家に代わる近代国家が成立し、その制定法がイスラム法に置き換わる一九世紀以降はイスラム法の大きな転換点であった。イスラム主義（本稿では手段を問わず国家や社会のイスラム化を目指す近現代の政治運動を指す）がイスラム法の「復活」を掲げるのもそのためである。

しかし、イスラム法をイスラム国家に君臨する不統一な学説法と特徴づけるのは、前近代についても留保が必要である。この点で重要なのは、イスラム法が国家制度の確立と並行的に形成されたことである。預言者ムハンマドの没後、正統カリフ時代とウマイヤ朝期の二度にわたるアラブの大征服は、広大な領土の法的整備を促し、遅くとも七世紀末にはウラマーの間でイスラム法学が誕生した。他方で、この時期には行政権と司法権が未分化であり、カリフ自身による立法例が多数伝えられる。

続くアッバース朝はサーサーン朝ペルシアを範とする中央集権的制度とイスラム的理念を合体し、古典的なイスラム国家の型を完成した。その一つとしてカリフが任ずる大カーディーに統括されるイスラム司法が確立し、その担い手となったウラマーの間ではカーディー等を育成するギルドであり、公職ポストの獲得などをめぐる学閥でもある法学派の成立と、それぞれによるイスラム法の体系化が促された。スンナ派ではそのうち上記四つの法学派のイスラム法体系が正統と見なされるようになる。

⊙公の福利と国事

だが、イスラム司法は行政権から完全に独立せず、そもそもイスラム法は唯一の国法でもなかった。ハナフィー学派初期の大法学者アブー・ユースフ（七九八年没）の『地租の書』は、アッバース朝第五代カリフ、ハールーン・ラシード（在位七八六～八〇九年）が「臣民に対する不正の除去および彼らにとっての善」を意図してこの書の執筆を命じたとする。ここにはイスラム法と国家の関係を示す二つの重要な原則が示唆されている。

第一の原則は、「善」と同じ語源の「公の福利」である。「臣民」の原義は「羊の群れ」であり、対して支配者は臣民を保護し、彼らの福利を図る牧者に喩えられる。この趣旨で、後世のハナフィー学派は、「イマームの臣民に対する処分は、公の福利に基づく」ことをイスラム法の原則の一つとする。スンナ派においてイマームやスルターンは「お上」を総称する互換的な言葉で、カリフもイマームと呼ばれる。スルターン（トルコ系王朝ではスルタン）は君主の称号にも用いられた。法学書ではこれらの言葉は文脈によって為政者やカーディーないし当局一般の意味で頻繁に登場する。イスラム法学では公の福利は法源ではなく、個別的な法律問題の解決では準則に留まったが、公の福利の実現はイスラム法の目的であり、ひいてはこの法を適用する国家の役割とされた。その観点から特に国家の専門事項とされる「国事」が定義され、これらに関しては、国家はイスラム法に違反しない限りで必要な裁量権を認められた。この原則を「イスラム法に基づく国事」（スィヤーサ・シャルイーヤ）という。

▶アッバース朝期のカーディー。カーディーの許に出廷した夫婦。中世アラブの語り物（マカーマ）の代表作とされるハリーリー（一一二二年没）『マカーマ集』挿絵より（一三世紀後半）。

⊙制定法と支配者の正義

アブー・ユースフは、国事について「あなたが最も公益に合致すると判断することを実行せよ」と進言している。このことは、「国事」では国家の判断が法となることを意味する。事実、イスラム法学は国家の制定法の存在を認めてカーヌーン（ギリシア語のカノーンに由来）と呼んだ。

「国事」における国家のもう一つの重要な裁量は、司法権の行使である。カーディーのイスラム司法は、カリフ以下の行政権者の司法機関と併存していた。その一つがまさに「お上」による「不正（ズルム）の除去」を目的としたマザーリム（ズルムと同義）法廷であり、為政者がカーディーの判決に対する上訴を受理したり（イスラム司法には控訴制度がなかった）、行政裁判を行う場を指した。また警察や勧善懲悪実行官（ムフタスィブ）

と呼ばれる一種の宗教警察も独自の司法権をもっていた。

⊙神の権利と人間の権利 ❖

「お上」の法に服する「国事」とイスラム法に服する事項の区別は、イスラム法学による「神の権利」と「人間の権利」の区別にほぼ相当する。「神の権利」は、神に対する人間の義務とされる「神事」（イバーダート）およびまさに『地租の書』が扱う諸問題（租税、戦利品、交通等の公共の問題、刑罰）にあたる。「神事」は礼拝やザカート（コーランが定める公共福祉税）等の儀礼行為やジハードを含む。対する「人事」（ムアーマラート）は対人間の法的関係（売買、婚姻等）を含み、全て「人間の権利」である。つまり「神の権利」と「人間の権利」は大まかに公法と私法にあたる。儀礼行為は例外だが、ムスリム臣民の守護者たる国家のモスク建設やザカート徴収の義務に関わる。

刑罰は部分的に「人間の権利」と関わる。イスラム法上の刑罰は、ハッド刑、同害報復刑、裁量刑に分かれる。ハッド刑とはコーランで処罰が予定され、ゆえに公益侵害と観念される犯罪（姦通罪、姦通誹謗罪、窃盗罪、飲酒罪、追剝罪。背教罪や叛乱罪を加える説もある）に対する身体刑で、投石刑（姦通罪）を含む死刑、手足の切断刑（窃盗罪、追剝罪）、鞭打ち刑から成る。これらはほぼ「神の権利」だが、姦通誹謗罪や窃盗罪は「人間（被害者）の権利」回復の面も持つ。同害報復刑（キサース）は、故意の殺人・傷害罪に対する「目には目を」の死刑ないし同等の身体刑で、被害者またはこれに代わる者の権利回復を目的とし（ただし刑罰執行権は国家にある）、彼らによる権利放棄や過失殺人・傷害罪の場合に適用される「血の賠償」（ディヤ）は、「人間の権利」である。同害報復刑やハッド刑については、イスラム法学は極力執行を回避すべく厳格なルールを定めている。裁量刑（タアズィール）とは、立件された行為がこれらのルールにより両刑罰を免れたか、元々両刑罰の対象ではないが、違法と判断される場合、裁判権者が量刑を定めて科す刑罰で、純然たる「神の権利」である。

法学書は、カーディーがこれらの犯罪を審理し刑罰を科すかのように記述している。だがカーディーには公訴権がなく、また刑罰を執行する手段も欠いたため、イスラム司法は刑事事件の解決にはあまり適さなかった。上述の特殊な司法機関は、この点でイスラム司法を補充する役割を担っていた。

2 オスマン朝のイスラム法制と『メジェッレ』 ❖

⊙国家ムフティーの登場

このように制定法が「国事」、イスラム法がそれ以外を規定するという棲み分けが「公の福利」に基づく以上、国家がその気になれば、世のためを口実に「国事」の範囲を広げてイスラム法の領分に介入することは充分可能であった。その顕著な例はオスマン朝（一二九九～一九二二年）である。

中央アジアからアナトリアに移住したトルコ系遊牧騎馬民族の一団であったオスマン朝は、最終的にはイランを除く中東の大部分と北アフリカに加え、バルカン半島、黒海北岸およびコーカサスを支配した。その間、「征服王」ことスルタン・メフメト二世（在位一四四四～四六、一四五一～八一年）はビザンツ帝国を滅ぼし（一四五三年）、帝都コンスタンティノポリスをイスタンブルと改称し遷都した。またアッバース家末裔のカリフを擁していたマムルーク朝（一二五〇～一五一七年）の制圧により、エジプト、シリアに加え二聖都メッカ、メディナが版図に加わる。これによりスルタンは事実上カリフになり代わり（ただし「スルタン＝カリフ制」としての公式化は一八世紀以降）、国制のイスラム化を促進した。

イスラム司法の整備は一四世紀に始まり、大カーディーに相当するカザスケルの統括下で全土の司法区にカーディーが任命された。一六世紀末にはカザスケルは帝国のヨーロッパ側の領土（ルメリ）とアジア側の領土（アナドル）のそれぞれに置かれ、スルタンの御前会議にも参画するようになる。

▶公開鞭打ち刑。インドネシアのアチェ州（写真提供・PPS通信社）。

だが、イスラム国家オスマン朝の「顔」は何と言ってもシェイヒュル・イスラーム（「イスラムの長」）と呼ばれたイスタンブルのムフティー（ファトワー付与者）である。ファトワーとはウラマーが信者の法律相談に対して付与する私的な法学意見を指す。ただし、ムフティーはとりわけカーディーの公判廷における諮問機関として半ば公的な役割を果たしていた。

シェイヒュル・イスラームはスルタンが任命する完全な公務員であり、一五世紀にはすでに存在していた。一六世紀にウラマーの職階制（イルミイェ）が確立し、彼ら全体がキャリアの上で中央・地方の学院（マドラサ）教授またはカーディーに大別される官僚として序列化されると、シェイヒュル・イスラームはウラマーの長としてその頂点に立ち、カザスケルと共にこれらの官職の任免権を行使した。また、国家のムフティーとしての立場から、シェイヒュル・イスラームは一般の信徒からの照会だけでなく、政治・外交政策を判断し、スルタンの事実上の顧問として国政にイスラム的正統性を与えた。

▶サウディアラビアのマザーリム法廷（不服裁判所）。

⊙公定法学派ハナフィー学派とエブッスウード ❖

オスマン朝のイスラム法制のもう一つの重要な特徴は、アナトリアですでに優勢であったハナフィー学派が公定法学派とされ、イスラム法といえば公式には同

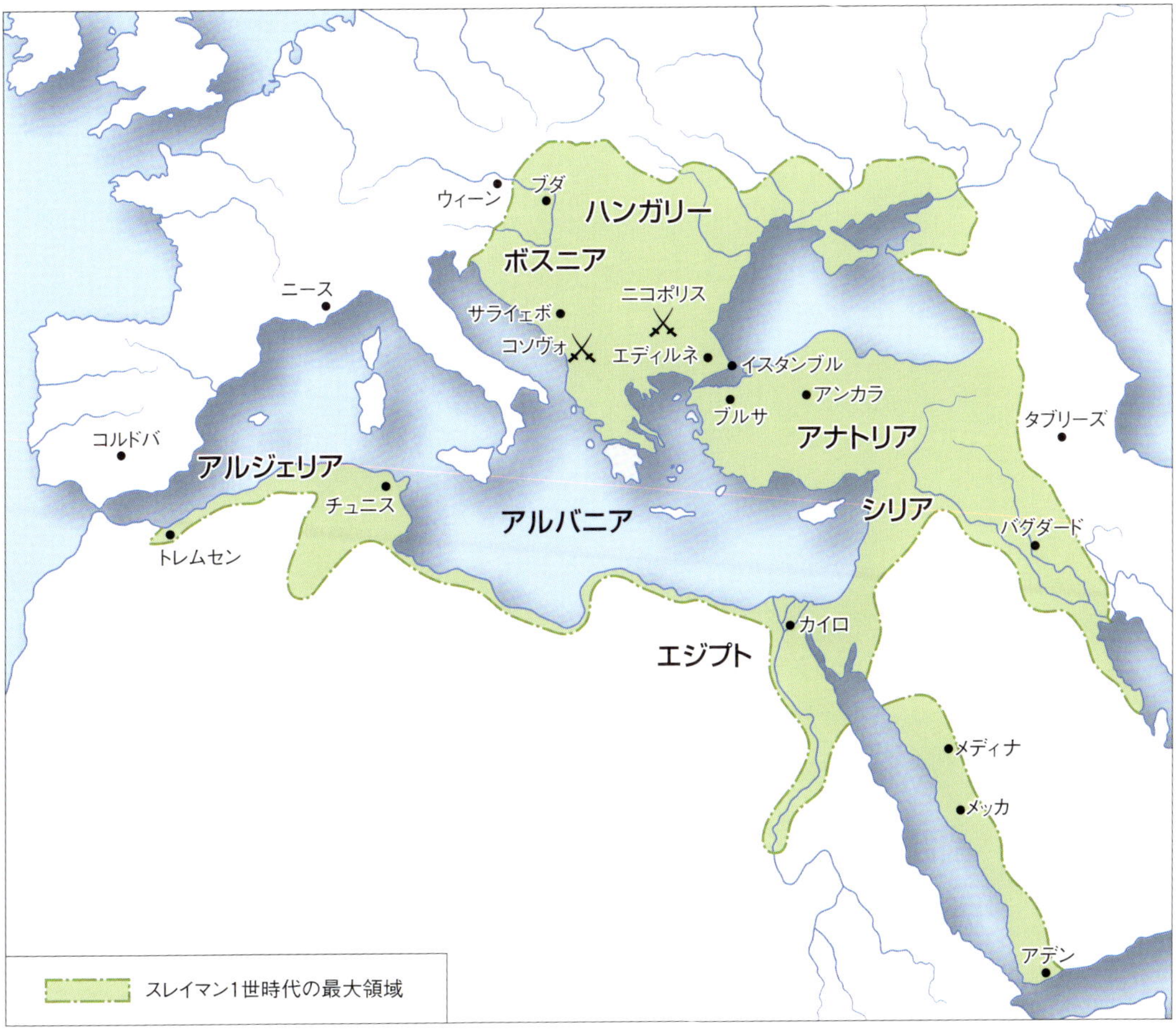

▲オスマン朝の支配領域

派の学説を基準とするようになったことである。シェイヒュル・イスラームも同派から任命されたが、カーディーは他の法学派からも任命された。事案によってはハナフィー学派の学説のみが適用された。過去にもエジプトにおけるシャーフィイー学派やマグリブ、アンダルスにおけるマーリク学派のように、国家による特定の法学派の庇護は見られたが、それはあくまで四大法学派体制の枠内でのことだった。

公式法学派たるハナフィー学派を最もよく代弁するのが、オスマン朝史上最も著名なシェイヒュル・イスラームといえるエビュッスウード（一五七四年没）である。彼は帝国絶頂期の二代のスルタンに仕え、特に「立法者」（カーヌーニー）と号されたほど様々な法を制定したスレイマン一世（在位一五二〇〜六六年）の片腕として、ハナフィー学派の学説に国家・社会の要請に応じた革新をもたらした。その代表的な例が現金ワクフの合法化である。ワクフとはイスラム法上の寄進を指し、人が財産の所有権を放棄して自ら選任した管財人に委ね、一定の慈善目的のためその収益を運用させる制度である。原則としてこの財産は、神への寄進が永続的であるべきとの観点から、耐久性があり、安定した賃貸収入が見込める不動産に限定される。現金は動産であるだけでなく、その収益とは利息にほかならないが、利息はイスラム法が禁じるリバー（不当利得）に含まれる。だが、エビュッスウードはこうした融資手段が社会的に必要とされ、現に慣行化していることを根拠に合法とするファトワーを発している。

⊙制定法からイスラム法へ ❖

その後、「立法者」スレイマン一世は現金ワクフを許可する勅令を発したが、これは制定法によるイスラム法の尊重・遵守の例というより、「なりすまし」によるイスラム法の地位簒奪の例といえる。

制定法はイスラム法になりすますだけでなく、その積極的な改変も試みた。例えば、出訴期間（訴えの利益ある者がこれを過ぎると訴権を失う期間）については、ハナフィー学派では三〇年から三四年といった比較的長期とする学説が唱えられていたが、スレイマン一世は、相続やワクフに関する訴えを除いてはこれを一五年間に制限する勅令を発した。エビュッスウードもこの勅令を根拠とする同趣旨のファトワーを発行し、法学書でも一五年の出訴期間が明記されるようになった結果、いつしかこの規定はイスラム法に昇華した。事実、エジプトやシリアといったオスマン朝の後継アラブ諸国の一部の現行民法典は債権の消滅時効を一五年と定め、その根拠を「イスラム法」の出訴期間に求めている。

▶エビュッスウード。約三〇年（一五四五～七四年）にわたりシェイヒュル・イスラームを勤め、数々の重要なファトワーを発した。

⊙イスラム法の統一と「オスマン民法典」❖

公定法学派制度によりイスラム法は四種類から一種類となり、かつウラマーの最高権威国家たるシェイヒュル・イスラームのファトワーは、他のムフティーによるそれとは異なる判断を事実上排除した。さらに、ハナフィー学派の学説の中でも通説と認められるような権威ある学説のみの適用が義務づけられたことは、オスマン朝におけるイスラム法の相対的な統一を促した。

カーディーやムフティーが自己の学派の通説に従うべきであるとの主張自体は新しくはなく、遅くとも一二～一三世紀からイスラム法学で顕著となり、各法学派でそうした学説の典拠となる法学書が絞られ、繰り返し注釈されるようになっていた。すでにマムルーク朝期のカーディーの任命書には所属学派の通説の適用義務が明記されており、オスマン朝はこれを踏襲し徹底化した。

こうした形でのイスラム法の統一の一つの到達点を示すのが、「オスマン民法典」にあたる通称『メジェッレ（集成）』（全一六編一八五一条）こと『裁判所規則集成』（一八六九～七六年）である。その制定は、タンズィマート（恩恵改革）と呼ばれる近代化政策（一八三九～七六年）の一環をなす法改革の結果である。その背景には、オスマン朝の衰退に乗じて自国民に有利な仕組みを求める西欧列強の圧力もあった。主としてフランス法に倣った商法典（一八五〇年）や刑法典（一八五八年）等が次々に導入され、その適用のため商事裁判所や民事・刑事事件に関するニザーミーイェ（制定法）裁判所が新設された。だが民法典については、時の法務大臣ジェヴデト（一八九五年没）が政府内のフランス法支持派を押し切り、ハナフィー学派法に基づく編纂

◀スレイマニイェ図書館。スレイマン一世により建立されたスレイマニイェ・大モスクに併設され、アラビア語、ペルシア語、オスマン語の写本約六万七〇〇〇点のコレクションを誇る（イスタンブル、筆者撮影）。

▲ムハンマド・カドリー。カドリー・パシャの名で知られる。近代教育の最初の拠点となった外国語学校で学び、通訳官を経て混合裁判所裁判官、法相、教育相等を歴任した。

▲ジェヴデト。イルミイェのキャリアから行政官に転じ、法相、教育相、ワクフ相、内相、商・農相を歴任する中でオスマン朝の近代化に重要な役割を果たした。

を実現させた。第一次大戦の結果、オスマン朝が消滅してトルコ共和国が成立すると、『メジェッレ』はスイス法モデルの民法典に置き換えられたが（一九二六年）、旧アラブ領においては植民地支配の下で引き続き適用され、イスラム法のマニュアルとしては今日も用いられている。

ただし民法典といっても、『メジェッレ』は主として債権・契約法を扱い、オスマン朝土地法（一八五八年）の守備範囲だった物権法や、シャリーア裁判所の下でイスラム法に服していた家族法を含まない。また、条文の多くは法学書を引き写したように冗長で整理されていない。さらに「序編」の「一般原則」（第二条〜第一〇〇条）は、イスラム法学におけるその関連分野の中で法諺化された準則を集めたもので、近代民法典の総則とは趣を異にする。例えば、第二条「行為は、その意図に従う」は、預言者ムハンマドに帰される同趣旨の伝承を通じて四大法学派に共有され、法律行為に対する不法な意図の影響等に関する議論でよく引き合いに出された。

⊙エジプトのイスラム法典 ❖

ほぼ同時期にムハンマド・アリー朝（一八〇五〜一九五三年）としてオスマン朝から半ば独立していたエジプトでも、類似のイスラム法典が現れた。一八七〇年代における法の近代化の中、民事・商事事件について外国人を当事者に含む混合裁判所とエジプト人を管轄する国民裁判所が設置され、各裁判所の諸法が主としてフランス法に基づき制定されたが、国民裁判所民法典については、時の法務大臣ムハンマド・カドリー（一八八八年没）により当初イスラム法に基づく草案が起草された。この草案は結局陽の目を見なかったが、『迷える者の手引き』（ムルシド・アル＝ハイラーン）の名で彼の死後出版され、ハナフィー学派債権・契約法の手引きとして普及した。同書はその構成の上でフランス民法典の影響が顕著であり、条文も簡潔である。なお、カドリーはハナフィー学派に基づく家族法典（通称「カドリー・パシャ法典」。パシャはオスマン朝で高官に与えられた称号で、エジプトでも用いられた）とワクフ法典の試案も著しており、前者は特に有名である。

　その後のイギリス支配（一九一四〜二二年）からエジプト王国（一九二二〜五三年）が独立し、完全主権の回復（一九三六年）後、混合裁判所の廃止（一九四九年）と共に国民裁判所による新たな諸法の適用が始まる。中で多くのアラブ諸国の民法典に影響を与えた現行エジプト民法典においてはイスラム法に基づく規定は僅かであるが、これらは概ね『メジェッレ』や『迷える者の手引き』を典拠としている。

⊙イスラム立法の意味 ❖

『メジェッレ』に話を戻そう。重要なことに、同法典はハナフィー学派の通説に捉われず、時代の要請に適した学説を選択する方針で編纂された。この方法は今日では文字通り「選択」を意味するタハイユルの名で知られる。一般にある国が「イスラム法の導入」や「法のイスラム化」を始めたといった表現がなされる場合、それはこのように特定の基準で選択した学説を条文化した法律を制定することを意味する。その際、選択の範囲を一つの法学派に絞ることも、複数の学派に広げることもある。また、一つの条文の中で異なる学派の学説を組み合わせること（タルフィーク）もある。

　こうした法律はイスラム法の一部しか反映しておらず、学説の取捨選択と切り貼りにより、イスラム法を素材としつつも実質的に新しい規定を創り上げている。さらに、女性の地位改善のようにイスラム法の枠内では達成困難な立法目的がある場合には、イスラム法によらない規定によって修正を図ることも珍しくない。『メジェッレ』はイスラム法学の一つの到達点であると同時に、近代的なイスラム立法の出発点でもあるといえる。

3 「イスラム復興」とイスラム法

⊙エジプト憲法のシャリーア法源条項 ❖

オスマン朝の旧領を含む中東のほとんどは、一九世紀から二〇世紀前半を通じて西欧列強の植民地となり、第二次大戦の前後を通じて国民国家として独立する。これらの国家が制定する法律の多くは西洋的であり、『メジェッレ』のようにイスラム法を主たる法源とする法律はムスリム家族法に限定されるようになった。だが、とりわけ一九七〇年代以降、ムスリム社会の様々な領域でイスラム的価値観が拠り所とされる傾向（しばしば「イスラム復興」と呼ばれる）が顕著となると、国家は反体制的なイスラム主義者を弾圧するだけでなく、彼らへの対抗上、自らもイスラム教を武器とするようになる。そのことは、しばしば憲法でイスラム教を国教と定め、またはイスラム法を立法の源とすることで表明される。

　エジプトはアラブ諸国の中でその良い

先例となった。一九五二年共和革命の指導者の一人で第二代大統領となったナセル（在任一九五六〜七〇年）は、東西冷戦におけるアラブ諸国の「第三の道」としてのアラブ・ナショナリズムを牽引する一方、旧体制と同様に、イスラム系社会運動組織のムスリム同胞団（一九二八年創設）を弾圧した。しかし、第三次中東戦争（一九六七年）におけるアラブ諸国の「共通の敵」イスラエルに対する大敗により、アラブ・ナショナリズムの権威は失墜した。一般にこの敗北が「イスラム復興」の大きな要因となったとされる。

急逝したナセルの後継者となったサーダート（在任一九七〇〜八一年）はこの空気を読んで利用を図り、ムスリム同胞団に対して宥和策を取ったただけでなく、一九七一年には憲法を改正し、新たに「イスラム法の諸原則」を立法の「一つの法源」と定めた（第二条）。一九八一年にはさらに一歩進んで、これを「唯一の法源」とする趣旨の改正がなされた。その間には、欧米諸国には歓迎されたキャンプ・デーヴィッド合意（一九七八年）によるイスラエルとの国交回復や、後述のムスリム家族法

▲サンフーリー（1971年没）。現行エジプト民法典の主要な起草者であると共に、「サンフーリー法典」として知られるシリア、イラク、リビア王国の民法典およびクウェート商法典の編纂に関わった。

▼エジプト高等裁判所（カイロ、筆者撮影）。

改革をめぐる大論争があり、イスラム主義との場当たり的な蜜月はすでに破綻しており、サーダートはイスラムの大義が自分の側にあることを示そうとしたのだろう。しかし彼は結局、イスラム過激派の凶弾に倒れた。

続くムバーラク（在任一九八一～二〇一一年）政権下でムスリム同胞団が民主化運動の中心勢力となり、二〇一一年革命後にムルシー政権が発足すると、第二条にいう「イスラム法の諸原則」がコーランやスンナの明文および四大法学派が認める法源および学説を指すとする第二一九条を加えた二〇一二年新憲法が制定されたが、二〇一三年七月の軍事クーデターにより短命に終わった。現行憲法（二〇一四年）からは第二一九条は削除されたが、第二条は維持されている。もっとも、現政権が法のイスラム化を推進する気配はない。

⊙イスラム刑法の復活

他方で一九七〇～九〇年代には、より「イスラム化」インパクトを狙った政策として、中東の内外でイスラム刑法（ハッド刑、同害報復刑および裁量刑。一〇五ページ参照）の導入がみられた。一九六九年共和革命によるカダフィー体制下のリビヤ、イラン・イスラム革命（一九七九年）後のイラン、ズィヤーウル・ハック政権（一九七七～八八年）のパキスタンはその顕著な例である。リビヤやイランでは、今日の「イスラム国」（ＩＳ）におけると同様、イスラム刑法は恐怖政治や人権侵害の手段となった。リビヤでは二〇一一年内戦によりカダフィー体制は終焉したが、新憲法草案第八条（二〇一四年公開）は憲法宣言第一条に従ってシャリーアを立法の源と定めており、イスラム刑法の行く末も注目される。イランでは二〇一三年、旧刑法典（一九九一年）を大幅に改正した刑法典が制定され、そこではイスラム法学における刑罰謙抑の原則が明記されているが（第一二〇、一二一条）、効果のほどは定かでない。これに対し、建国以来イスラム主義と世俗主義の対立による政治的混乱が続いたパキスタンでは、イスラム刑法は方便的なイスラム化の象徴であり、少なくとも投石刑や切断刑の執行例はまだない。

二〇〇〇年代に入り、イスラム刑法の導入は再び活発化の兆しを見せている。その筆頭を飾るナイジェリア北部一二州（二〇〇〇～〇二年）やインドネシアのアチェ州（二〇〇一年・一〇六ページ参照）は、一国の中でもイスラム教徒多住地域のみでイスラム刑法が施行されるようになった例である。東南アジアではこの他にもブルネイがイスラム刑法を導入し（二〇一四年）、マレーシアは導入をめぐる国民的議論の渦中にある。これらの例も「イスラム化」と一括りにするのでなく、その背景、目的および結果を個別に考察する必要がある。

⊙正真正銘のイスラム国家？

イスラム刑法を適用しているその他の国としては、「イスラム復興」に先立つ一九三二年、ワッハーブ派に基づくイスラム国家として建国されたサウディアラビアがある。ワッハーブ派とはナジュド出身のウラマー、ムハンマド・イブン・アブドゥルワッハーブ（一七九一年没）を祖とするスンナ派の保守的なセクトである。同国の実質的な憲法にあたる統治基本法は、イスラム法を国法と定めている（第二三条）。もっとも、オスマン朝がハナフィー学派を公式法学派としたように、同国はハンバル学派の学説によりイスラム法の統一を図っている。また、統治基本法は伝統的なイスラム法学と同様、制定法の並存を認める（第四八条）。事実、産油国サウディアラビアでは商法典や経済・金融法および行政法の体系がイスラム法を凌駕している。つまり同国の国法がイスラム法である言えば語弊があり、イスラム刑法の適用も法制上当然と

▶イランの裁判所。建物右上にイラン・イスラム革命指導者ホメイニー（一九八九年没）の肖像がある（テヘラン、筆者撮影）。

▲キャンプ・デーヴィッド合意。左からサーダート大統領、カーター米大統領、ベギン・イスラエル首相（写真提供・PPS通信社）

いうわけではなく、国家の選択の問題ということになる。

　前近代においてもイスラム法の領域と存在形式は国家との関わりの中で規定されてきたが、現代においてはイスラム法のいずれの部分をいかなる形で「復活」させるかについて、国家はかつて以上に広い広い選択権を持っているといえるだろう。

第七章　サラフ主義と「イスラム国」

西野正巳

1　二つの異なるサラフ主義

⊙サラフ＝先祖

　サラフは先達を意味するアラビア語であり、サラフ主義は語義的には、「良き先達（サラフ・サーリフ）を模範とする思想」という意味である。良き先達とは、具体的には、預言者ムハンマドと直接会ったことのあるイスラム教徒（教友〈サハーバ〉）、つまり第一世代と、その子供である第二世代、そしてさらにその子供である第三世代の、計三世代のイスラム教徒を指す。預言者ムハンマドの宣教開始は六一〇年頃で、第三世代の大半は八一〇年までに死去した。つまりサラフ主義は、七～八世紀の初期世代を模範とし、その時代の純粋なイスラム教を理想とみなす思想である。なお、イスラム教は、最初期を頂点として、その後、時代が下るほど世の中は悪くなるという歴史観（下降史観）を持つので、サラフ主義はそれに合致する。

⊙二つの異なるサラフ主義

　サラフ主義（サラフィー主義）と呼ばれる思想潮流は、実は二つ存在する。どちらもサラフ主義と呼ばれるので、両者の混同がしばしば生じる。

　サラフ主義は先達を理想視する思想だが、何を先達の特徴とみなすかによって、その思想の内実は変わる。一方は進取の精神による近代化を、他方は宗教的伝統の固守を先達の特徴と考えた。それゆえ、これら二つのサラフ主義は異なる思想潮流に属する。

　そのうちの一つは、エジプトやオスマン朝など中東イスラム圏がヨーロッパ列強の脅威に直面した一九世紀後半から二〇世紀前半の時期に、このままではイスラム圏が支配されるとの危機感を抱き、西洋近代に対抗すべくイスラム教徒に改革を呼びかけた思想家たちの思想潮流を指す。その代表例が、ジャマールッディーン・アフガーニー（一八三八／九～九七年）、その弟子ムハンマド・アブドゥ（一八四九～一九〇五年）、そしてアブドゥの弟子たちである。アブドゥらは、先進的で強力な西洋近代に対抗するためには、イスラム教徒も知的に強くなる必要があり、そのためには西洋近代文明を学ぶ必要があると考えた。だからこそ、彼らは、科学技術や法律などの実学に加えて、西洋近代文明の根幹である哲学など思想をも学ぶべきであり、その手段として外国語をも学習すべきと提唱し、かつ実践した。

　たとえば、エジプト人のアブドゥは一八八四年のパリ滞在時にはフランス語を学ばなかったが、一八九〇年代にフランス法の知識を得る目的で、大デュマ（一八〇二～七〇年）の小説を教材にフランス語を学習した。以降も彼は夏休みにフランスやスイスを訪れて仏語を学習した。彼は祖国エジプトの近代化に尽力したが、その手段は、現実には、西洋近代の諸制度の導入であり、他方、理念的には、原初的なイスラム教への回帰だった。

たとえば、アブドゥは、西洋を見倣って女性の教育を受ける権利の拡大を目指す際、「イスラム教は男女に平等の権利を与えている（のに、イスラム教徒はそれを正しく実践せず、女性を抑圧している）」と主張した。つまり彼は、「初期世代はイスラム教を正しく実践したが、時代が下り、歪んだ実践が生まれた」との認識に基づき、初期状態への回帰を求めており、ゆえにこれは先達を模範とみなす思想としてサラフ主義と呼ばれる。そしてその内実は、西洋を見倣った近代化によりイスラム圏の発展を目指す思想である。

ただし、原初的なイスラム教と西洋近代は矛盾せず、両者は調和するとアブドゥは考えていたが、彼の弟子世代の思想ではこの調和が崩れて、弟子たちは、イスラム教を軽視して一層の西洋近代化を目指す者たちと、イスラム教を重視して西洋近代化の行き過ぎに反対する者たちの二派に分裂した。

シリア人ラシード・リダー（一八六五〜一九三五年）が代表例である後者は、イスラム主義の源流ともみなせる人々であり、西洋を見倣った近代化により発展を目指す思想潮流には属さない。しかし、リダーはアブドゥの弟子であるので、このサラフ主義の思想潮流の中に位置付けられる。他方、一層の西洋近代化を目指す者たちに属するアブドゥの弟子には、原初的なイスラム教への回帰という主張を実質的に捨てた者もいるが、彼らもアブドゥの弟子であるゆえに、サラフ主義の思想潮流の中に位置付けられる。

つまり、アブドゥ後の分裂にまで目を

▲ジャマールッディーン・アフガーニー。名前が示すように、本人はアフガニスタン人を自称した。本当はイラン人であり、シーア派であることを隠してスンナ派を装うためにアフガニスタン人を名乗ったとされる（写真提供・PPS通信社）。

▼ムハンマド・アブドゥ。サラフ主義を代表する思想家として、多数の弟子を育成（写真提供・PPS通信社）。

配れば、このサラフ主義は、「一九世紀後半に誕生し、二〇世紀前半まで続いた思想家中心のエリート主義的な思想運動。西洋を見倣った近代化によりイスラム圏の発展を目指す思想だったが、代表的思想家だったアブドゥの後継世代で思想的一体性を喪失した」と総括できる（ただし、アブドゥの弟子たちのうち、リダーらのみをサラフ主義者とみなし、一層の西洋近代化を目指す者たちを、サラフ主義者とみなさない見解も存在する）。なお、アブドゥの師アフガーニーは、西洋に対抗する上でイスラム教徒のグローバルな連帯を呼びかけたので、汎イスラム主義の祖とも位置付けられている。

2 ワッハーブ派

⊙定義

一方、本章の主題であるもう一つのサラフ主義は、「コーランとハディースを規範およびその典拠として固守する」思想である。コーランは、預言者ムハンマドが伝えた神の言葉を直弟子たる第一世代が編纂し、ハディース（預言者の言行の記録）は、同じく第一世代が後世に伝えた。つまり、第一世代は、コーランを直接聞き、また、預言者の言行に接しているので、コーランとハディースに基づくイスラム教を固守した、そして、第一世代から学んだ第二世代や第三世代も、これを固守したと信じられている。このような初期世代の先達（サラフ）が実践した原初的なイスラム教への回帰を目指すのが、サラフ主義である。

八世紀にアラビア半島で誕生したワッハーブ派が、このサラフ主義を代表する。

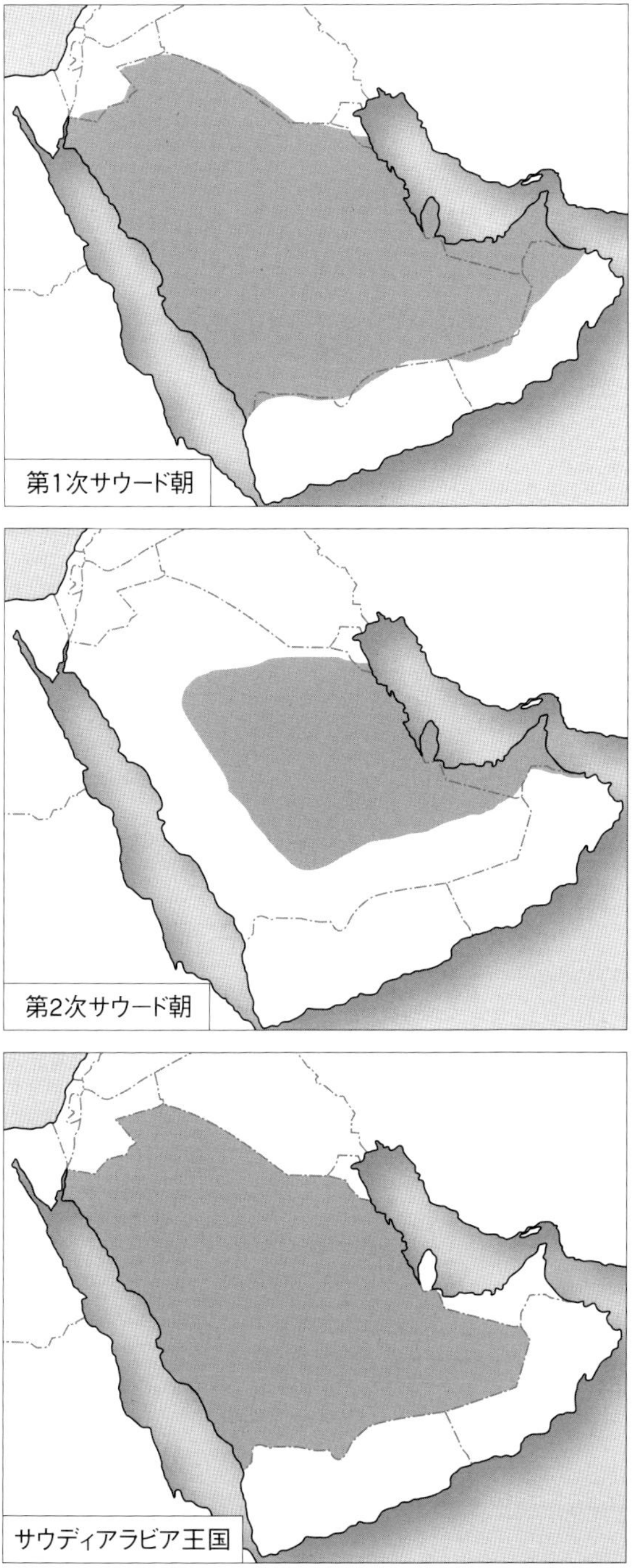

▲上から第1次サウード朝、第2次サウード朝、（現在の）サウディアラビア王国それぞれの領土を示した地図。

ただし、初期のイスラム法学者イブン・ハンバル（七八〇～八五五年）やイブン・タイミーヤ（一二五八～一三二八年）はサラフ主義の先駆者とされるので、その意味ではサラフ主義はもっと以前から存在した。なお今日では、サラフ主義は実質的に、ワッハーブ派と、同派から影響を受けた諸グループから構成される。同派は、イスラム教スンナ派内の一派であり、ムハンマド・イブン・アブドゥルワッハーブ（一七〇三～九一年）が創始したので、彼の名前からワッハーブ派と呼ばれる。

⊙歴史

原初的なイスラム教への回帰を目指すイブン・アブドゥルワッハーブは一七四四～四五年、アラビア半島内陸部のナジュド地方の豪族ムハンマド・イブン・サウード（一六八七～一七六五年）と同盟を結んだ。これによって、以後イブン・アブドゥルワッハーブおよび彼の子孫（＝シャイフ家）が宗教を担い、イブン・サウード及び彼の子孫（＝サウード家）が君主として政治を担う分業体制が成立した。

　イブン・サウードはワッハーブ派の国である第一次サウード朝を建国して領土拡大戦争を行い、同国は一九世紀初頭には聖地メッカとメディナを含む半島の大半を支配した。しかし、オスマン帝国がエジプトからムハンマド・アリー（一七六九～一八四九年）の軍を派遣し、これに敗れた同国は一八一八年に滅亡した。その後、サウード家により第二次サウード朝が建国され、同国は半島内陸部及び東部を領土としたが、内紛で弱体化して一八九一年に滅亡した。その後、同家のアブドゥルアズィーズは一九〇二年のリヤード奪回を皮切りに領土拡大戦争を開始し、メッカとメディナを含む半島の大半を征服し、一九三二年にサウディアラビア王国を建国した。

▶サウディアラビア警察によるむち打ち刑の模様。この刑罰は、ワッハーブ派の教義に基づくハッド刑の一つであるとみられる（写真・Fred Peer／Camera Press／アフロ）。

⊙ビドア批判

ワッハーブ派は自らの領土や、戦争の過程で攻め込んだ土地で、同派の教義を広めた。その際には、教義の受容を強制することもあったとされる。以下、同派の教義の特徴を記す。

　同派は、七～八世紀の初期世代より後の時代にイスラム圏で生じた変化を、イスラム教の原初的純粋さからの逸脱（ビドア）とみなし、その除去を目指す。ビドアの概念は同派に特有ではなく、イスラム教徒が広く用いてきた。だが同派は、ビドア敵視が非常に強い上、ビドアとみなす範囲が広い。

　歴史的には、イスラム教が地理的に拡大する過程で、各地の土着の宗教や文化がイスラム教と融合した事例は多い。このような外来文化の影響を含む、中世以降に生じた変化すべてを同派はビドアとみなす。

⊙聖者崇拝批判

スーフィー教団の高名な修行者たちが聖者になったと信じられた結果、一部のイスラム教徒は彼らの墓（聖者廟）に参詣して願い事をしていた。このような聖者崇拝や聖者廟参詣は、初期世代の時代にはない、中世に誕生した風習である（第五章参照）。これは神以外の存在を崇拝する行為なので、神の唯一性（タウヒード）に反しており、多神崇拝（シルク）の大罪に該当すると、同派は考える。故に同派は、これをビドアとみなし厳禁する。

同派は、墓廟や墓の存在自体が、墓の参詣や聖者崇拝を生み出す元凶と考えたので、聖者廟に限らず既存の墓を徹底的に破壊した。破壊の対象は預言者ムハンマド一族にも及び、同派は一八〇一年にイラクのカルバラーに攻め込んだ際、預言者の孫フサインの墓廟を破壊した。フサインは第三代イマームとしてシーア派の間で尊敬されているので、破壊は同派のワッハーブ派への憎悪を生んだ。ワッハーブ派の国であるサウディアラビアでは立派な墓の建設は禁止されており、国王も墓石のない簡素な墓地に埋葬される。なお、聖者崇拝の風習はスーフィズムから生まれたが、ワッハーブ派はスーフィズム自体をビドアとみなし敵視する。

⊙近代科学技術批判

ワッハーブ派の一部は近代科学技術をビドアとみなし拒絶してきた。たとえば、一九六〇年代前半時点では同派の多くはテレビに反対しており、一九六五年にサウディアラビア初のテレビ放送がファイサル国王の下で開始された際、甥のハーリド王子ら反対派が抗議を行い、同王子は警察の銃撃で死亡した。一九七五年に同王子の弟が国王を暗殺したが、これは仇討ちの可能性がある。なお、現在はワッハーブ派の間でテレビやインターネットなど科学技術に対する反対意見はほぼ存在せず、これらは活発に利用されている。

◀サウディアラビアの宗教警察（写真・ロイター／アフロ）

⊙法学派批判

ワッハーブ派はコーランとハディースを、法規定およびその典拠として固守する。同派はこれらの聖典を、解釈を要さない、文言の意味が自明なものとみなして、聖典の人為的な解釈を抑制する。聖典を読めば明瞭で単一の真実が確実に見つかり、人間による多様な解釈などあり得ず、あるとすれば、それはビドアというのが、同派の基本的立場である。

この文脈で、同派は論理（学）や理性主義を批判する。論理や理性的思索は人間の営為であり、それは我欲や煩悩と不可分であるため、誤りをもたらすと同派は考える。

つまり、同派は、聖典から人間が演繹（解釈）を行って法規定を導出する営為には消極的である。それゆえ、理念的には、同派は四大法学派に否定的態度を取

▶ムハンマド・ナースィルッディーン・アルバーニー。名前が示すように、東欧のアルバニア出身。ただし、子供の頃に家族でダマスカスに移住したので国籍はシリア。

り、その学問的成果への追従（タクリード）を拒む。

なお四大法学派は初期世代の時代に存在しなかったので、ワッハーブ派はこれらをビドアとみなしており、その点でも四大法学派を批判する。ただし、ワッハーブ派の四大法学派批判は理念レベルのものであり、実際には、同派は四大法学派の一つハンバル法学派の法規定に従っている。この点について、ワッハーブ派はムハンマド・ナースィルッディーン・アルバーニー（一九一四〜九九年）から批判を浴びた。

⊙ハディース重視とアルバーニー❖

▲アブドゥルアズィーズ・ビン・バーズ。サウディアラビアの最高法官にはシャイフ家出身者が就くことが多いが、同家出身ではないビン・バーズは1993年から99年の死去まで最高法官を務めた。

法解釈を否定し、聖典の文言を重視するワッハーブ派は、結果的に、ハディースを重視する。ハディースは、預言者の言行の記録であるので、イスラム教徒としてどう行動すべきかを知るための典拠となっている。

一方、ハディースは預言者死去から書物（ハディース集）として編纂されるまでに概ね二世紀以上過ぎていたため、その間に偽ハディースが多数ねつ造された。初期のハディース学者は、偽物を排除し本物のみを選別してハディース集を編纂したとされる。だが、実際には、権威あるハディース集に偽物が混入しているかもしれない。その場合、聖典の文言ではないものを聖典と誤認して、イスラム教徒が見倣う事態が生じる。この問題意識に立ち、ハディース集の内容の真贋を再検討した現代のハディース学者がアルバーニーである。

彼の一著作『「ナサーイーのスナンの書」の、脆弱なもの』は、タイトルが示す通り、スンナ派の六大ハディース集の一つであるナサーイーのハディース集を分析し、同書に収録されている一般には本物と信じられてきた膨大なハディースを、本物（真正）と本物か疑わしいもの

(脆弱)に分類した上で、疑わしいもの(脆弱)をまとめて提示したものである。彼は他のハディース集に対しても同様に真贋を再検討した。それによって、アルバーニーは、従来、本物であると信じられてきたハディースの中で、本当に本物であり典拠としてよいものはどれなのかを明らかにした。彼はサウディアラビアに招かれて一九六〇年代にメディナのイスラム大学で教鞭を取り、ワッハーブ派に大きな影響を与えた。なお、彼自身は、同派を批判したこともあり、同派に属さないサラフ主義者とみなされている。

⊙異教徒や他宗派への敵対的姿勢 ❖

ワッハーブ派は非イスラム教徒や、同派（の属するスンナ派）以外のイスラム教徒に対して敵対的姿勢を取る。これは宗派差別主義であり、また、(国境線に基づくものではないが）一種の排外主義と言える。例えば、サウディアラビアの最高法官を務めたワッハーブ派の重鎮アブドゥルアズィーズ・ビン・バーズ（一九一二〜九九年）はイスラム教徒に、非イスラム教徒と挨拶を交わさぬよう求めた。また、別の同派の学者は、非イスラム教徒の国に居住するイスラム教徒はイスラム圏に移住すべきと主張した。なお、彼らがここで用いた「イスラム教徒」の語は、ワッハーブ派を含むスンナ派を指す。

ワッハーブ派はシーア派を敵視し、自分たちと同じイスラム教徒とは認めていない。同派の創設者イブン・アブドゥルワッハーブはシーア派をラワーフィド派（〈アブー・バクルら教友を〉拒絶する派）と呼び非難した。シーア派はアリーを除く三人の正統カリフを認めないので、三人と行動を共にした初期世代が伝承したハディースを認めない。その結果、シーア派はスンナ派とは別のハディース集を編纂し、それを典拠としている。ワッハーブ派のシーア派敵視の背景には、教義やその根幹となる聖典をめぐる対立がある。

なお、ワッハーブ派は、顎鬚を生やす、洋服ではなく伝統的な衣装を着るなど、外見でも自らと他者を明確に線引きする傾向が強い。

⊙異文化への無関心 ❖

ワッハーブ派にとり、見倣うべき文化とは初期世代の文化である。同派はそれを普遍的な模範とみなす。つまり、ワッハーブ派の人々は、一八世紀のサウディアラビアに暮らそうと、二一世紀の欧州で暮らそうと、模範となる文化は同一である。それゆえ同派は、異文化への関心や学習意欲が低い。

3 サラフ主義（非ワッハーブ派）の三類型

⊙三類型 ❖

ワッハーブ派に代表されるサラフ主義は一枚岩ではなく、内部には多様性が存在する。クウィントン・ウィクトロウィッツらによると、二〇世紀以降のサラフ主義（非ワッハーブ派）は、①純粋主義（非政治志向型）、②政治志向型、③ジハード志向型（ジハード主義）、の三類型に分類される。時系列的には、最初に①が、その後②、③が登場した。この三つの相違は、政治的姿勢に起因しており、①は政治に不関与、②は政治に関与、③は政治に暴力的に関与する立場を取る。なお、この三類型を①主流派、②改革主義派、③拒絶主義派、と呼ぶ研究者もいる。

⊙純粋主義 ❖

宣教と教育に重点を置き、他方、政治には関与しない非政治志向型のサラフ主義がこれに該当する。社会にサラフ主義を広める宣教活動と、コーランやハディースの教育が、このグループの関心事と

▶サファル・ハワーリー。一九九九年の釈放後は、以前に比べ穏健化したとされる。

なる。サウディアラビアでこのグループは長年、体制派として最高法官や大学教授など、イスラム法や教育の分野の要職を占めてきた。具体的にはシャイフ家、アルバーニー、ビン・バーズらがこのグループに属する。三類型の内、現状批判から誕生した②、③を改革派とみなすのであれば、最初から存在するこの①は伝統主義派や保守派となろう。

⊙政治志向型

一九六〇年代以降、エジプトからムスリム同胞団メンバーが多数、サウディアラビアに流入してきた。当時、エジプトとサウディアラビアはライバル関係にあったので、エジプトの反体制派である同胞団メンバーを、サウディアラビアが招いたのである。彼らが大学で教職に就き、その政治志向の強いイスラム主義を広めた結果、影響を受けたサウディアラビアの若者らが、政治志向型サラフ主義者になった。

「イスラム教徒が政治に関与しない場合、不正な統治者がイスラム教の純粋さを汚す恐れがある。それ故、政治に関与すべき」との立場を取るこのグループの代表例は、サファル・ハワーリー（一九五〇年〜）やサルマーン・アウダ（一九五六年〜）である。ハワーリーがメッカのウンム・アル＝クラー大学で学んだ時の指導教官は、同胞団を代表するエジプト人イスラム主義思想家サイイド・クトゥブ（一九〇六〜六六年）の弟ムハンマド・クトゥブ（一九一九〜二〇一四年）である。この師弟関係が示すように、政治志向型サラフ主義は、伝統的サラフ主義である純粋主義にイスラム主義が融合した産物である。

政治志向型サラフ主義は、純粋主義の政治への不関与に対する批判から誕生した。一部の政治志向型サラフ主義者は純粋主義者を生理（月経）の学者、トイレの作法の学者と呼び侮辱した。これは、

▶サルマーン・アウダ。一九九九年の釈放後は、以前に比べ穏健化したとされる。近年はツイッターなどインターネットを積極活用している。二〇一七年に再び逮捕された。

純粋主義者が日常生活におけるコーランとハディースの教えの遵守にこだわる一方、政治や国際情勢に無関心なことを批判したものだが、純粋主義の特徴をよく示す。

前述のように、サウディアラビア王家の祖先とシャイフ家の祖先が同盟を結んだ際、前者が政治、後者が宗教を担う分業が成立した。二〇世紀の王国成立後には、国王の実務的でイスラム法を考慮しない経済及び外交安全保障政策を、シャイフ家を含む純粋主義者は黙認し、代わりに、イスラム法や教育の領域で権限を持つことにより、国内社会をイスラム法に即した形で統治する役割を担ってきた。

国家の実務的政策と、国内社会の宗教・文化的統制を分離して、分業体制を構築したのである。その意味で、純粋主義者の政治への不関与とは、国王の職掌への不関与に過ぎず、それ自体が極めて政治的な態度である。そして、シャイフ家の人々やビン・バーズなど純粋主義者が最高法官のポストを担ってきた事実が示すように、不関与の見返りに、純粋主義者は利益を得てきた。また、ここでの不関与とは「国王の政策に反対しない」という意味だが、実際には、純粋主義者は、反対しないどころか、国王の政策にイスラム法の見地から正当性を付与する役割を担ってきた。

▲サイイド・クトゥブ。一九六四年に代表作『道標』を発表後、一九六五年に再逮捕され、一九六六年に処刑された。

　だから、非イスラム教徒はアラビア半島に居住すべきではないとのワッハーブ派の教えがサウディアラビアでは教育されてきたにもかかわらず、一九九〇年の湾岸危機時に国王が米軍を領内に招き入れた時、ビン・バーズは国王の要請に基づき、米軍のサウディアラビア駐留を是認するファトワーを発布した。そしてこれが契機となって、政治志向型サラフ主義者は、純粋主義者の国王への盲従に対する反発を強め、両者の対立が顕在化した。政治志向型のハワーリーとアウダは駐留に反対し、その反国王的な姿勢のため、一九九四年に逮捕・投獄された（二人は一九九九年に釈放された）。

❖

⊙ジハード志向型（ジハード主義）

　政治志向型は、政治に積極関与し、政権批判に躊躇しないが、武力行使を主張・実践することはない。これに対して、政権やそれ以外の敵に対する武力行使を主張・実践するグループが、ジハード志向型のサラフ主義である。政治志向型から発展的に誕生したこのグループは、サラフ・ジハード主義（サラフィー・ジハード主義）とも呼ばれる。

　ジハード志向型は、一九八〇年代のアフガニスタンでの対ソ連戦争（ジハード）を契機に出現したとされる。その代表例は、アルカーイダ創設者のウサーマ・ビン・ラーディン（一九五七〜二〇一一年）や「イスラム国」（ＩＳ）の前身組織の創設者アブー・ムスアブ・ザルカーウィー（一九六六〜二〇〇六年）である。暴力を率先して用いるため、三類型で最も退行的な形態と見られがちだが、時系列的には、最後に誕生したものである。

▲ムハンマド・クトゥブ。兄サイイド・クトゥブと同様に一九六五年に逮捕されたが、一九七一年に釈放され、その後、エジプトを出てサウディアラビアに事実上移住。以降、執筆と教育に長年従事した。

▶アブー・ムスアブ・ザルカーウィー。「イスラム国」の前身組織「タウヒードとジハードの集団」の創設者。イラクでの活動で知られているが、ヨルダン人。日本人誘拐殺害事件にも関与したとされる。二〇〇六年に米軍に殺害された。

なお、政治志向型とジハード志向型の境界線は曖昧であり、両者は共に、同胞団の、とりわけサイイド・クトゥブのイスラム主義の影響を受けている。ジハード志向型はイスラム国家の樹立を目指すので、その点でクトゥブからの影響は一層強い。政治志向型とジハード志向型は共に純粋主義を批判し、他方、純粋主義はこれら二者が政治に過度に関心を持つ点を批判する。

なお、サラフ主義の三類型への分類は理念的なものであり、実際には単純に線引きできないものも多い。例えば、ジハード志向型は一九八〇年代に出現したとされるが、それ以前の一九七九年に反乱を起こしてメッカの聖モスクを制圧したジュハイマーン・ウタイビー（一九三六〜八〇年）は、このグループに分類されるので、同グループの先駆者とみなされるのだろう。

⊙サラフ主義（≒ワッハーブ派）のサウディアラビア国外への拡大❖

サラフ主義（≒ワッハーブ派）の信奉者は、一九七〇年代前半までは、基本的にはサウディアラビアなどアラビア半島に限定されていた。しかし、一九七三年の第一次オイルショックで原油価格が高騰し、サウディアラビアは富裕になった。以降、同国はその富を用いて、国外でワッハーブ派（の純粋主義）の宣教を活発に実施した。また、多数の非サウディアラビア人イスラム教徒がサウディアラビアに出稼ぎや留学のため長期滞在した際にワッハーブ派を受容し、彼らは出身国へ同派の教えを持ち帰った。こうして、同派に代表されるサラフ主義は、アラビア半島の外へ拡大した。

二〇一一年の「アラブの春」とその後の民主的な選挙は、サラフ主義者の増大を目に見える形で示した。エジプトでサラフ主義政党「ヌール党」が設立され、二〇一一〜一二年の人民議会選挙で第二党になったことは、その一例である。なお、同党は選挙という政治活動に関与しているが、活動の主眼は社会におけるコーランとハディースの教えの遵守であるので、上記の三類型の内、おそらく純粋主義に属する。

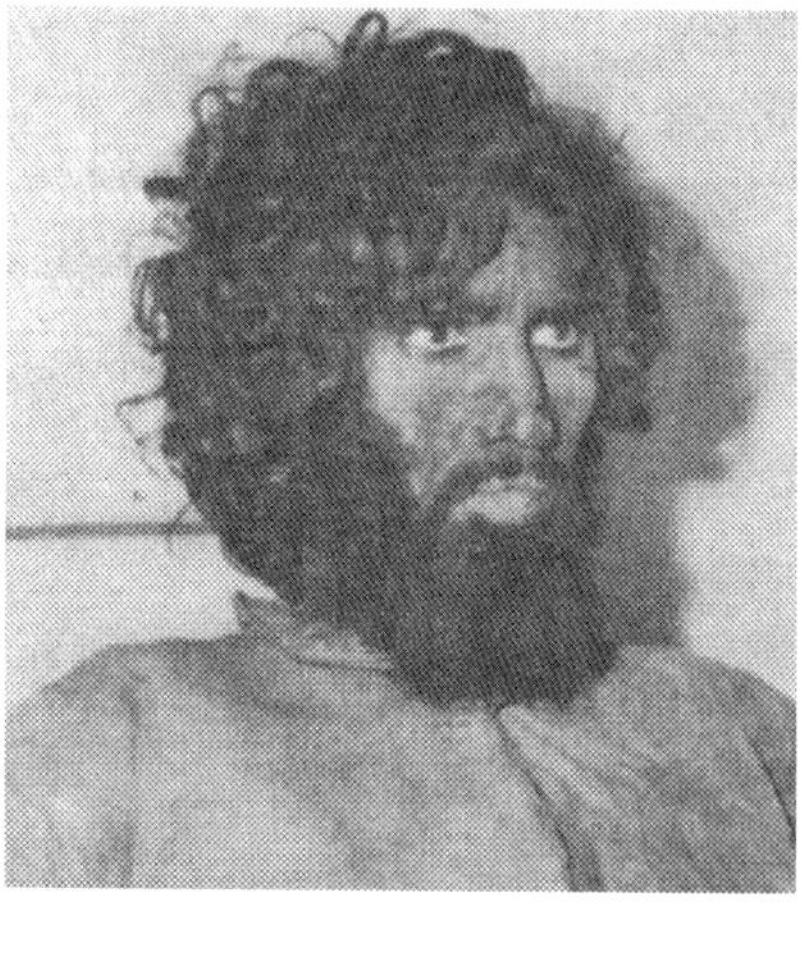

▶ジュハイマーン・ウタイビー。ヒジュラ暦の一四世紀末である一九七九年に、仲間と共にメッカの聖モスクを占拠。サウディアラビア当局はその鎮圧に際して、フランスなど外国の治安部隊の支援を受けたとされる。ウタイビーは逮捕され、一九八〇年に公開処刑された。

4 イスラム主義とサラフ主義

⊙相違点❖

イスラム主義とは、「イスラム法が実施されている国家がイスラム国家であるとの定義に基づき、イスラム国家の樹立を目指す思想」である。多くの場合、イスラム主義者は、「現存する国家はイスラム法を実施していないので、イスラム国家ではない」との現状認識を有しており、それゆえ、既存の国家の変革・打倒を目指す。これが示すように、イスラム主義は政治志向の強いイデオロギーである。一般に、イスラム主義は同胞団の思想やサイイド・クトゥブの思想とほぼ同一視されている。また、イスラム主義は、政治的イスラムとほぼ同義語である。

◀ウサーマ・ビン・ラーディン。サウディアラビア人。一九八〇年代にアフガニスタンで対ソ連ジハードに従事。一九九〇年の湾岸危機の際、米軍のサウディアラビア駐留に反発し、それが引き金となって母国と決別した。アルカーイダを設立し、二〇〇一年に9・11同時多発テロを起こした。二〇一一年にパキスタンで潜伏中、米軍に殺害された（写真提供・PPS通信社）。

　サラフ主義の三類型の内、純粋主義は、イスラム主義とは明確に異なる。純粋主義は宣教と教育を重視しつつ、政治には関与せず政権批判を慎むが、イスラム主義は政権を批判し、その打倒を図る。

　また、サラフ主義は七～八世紀の初期世代より後に起きた変化を否定的に評価するため、近代科学技術を拒んでテレビ反対運動を起こしたこともあるが、イスラム主義は、非イスラム圏からでも近代の科学技術を積極受容すべきとする。イスラム主義は、前近代のイスラム圏の学問的成果を、西洋近代文明のルーツがイスラム文明であることを示す証拠として肯定的に評価することもあるが、サラフ主義はこれを否定的に評価する。両者の内、よりハディースを重視するのはサラフ主義なので、サラフ主義者と、同胞団に属するイスラム主義者の外見を比較した場合、（ハディースに記されている預言者の容姿を見倣って）顎鬚を生やしている者の比率は、前者の方が高いであろう。サラフ主義とイスラム主義は共にイブン・タイミーヤを模範とみなすが、模範とみなす理由が異なる。サラフ主義は彼をビドア批判、理性主義批判、論理学批判の先駆者として評価し、他方、イスラム主義は、イスラム法実施要求の先駆者として評価する。

　また、イスラム主義は、イスラム圏の既存の政権の打倒や、米国など非イスラム圏の国々への攻撃を正当化する論理を、理念レベルでは、イスラム主義とジハード志向型サラフ主義は別個に有している。

　イスラム主義は、イスラム法を実施しない国家はイスラム国家ではなくジャーヒリーヤ（暗黒）国家であるとの論理に基づき、既存の政権の打倒を正当化する。そして、ジャーヒリーヤ国家を打倒するためには、それを支援する国々を弱体化させることが必要との論理に基づき、米国などへの攻撃も正当化される。一方、ジハード志向型サラフ主義は、ワラー・

ワ・バラー（忠誠と絶縁）という概念を用いる。この概念は、イスラム教徒はイスラム教徒を仲間とすべきであり、非イスラム教徒を仲間とすべきではない、というものである。これに基づくと、西側諸国と友好関係を持つサウディアラビアは、非イスラム教徒を仲間としているので、糾弾されるべき存在となる。一九七九年のウタイビーによる反乱では、この論理が用いられたとみられる。また、ジハード志向型サラフ主義は、メッカとメディナの二聖モスクの清浄さを守るためには、米軍の半島駐留を拒む必要があるとの主張により、反米・反帝国主義をサラフ主義に組み込むことに成功し、これによって、米国などへの攻撃を正当化した。

以上のように、両者間には相違点がある。❖

⊙類似点と区別の困難性

しかし、サラフ主義が政治性を帯びていくにつれて、徐々に、イスラム主義との相違が曖昧になる。その原因は、政治志向型とジハード志向型が、イスラム主義から影響を受けて生まれたものだからである。また、イスラム主義がサラフ主義によって影響される事例もあるので、それによって、両者の相違は一層曖昧になる。たとえば、シーア派敵視はサラフ主義の特徴である。しかし、一九八〇年代以降のシリアでは、シーア派国家イランの支援を受けるアサド政権がスンナ派の同胞団を弾圧したので、イスラム主義組織である同胞団（の一部）は、シーア派敵視概念を受容した。その後、サラフ主義とイスラム主義の融合は一層進み、現在はワラー・ワ・バラーの概念をもサラフ主義とイスラム主義の両方が用いる。サラフ主義（の政治志向型とジハード志向型）をイスラム主義と区別することは困難なので、サラフ主義の語は使用せず、代わりに、これらすべてをイスラム主義と呼ぶべき、と主張する研究者もいる。❖

▶アブー・ムスアブ・スーリー。多くの研究者は「イスラム国」を、スーリーの思想に影響された組織とみなす。しかし、「イスラム国」は機関誌にて、スーリーとの関係を強く否定している。スーリーは一九八〇年代にスペイン人女性と結婚してスペインの市民権を獲得しており、このことと、欧米人に見間違えられる容姿が、彼の各国への出入国を容易にした。二〇〇五年にパキスタンで逮捕されて以降の消息は不明。

⊙「イスラム国」

「アラブの春」とシリア内戦に伴う混乱に乗じて、二〇一四年、イラクとシリアにまたがって「イスラム国」が出現した。「イスラム国」は、イスラム主義組織であり、同時に、ジハード志向型サラフ主義組織である。「イスラム国」の特徴の内、シーア派敵視はサラフ主義に由来しており、「イスラム国」はそれをシーア派主

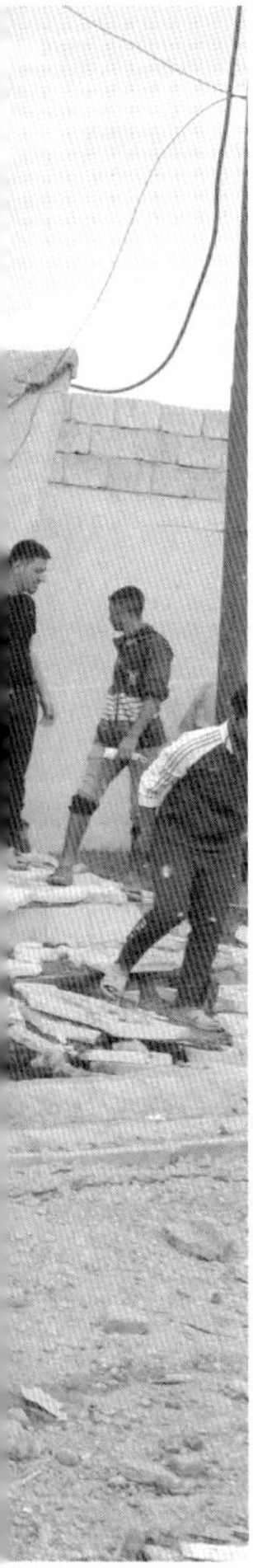

◀二〇一四年のイラク北部における、「イスラム国」によるシーア派モスクの爆破・破壊（写真提供・ロイター／アフロ）。

導のイラク政府や同派信徒に対するテロの形で実践している。一方、「イスラム国」の一特徴である過度の残虐性は、歴史的にはイスラム主義やサラフ主義の特徴ではない。ただし「イスラム国」は二〇一五年にヨルダン軍パイロットを焼殺した際、イブン・タイミーヤの著作を引用して処刑方法を正当化したので、「イスラム国」自身は、自分たちの残虐行為をサラフ主義やイスラム主義に基づくものと考えている可能性がある。

なお「イスラム国」の前身組織を創設したザルカーウィーは、イスラム主義者でありジハード志向型サラフ主義者であるが「イスラム国」に大きな影響を与えたとされるシリア出身の戦略思想家アブー・ムスアブ・スーリー（一九五八年〜）は、イスラム主義者であるが、ジハード志向型サラフ主義者と呼ばず、単にジハード主義者と呼ぶのが適切かもしれない。なぜなら、スーリーの関心事は、戦争にどうやって勝利するかを巡る現実主義的な戦略であるが、彼は原初的なイスラム教への回帰をおそらく目指していないからだ。もし、スーリーの思想がサラフ主義の理論的発展の結果、生まれたものであるのなら、今やサラフ主義の発展は、その枠をはみ出すレベルにまで達したのかもしれない。

おわりに

菊地達也

一口に「イスラム教の歴史」と言っても、それが指しうる対象は極めて広範である。歴史的に見れば一四〇〇年の積み重ねがあり、西はモロッコから東はインドネシアに至る領域、いわゆる「イスラム世界」は文化的にも言語的にも多様である。「イスラム教の歴史」が「イスラム教徒の歴史」を意味するのであれば、分量的に一冊に収まるものではなかったであろう。本書が扱うトピックは、イスラム思想文化の基層となる重要なもの七つだけであり、本書はそれらのトピックとイスラム教とそれを信じる人々の歴史がどのように関わってきたのかを叙述してきた。

各章を読んでいただければ、たとえばシーア派やスーフィズムがそれぞれの出発点から現代に至るまで大いに変化してきたことがわかるはずである。法学やサラフ主義のように一見変化に乏しそうな領域でも同様である。このことは「イスラム教の歴史」の多層性と躍動性を示唆しているとも言えるが、本書を通読した方は、時代や分野を問わない通奏低音があることにも気づくのではないだろうか。それは、個人の考えや時代状況に合わせて人間理性を駆使して宗教を解釈していこうとするベクトルと、人間に備わる理性の力を過信せずそれを超えたもの（啓示や偉大な先人の伝承）に極力依拠しようとするベクトルのせめぎ合いである。このようなせめぎ合いは哲学と神学の対立という分野間の争いに発展することもあったが、法学、神学、スーフィズムといった分野の内部における葛藤という形をとることもあった。イスラム教の歴史はこのような二つのベクトルの間の緊張を常に内包してきたのであり、それは今でも変わらない。

ＩＳを例にすると、その思想がイスラム教のすべてでないことは自明であるし、異教徒の奴隷化といった極端な政策に嫌悪感を抱いたイスラム教徒も多い。しかし、そのような主張であっても、啓典やサラフの伝承といったテクストに典拠を見出すことがしばしば可能であり、彼らの姿勢は一方のベクトルの延長上にはあるとは言える。ＩＳが脅威であるのは、彼らが非イスラム教的なことをしているからではなく、イスラム教の思想文化に一定の根拠があるように見え、少なくとも一部の人びとには説得力を持ってしまったからなのである。過激派の台頭などにより混迷からの出口が見えてこない現代イスラム世界ではあるが、編著者としては、本書を通読することにより読者がこの世界を正しく理解するための思想史的視座を得られることを祈念したい。

最後になってしまったが、七名の著者それぞれからの要望や主張にその都度丁寧に対応してくださり企画や方向性についても的確なアドバイスをくださった河出書房新社の渡辺史絵さん、レイアウトや入手しづらい図版の入手などにおいて私たち著者を支えてくださった河出書房新社編集部の皆さんにはこの場を借りて感謝の言葉を捧げたい。この本が読者の皆さんのもとに届けられたのは、これらの方々の支援があってのことである。

1744/45	サラフ主義者ムハンマド・イブン・アブドゥルワッハーブが豪族の長イブン・サウードと盟約。
1757	イギリスがプラッシーの戦いでインド支配を本格化。
1789	フランス革命。
1791	ムハンマド・イブン・アブドゥルワッハーブ没。
1796	イランにカージャール朝成立。
1798	ナポレオン率いるフランス軍がエジプトを占領。
1801	ワッハーブ派がカルバラーのフサイン廟を破壊。
1818	エジプト軍が第一次サウード朝を滅ぼす。
1830	フランスによるアルジェリアの植民地支配開始。
1839	オスマン朝でタンズィマート（恩恵改革）開始（～1876）。
1849/50	最初のマルジャア・アッ＝タクリード、ハサン・ナジャフィー没。
1858	イギリスがムガル朝を滅ぼしインドの直接支配を開始。
1869	オスマン朝でメジェッレ編纂開始（～1876）。
1881	ヨーロッパによって支配されつつあったエジプトでアラービー運動始まる。
1888	エジプトの法律家ムハンマド・カドリー没。
1891-92	イランでタバコ・ボイコット運動。
1897	思想家ジャマールッディーン・アフガーニーがイスタンブルで没。
1905	エジプトの思想家ムハンマド・アブドゥ没。
1914	第一次世界大戦勃発。
1920	英仏によるシリア分割。
1922	オスマン朝のスルタン制廃止。オスマン朝滅亡。
1924	トルコでカリフ制廃止。
1928	エジプトでバンナーがムスリム同胞団結成。
1932	サウード家がサウディアラビア王国を建国。
1935	シリア人の改革思想家ラシード・リダー没。
1939	第二次世界大戦勃発。
1948	イスラエル建国、第一次中東戦争（～1949）。
1952	エジプトでムハンマド・アリー朝滅亡、翌年エジプト共和国樹立。
1956	ナセルがエジプトの第2代大統領に就任（～1970）、第二次中東戦争で政治的に勝利。
1963	イランのパフラヴィー朝で白色革命開始。
1966	エジプトのイスラム主義思想家サイイド・クトゥブ処刑される。
1967	第三次中東戦争でアラブ諸国がイスラエルに大敗。
1970	サーダートがエジプトの第3代大統領に就任（～1981）。
1973	第四次中東戦争、第一次石油ショック。
1977	パキスタンでズィヤーウル・ハックが政権奪取、その後法制度のイスラム化を推進。
1979	イラン・イスラム革命。メッカで聖モスク占拠事件。ソ連のアフガニスタン侵攻。
1980	イラン・イラク戦争勃発（～1988）。
1982	イスラエルのレバノン侵攻に対しシーア派組織ヒズブ・アッラー結成。
1983	ヒズブ・アッラーがベイルートの米海兵隊兵舎に対して自爆攻撃。
1989	イランでホメイニー没。ハーメネイーの第2代最高指導者就任が決定。
1990	湾岸危機。
1991	湾岸戦争。　ソ連解体。
1992	スィースターニーがマルジャア・アッ＝タクリードに昇格。
1999	ハディース学者のアルバーニー没。ワッハーブ派の重鎮ビン・バーズ没。
2001	インドネシアのアチェ州でイスラム刑法導入。アメリカで9・11同時多発テロ事件、アフガニスタン紛争開始。
2003	イラク戦争。
2006	5月イラクで議会選挙の結果シーア派主導の正式政府樹立。「イスラム国」の前身組織の創始者ザルカーウィー殺害。
2011	「アラブの春」によりチュニジア、エジプト、リビヤで政権崩壊。ウサーマ・ビン・ラーディン殺害。
2014	ブルネイでイスラム刑法導入。ISILがモースル奪取し「イスラム国」と改称。
2015	パリ同時多発テロ事件。欧州難民危機。

925/35	医学者・哲学者・錬金術師であるアブー・バクル・ラーズィー没。
935/6	アシュアリー学派の名祖アシュアリー没。
940	シーア派（十二イマーム派）において大幽隠開始。
944頃	マートゥリーディー学派の名祖マートゥリーディー没。
946	シーア派のブワイフ朝がバグダードを占領。
950	哲学者ファーラービー没。
962	神聖ローマ帝国成立。
963	ブワイフ朝君主がバグダードのシーア派住民に対しガディール・フンムの祝祭とフサイン追悼行事をおこなうことを許可。
969	イスマーイール派のファーティマ朝がエジプトを征服。
991	シーア派伝承学者イブン・バーバワイヒ没。
1022	シーア派の神学者・法学者シャイフ・ムフィード没。
1037	哲学者、医学者であるイブン・スィーナー没。
1040頃	光学の祖イブン・ハイサム没。
1054	キリスト教会の東西分裂。
1055	セルジューク朝がバグダードに入城。
1067	バグダードにニザーミーヤ学院創設。シーア派法学者シャイフッターイファ・トゥースィー没。
1091	神学者アブー・ハーミド・ガザーリーがバグダードのニザーミーヤ学院教授に就任。
1096	十字軍の遠征が始まる。
1111	ガザーリー没。
1166	カーディリー教団の名祖アブドゥルカーディル・ジーラーニー没。
1168	スフラワルディー教団の名祖アブドゥルカーヒル・スフラワルディー没。
1182	リファーイー教団の名祖リファーイー没。
1187	エルサレム王国滅亡。
1198	哲学者イブン・ルシュド没。
1210	アシュアリー学派神学者ファフルッディーン・ラーズィー没。
1219	チンギス・ハーンの西征始まる。
1236	チシュティー教団の名祖チシュティー没。
1240	スーフィー思想家、イブン・アラビー没。
1258	モンゴル軍がバグダードを攻略しアッバース朝滅亡。シャーズィリー教団の名祖シャーズィリー没。
1260	マムルーク朝がアイン・ジャールートの戦いで勝利しモンゴル帝国の侵攻を阻止。
1273	ペルシア語詩人・メヴレヴィー教団名祖のジャラールッディーン・ルーミー没。
1274	神学者・哲学者・数学者・天文学者であるナスィールッディーン・トゥースィー没。
1276	アフマディー教団の名祖アフマド・バダウィー没。
1279	元が南宋を滅ぼし中国を統一。
1295	イル・ハーン朝君主がイスラム教に改宗。
1325	シーア派学問世界の頂点に立つアッラーマ・ヒッリー没。
1328	サラフ主義の先駆者イブン・タイミーヤ没。
1370	中央アジアにティムール朝成立。
1397/98	ハルワティー教団の名祖ウマル・ハルワティー没。
1453	オスマン朝のメフメト2世がコンスタンティノポリスを征服。ビザンツ帝国滅亡。
1492	イスラム勢力がイベリア半島から駆逐されレコンキスタ完了。コロンブスが新大陸に到達。
1501	イランにサファヴィー朝成立、シーア派の国教化。
1510	ポルトガルがインドのゴアを占領。
1514	チャルディランの戦いでオスマン朝がサファヴィー朝に勝利。
1517	ルターの宗教改革。オスマン朝がエジプトを征服。マムルーク朝滅亡。
1520	スレイマン1世がオスマン朝第10代スルタンとして即位（～1566)、オスマン朝の全盛期。
1526	インドにムガル朝成立。
1571	オスマン朝海軍がレパントの海戦でキリスト教諸国に敗北。
1574	オスマン朝のシェイヒュル・イスラームであったエビュッスウード没。
1597	サファヴィー朝君主アッバース1世がイスファハーンに遷都。
1600	イギリスが東インド会社を設立。
1640	シーア派哲学者ムッラー・サドラー没。
1644	清朝による中国支配が始まる。

イスラム史略年表

570頃	ムハンマド生誕。
610頃	ムハンマドに最初の神の啓示。
618	隋が滅亡し唐が中国を統一。
619頃	ムハンマドの妻ハディージャ、保護者であるおじアブー・ターリブ没。
622	メッカからメディナへの聖遷（ヒジュラ）。後にヒジュラ暦の元年に。
624	バドルの戦いでメッカ軍に勝利。
625	ウフドの戦いで苦戦。
627	ざん壕の戦いでメッカ軍に勝利。
628	フダイビーヤの和議。
630	メッカの無血開城、カアバ神殿の偶像破壊。
632	ムハンマド病没。アブー・バクルがカリフに就任（正統カリフ時代の開始～661）。
634	アブー・バクル没。ウマルが第2代カリフに就任。
636	ヤルムークの戦いでビザンツ軍に勝利、シリアの確保。
637頃	カーディスィーヤの戦いでサーサーン朝軍に勝利、イラク征服が本格化。
638	聖地エルサレム征服。
642頃	ニハーワンドの戦いでサーサーン朝軍に勝利、イラン征服へ。
644	ウマル殺害される。ウスマーンが第3代カリフに就任。
651	サーサーン朝滅亡。
656	ウスマーン殺害される。アリーが第4代カリフに就任するが、第1次内乱開始。アリーはラクダの戦いでアーイシャの軍に勝利。
657	スィッフィーンの戦い、ハワーリジュ派の出現。
658	アリーの軍がナフラワーンの戦いでハワーリジュ派を撃破。
661	アリーがハワーリジュ派に暗殺される。ムアーウィヤが唯一のカリフになりウマイヤ朝開始（～750）。
680	ムアーウィヤ没、カリフ位の世襲開始。第2次内乱勃発（～692）、カルバラーの戦いでアリーの息子フサイン戦死。
685	イラク南部のクーファでムフタールの乱（～687）。
692	ウマイヤ朝第5代カリフ、アブドゥルマリクが第2次内乱を平定。
711	イベリア半島征服開始。
726	ビザンツ帝国で偶像崇拝禁止令。
728	神学とスーフィズムに影響を与えたハサン・バスリー没。
740	ザイド（ザイド派イマーム）がクーファで反乱。
747	アブー・ムスリムがホラーサーン地方で蜂起、アッバース革命開始。
748	ムウタズィラ学派の祖とされるワースィル・イブン・アター没。
749	アブー・アッバースがクーファでカリフとして即位しアッバース朝開始（～1258）。
750	最後のカリフが殺害されウマイヤ朝滅亡。
751	タラス河畔の戦いで唐軍に勝利したことにより製紙法伝来。
762	バグダード造営開始。
765	シーア派第6代イマーム、ジャアファル・サーディク没。
767	ハナフィー学派名祖アブー・ハニーファ没。『預言者伝』著者イブン・イスハーク没。
786	ハールーン・ラシードがアッバース朝第5代カリフとして即位（～809）、アッバース朝の全盛期。
795	マーリク学派名祖マーリク・イブン・アナス没。
798	ハナフィー学派法学者アブー・ユースフ没。
800	カール大帝が西ローマ皇帝として即位。
801	女性スーフィー、ラービア没（796/7年没説も）。
820	シャーフィイー学派名祖シャーフィイー没。
827	アッバース朝第7代カリフ、マアムーンがムウタズィラ学派を公認。
833	ミフナ（異端審問）開始。
850頃	数学者フワーリズミー没。
855	ハンバル学派の名祖イブン・ハンバル没。
870	ハディース学者ブハーリー没。
870頃	アラブの哲学者キンディー没。
873	翻訳者・医学者であるフナイン・イブン・イスハーク没。
874	シーア派（十二イマーム派）第12代イマームが小幽隠状態に入る。
886	占星術師アブー・マアシャル没。
922	スーフィーであるハッラージュがバグダードで処刑される。

Clarendon Press, 1971.

第6章

アジア法学会（編）『現代のイスラーム法』成文堂、2016年.
大河原知樹・堀井聡江・磯貝健一（編）『オスマン民法典（メジェッレ）研究序説』ＮＩＨＵプログラム「イスラーム地域研究」東洋文庫、2013年.
大河原知樹・堀井聡江『イスラーム法の「変容」：近代との邂逅』山川出版社、2014年.
堀井聡江『イスラーム法通史』山川出版社，2004年.
堀井聡江「イスラームにおける法の概念：中東を中心に」『国際哲学研究 別冊2〈法〉概念の時間と空間』、2013年、31-40頁.
堀井聡江「ムハンマド・カドリー『ムルシド・アル＝ハイラーン』：イスラーム法学の近代」柳橋博之編『イスラーム知の遺産』東京大学出版会、2014年、191-219頁.
堀井聡江「エジプト民法典におけるイスラーム法の影響の批判的考察」『イスラム世界』第72号、2009年、1-25頁.
al-Kitāb al-dhahabī li-al-maḥākim al-ahliyya 1883-1933, Būlāq: al-Maṭba'a al-Amīriyya, 1937-1938.
Ebert, Hans-Georg, *Das Personalstatut arabischer Länder: Problemfelder, Methoden, Perspektiven*, Leipziger Beiträge zur Orientforschung Bd. 7, Frankfurt am Main, Berlin, Bern, New York, Paris & Wien: Peter Lang, 1996.
Ebert, H.-G., *Die Qadrī-Pāshā-Kodifikation. Islamisches Personalstatut der hanafitischen Rechtsschule*, Leipziger Beiträge zur Orientforschung 23, Frankfurt am Main: Perter Lang, 2010.
Haykal, Muḥammad Ḥusayn, *Tarājim Misriyya wa-gharbiyya*, Cairo: Maṭba'a al-Siyāsa wa-al-Siyāsa al-Usbū'iyya, 1929.
Horii, Satoe, "Pre-emption and private land ownership in modern Egypt: No revival of Islamic legal tradition," *Islamic Law and Society* 18/2 (June 2011), 177-218.
Hoyle, Mark, *Mixed Courts of Egypt*, London, Dordrecht & Boston: Graham & Trotman, 1991.
Peters, Rudolph, *Crime and punishment in Islamic Law: Theory and practice from the sixteenth to the twenty-first century*, Cambridge: Cambridge University Press, 2005.
Qadrī, Muḥammad Bāshā, *Kitāb murshid al-ḥayrān ilā ma'rifat aḥwāl al-insān fī al-mu'āmalāt al-shar'iyya 'alā madhhab al-Imām al-A'ẓam. am Abī Ḥanīfa al-Nu'mān mulā'iman li-'urf al-diyār al-miṣriyya wa-sā'ir al-umam al-islāmiyya*, 3rd ed., Cairo: al-Maṭba' al-Amīriyya, 1909.
al-Sanhūrī,'Abd al-Razzāq, "Min ((Majallat al-aḥkām al-'adaliyya)) ilā ((al-qānūn al-madanī al-'irāqī)) wa-ḥarakat al-taqnīn al-madanī fī al-'uṣūr al-ḥadītha," *Maqālāt wa-abḥāth al-Ustādh wa-al-Duktūr 'Abd al-Razzāq al-Sanhūrī. Majallat al-Qānūn wa-al-Iqtiṣād,'adad khāṣṣ*, 2 vols., Cairo: Maṭba'at Jāmi'at al-Qāhira, 1992 (originally published in 1255/1936), 3-58.
al-Sanhūrī, "Wujūb tanqīḥ al-qānūn al-madanī al-miṣrī wa-'alā ayy asās yakūnu hādhā al-tanqīḥ," *Majallat al-Qānūn wa'l-Iqtiṣād* 6:1 (1936), 3-144.
Ziadeh, Farhat J., *Lawyers, the rule of law and liberalism in modern Egypt*, Stanford, California: Hoover Institution, 1968.

第7章

池内恵「グローバル・ジハードの変容：アブー・ムスアブ・アッ＝スーリーによる「ウンマ（イスラーム共同体）」の分散型組織論」『宗教と政治　年報政治学2013-Ⅰ』2013年、189-214頁.
中村廣治郎『イスラームと近代』岩波書店、1997年.
アルバート・ホーラーニー『アラブの人々の歴史』（湯川武監訳、阿久津正幸編訳）第三書館、2003年.
'Abduh, Muḥammad, *al-A'māl al-kāmilah lil-Shaykh Muḥammad 'Abduh*, 5 vols., Cairo: Dār al-Shurūq, 1993.
DeLong-Bas, Natana J., *Wahhabi Islam: from revival and reform to global Jihad*, New York: Oxford University Press, 2004.
Esposito, John L. (ed.), *The Oxford encyclopedia of the modern Islamic world*, 4 vols., New York: Oxford University Press, 1995.
Lia, Brynjar, *Architect of global Jihad : the life of al-Qaida strategist Abu Mus'ab al-Suri*, New York: Columbia University Press, 2008.
Meijer, Roel (ed.), *Global Salafism : Islam's new religious movement*, New York: Columbia University Press, 2009.
Mneimneh, Hassan, "The Spring of a New Political Salafism?," *Current Trends in Islamist Ideology* 12 (2001), 21-36.
Riḍā, Muḥammad Rashīd, *Tārīkh al-Ustādh al-Imām al-Shaykh Muḥammad 'Abduh*, 4 vols., Cairo Dār al-Faḍīla, 2003.
Wiktorowicz, Quintan, "Anatomy of the Salafi Movement," *Studies in Conflict & Terrorism* 29 (2006), 207–239.
Al Jazeera (http://www.aljazeera.net/)
BBC NEWS (http://www.bbc.com/news)
King Faisal INTERNATIONAL PRIZE (https://kfip.org/en)
The Economist (http://www.economist.com)
The Teleglaph (http://www.telegraph.co.uk/)

地図・系図製作：小野寺美恵

al-Khāmene'ī, Sayyid 'Alī, *al-Shaykh al-Mufīd: al-riyāda wa al-ibdā'*, Beirut: Dār al-Thaqalayn, 1995.
Latief, H., "The Identity of Shi'a Sympathizers in Contemporary Indonesia," *Journal of Indonesian Islam* 2, 2008, 300-335.
Newman, A., *Twelver Shiism: Unity and Diversity in the Life of Islam, 632 to 1722*, Edinburgh: Edinburgh University Press, 2013.
al-Qummī, 'Alī b. Ibrāhīm, *Tafsīr al-Qummī*, Beirut: Mu'assasa al-A'lā.
Saikal, Amin, *The Rise and Fall of the Shah 1941-1979*, London, Sydney, Melbourne, Singapore & Manila: Angus & Robertson, 1980.
Suleman, Fahmida (ed.), *People of the Prophet's House: Artistic and Ritual Expressions of Shi'i Islam*, London: Azimuth Editions, 2015.
Ṭabāṭabā'ī, Ḥ.M., *An Introduction to Shī'ī Law: A Bibliographical Study*, London: Ithaca Press, 1984.
al-Ṭabāṭabā'ī, Muḥammad Sa'īd, *al-Marja'iyya al-dīniyya wa qaḍāyā ukhrā*, Qom: Setāre, 1998.
Walbridge, L.S., *The Thread of Mu'awiya: The Making of a Marja' Taqlid*, ed. by J. Walbridge, Bloomington: The Ramsay Press, 2014.
The Official Website of the Office of His Eminence Al-Sayyid Ali Al-Husseini Al-Sistani (www.sistani.org/english)

第5章

赤堀雅幸（編）『民衆のイスラーム：スーフィー・聖者・精霊の世界』山川出版社、2008年.
ファリード・ウッディーン・ムハンマド・アッタール『イスラーム神秘主義聖者列伝』（藤井守男訳）国書刊行会、1998年.
アッタール『鳥の言葉：ペルシア神秘主義比喩物語詩』（黒柳恒男訳）平凡社東洋文庫、2012年.
井筒俊彦『イスラーム哲学の原像』岩波新書、1980年.
井筒俊彦『イスラーム思想史』中公文庫、1991年.
大塚和夫ほか（編）『岩波イスラーム辞典』岩波書店、2002年.
大稔哲也「中世エジプト・イスラム社会の参詣・聖墓・聖遺物」歴史学研究会（編）『巡礼と民衆信仰』青木書店、1999年、224-261頁.
鎌田繁『イスラームの深層：「遍在する神」とは何か』NHKブックス、2015年.
私市正年『イスラム聖者：奇跡・予言・癒しの世界』講談社現代新書、1996年.
古林清一「神秘主義教団の実像」佐藤次高（編）『イスラム・社会のシステム』筑摩書房、1986年、149-182頁.
高橋圭『スーフィー教団：民衆イスラームの伝統と再生』山川出版社、2014年.
竹下政孝「後期スーフィズムの発展：イブン・アラビーを中心として」中村廣治郎（編）『イスラム・思想の営み』筑摩書房、1985年、139-168頁.
東長靖『イスラームとスーフィズム：神秘主義・聖者信仰・道徳』名古屋大学出版会、2013年.
中田考（監修）『日亜対訳クルアーン』作品社、2014年.
中村廣治郎『イスラム：思想と歴史』東京大学出版会（UP選書）、1977年.
中村廣治郎『イスラム教入門』岩波新書、1998年.
R. A. ニコルソン『イスラムの神秘主義』（中村廣治郎訳）東京新聞出版局、1980年.
日本イスラム協会ほか（監修）『新イスラム事典』平凡社、2002年.
ウィリアム・レイン、『エジプト風俗誌：古代と近代の奇妙な混淆』（大場正史訳）桃源社、1977年.
Atasoy, Nurhan, Afif Bahnassi, & Michael Rogers, *L'Art de l'Islam*, Paris: Flammarion, 1990.
Atasoy, N., *Derviş Çeyizi: Türkiye'de Tarikat Giyim-Kuşam Tarihi*, İstanbul: T.C. Kültür Bakanlığı, 2000.
Baldick, Julian, *Mystical Islam: An Introduction to Sufism*, London: I.B.Tauris,1989.
Biegman, Nicolaas H., *Egypt: Moulids, Saints, Sufis*, London: Kegan Paul International, 1990.
Biegman, Nicolaas H., *Living Sufism: Rituals in the Middle East and Balkans*, Cairo: American University in Cairo Press, 2009.
Cormack, Margaret (ed.), *Muslims and Others in Sacred Space*, New York: Oxford University Press, 2013.
Frembgen, Jürgen Wasim, *The Friends of God: Sufi Saints in Islam: Popular Poster Art from Pakistan*, Karachi: Oxford University Press, 2006.
Harder, Hans, *Sufism and Saint Veneration in Contemporary Bangladesh: The Maijbhandaris of Chittagong*, London: Routledge, 2011.
Horata, Osman & Adnan Karaismailoğlu (eds.), *Rumi (Mevlana)*, Ankara: Republic of Turkey Ministry of Culture and Tourism Publications, 2015.
Kabbani, Shaykh Muhammad Hisham, *The Naqshbandi Sufi Way: History and Guidebook of the Saints of the Golden Chain*, Chicago: Kazi Publications, 1995.
Lewis, Bernard (ed.), *The World of Islam*, London: Thames and Hudson, 1976.
Mayeur-Jaouen, Catherine, *Histoire d'un Pèlerinage Légendaire en Islam: Le Mouled de Tantā du XIIIe Siècle à Nos Jours*, Paris: Aubier, 2004.
McGregor, Richard J.A., *Sanctity and Mysticism in Medieval Egypt: The Wafā' Sufi Order and the Legacy of Ibn 'Arabī*, Albany: State University of New York Press, 2004.
Sonbol, Sherif & Tarek Atia, *Mulid!: Carnivals of Faith*, Cairo: The American University in Cairo Press, 1999.
Schimmel, Annemarie, *Mystical Dimensions of Islam*, Chapel Hill: University of North Carolina Press, 1957.
Trimingham, J. Spencer, *The Sufi Orders in Islam*, Oxford:

Naṣīr al-Dīn Ṭūsī, *Ḥall-i mushkilāt-i Kitāb al-Ishārāt va al-tanbīhāt: mashhūr bih Sharḥ-i ishārāt*, Tehran, 2011.
al-Rāzī, Fakhr al-Dīn, *Sharḥ-i Kitāb al-ishārāt va al-tanbīhāt*, Tehran, 2012.
Ṭāriq Muḥammad al-Suwaydān, *al-Imām Aḥmad ibn Ḥanbal: al-sīra al-muṣawwara*, Riyadh, 2006.
Gallica (http://gallica.bnf.fr/accueil/?mode=desktop)
islamoriente (www.islamoriente.com)
Madina-e-Sani (https://madinaesani.wordpress.com)
Richard Black, "Snow in Baghdad, and Other Ancient Climates," (http://www.bbc.com/news/science-environment-17160660)
Smithsonian FREER/SACKLER (https://www.freersackler.si.edu/ja/)
STUDYBLUE (https://www.studyblue.com)
The British Museum (http://www.britishmuseum.org)
Yale University Art Gallery (https://artgallery.yale.edu/overview-and-highlights)
Wikimedia Commons (https://commons.wikimedia.org/wiki/Main_Page)

第3章

井筒俊彦『イスラーム思想史』中公文庫、2005年.
ディミトリ・グタス『ギリシア思想とアラビア文化：初期アッバース朝の翻訳運動』(山本啓二訳)、勁草書房、2002年.
近藤二郎『星の名前のはじまり：アラビアで生まれた星の名称と歴史』誠文堂新光社、2012年.
ダニエル・ジャカール『アラビア科学の歴史』(遠藤ゆかり訳)創元社、2006年.
上智大学中世思想研究所編訳・監修『イスラーム哲学』中世思想原典集成11、平凡社、2000年.
竹下政孝、山内志朗編『理論哲学』「イスラーム哲学とキリスト教中世1」岩波書店、2011年.
ハワード・R・ターナー『図説 科学で読むイスラム文化』(久保儀明訳)、青土社、2001年.
三村太郎『天文学の誕生：イスラーム文化の役割』岩波書店、2010年.
ロシュディー・ラーシェド『アラビア数学の展開』(三村太郎訳)、東京大学出版会、2004年.
オリヴァー・リーマン『イスラム哲学への扉』(中村廣治郎訳)、ちくま学芸文庫、2002年.
デイビット・C・リンドバーグ『近代科学の源をたどる：先史時代から中世まで』高橋憲一訳、朝倉書店、2011年.
Adamson, Peter & Richard C. Taylor (eds.), *The Cambridge Companion to Arabic philosophy*, Cambridge: Cambridge University Press, 2005.
Adamson, Peter, *Philosophy in the Islamic World*, A History of Philosophy without Any Gaps, vol. 3, Oxford: Oxford University Press, 2016.
Dallal, Ahmad, *Islam, Science, and the Challenge of History*, New Haven: Yale University Press, 2010.
Lindberg, David C. & Michael H. Shank (eds.), *Medieval Science*, The Cambridge History of Science, vol. 2, Cambridge: Cambridge University Press, 2013.
Nasr, Seyyed Hossein & Oliver Leaman (eds.), *History of Islamic Philosophy*, 2vols., London: Routledge, 1996.
Pormann, Peter E. & Emilie Savage-Smith, *Medieval Islamic Medicine*, Washington, D.C.: Georgetown University Press, 2007.
Rashed, Roshdi (ed.), *Encyclopedia of the History of Arabic Science*, 3vols., London: Routledge, 1996.
Saliba, George, *Islamic Science and the Making of the European Renaissance*, Cambridge, MA: MIT Press, 2007.
Sezgin, Fuat (ed.), *Science and Technology in Islam*, 5vols., Frankfurt am Main: Institut für Geschichte der Arabisch-Islamischen Wissenschaften an der Johann Wolfgang Goethe-Universität, 2011.
Ullmann, Manfred, *Islamic Medicine*, Edinburgh: Edinburgh University Press, 1978.

第4章

菊地達也『イスラーム教:「異端」と「正統」の思想史』講談社、2009年.
黒田賢治『イランにおける宗教と国家：現シーア派の実相』ナカニシヤ出版、2015年.
末近浩太『イスラーム主義と中東政治：レバノン・ヒズブッラーの抵抗と革命』名古屋大学出版会、2013年.
富田健次「ヴェラーヤテ・ファギーフ体制とマルジャエ・タグリード制度」『大分県立芸術文化短期大学研究紀要』第35巻、39-58頁、1997年.
松永泰行「シーア派イスラーム革命体制としてのイランの利害と介入の範囲」吉岡明子・山尾大編『「イスラーム国」の脅威とイラク』岩波書店、2014年、247-265頁.
八尾師誠「イラン革命」大塚和夫ほか編『岩波イスラーム辞典』、岩波書店、2002年、173－174頁.
山尾大「戦後イラクの政治変動とシーア派最高権威の国民統合論：スィースターニーのファトワーから」『イスラーム世界研究』第1巻第2号、2007年、210-269頁.
Arjomand, S.A., *The Shadow of God and the Hidden Imam: Religion, Political Order, and Societal Change in Shi'ite Iran from the Beginning to 1890*, Chicago: University of Chicago Press, 1984.
Daftary, F., *A History of Shi'i Islam*, London & New York: I.B. Tauris, 2013.
Doorn, L. A. Ferydoun Barjesteh van Waalwijk van (editor in chief), *Journal of the International Qajar Studies Association*, 2 vols., Rotterdam : International Qajar Studies Association, 2001-02.
Gleave, R., *Scripturalist Islam: the History and Doctrines of the Akhbārī Shī'ī School*, Leiden & Boston: Brill, 2007.

【主要参考文献】（図版出典文献含む）

第1章

井筒俊彦『「コーラン」を読む』岩波現代文庫、2013年.
イブン・イスハーク『預言者ムハンマド伝』（イブン・ヒシャーム編註、後藤明・医王秀行・高田康一・高野太輔訳）岩波書店、全4巻、2010-12年.
大川玲子『聖典「クルアーン」の思想』講談社現代新書、2004年.
大川玲子『図説 コーランの世界：写本の歴史と美のすべて』河出書房新社、2005年.
大川玲子『イスラーム化する世界：グローバリゼーション時代の宗教』平凡社新書、2013年.
勝又悦子「偶像を打破するアブラハム：第二神殿時代文学・ラビ・ユダヤ教文献・クルアーンでの解釈の変遷」『一神教学際研究』第8号、2013年、38-62頁.
マイケル・クック『コーラン』（大川玲子訳）岩波書店、2005年.
小杉泰『ムハンマド：イスラームの源流をたずねて』山川出版社、2002年.
小杉泰『クルアーン：語りかけるイスラーム』岩波書店、2009年.
後藤晃『ムハンマドとアラブ』東京新聞出版局、1980年.
高野太輔『アラブ系譜体系の誕生と発展』山川出版社、2008年.
中田考「幻想の自由と偶像破壊の神話：預言者風刺画事件をめぐって」『現代思想』第34-6号、2006年、168-185頁.
中田考（監修）『日亜対訳クルアーン［付］訳解と正統十読誦注解』（中田香織・下村佳州紀訳）作品社、2014年.
中田考『イスラームの論理』筑摩選書、2016年.
ブハーリー『ハディース：イスラーム伝承集成』（牧野信也訳）中公文庫、全6巻、2001年.
リチャード・ベル『コーラン入門』（医王秀行訳）ちくま学芸文庫、2003年.
マハッリー、スユーティー『タフスィール・アル＝ジャラーライン（ジャラーラインのクルアーン注釈）』（中田香織訳）日本サウディアラビア協会、全3巻、2002-06年.
ムスリム『日訳サヒーフ ムスリム』（磯崎定基、飯森嘉助・小笠原良治訳）日本ムスリム協会、全3巻、2001年.
森本一夫『聖なる家族：ムハンマド一族』山川出版社、2010年.
マリーズ・リズン『イスラーム』（菊地達也訳）岩波書店、2004年.
ブルース・ローレンス『コーランの読み方：イスラーム思想の謎に迫る』ポプラ選書、2016年.
モンゴメリー・ワット『ムハンマド：預言者と政治家』（牧野信也・久保儀明訳）みすず書房、新装版、2002年.

Moṣṭafā Ashrafī, *Do'āye mi'rāj*, Tehran, 1959/60.
Muhammad: The Last Prophet, directed by Richard Rich, 2001.
al-Qur'ān al-karīm, Damascus, 2006/07.
The Message, directed by Moustapha Akkad, 1976.
Library of Congress (https://www.loc.gov)
Smithsonian FREER/SACKLER (https://www.freersackler.si.edu/ja/)
The Birmingham Qur'an Manuscript Exhibition, University of Birmingham (http://www.birmingham.ac.uk/events/exhibitions/birminghamquranexhibition.aspx)
The British Museum (http://www.britishmuseum.org)

第2章

青柳かおる『ガザーリー：古典スンナ派思想の完成者』山川出版社、2014年.
医王秀行「カリフ・マームーンのミフナとハディースの徒」『イスラム世界』第39/40号、1993年、1-22頁.
井筒俊彦『イスラーム思想史』中公文庫（改版）、2005年.
イブン・イスハーク『預言者ムハンマド伝』（イブン・ヒシャーム編註、後藤明・医王秀行・高田康一・高野太輔訳）岩波書店、全4巻、2010-12年.
イブン・ハルドゥーン『歴史序説』（森本公誠訳）岩波文庫、全4巻、2001年.
ガザーリー『誤りから救うもの』（中村廣治郎訳）ちくま学芸文庫、2003年.
菊地達也『イスラーム教：「異端」と「正統」の思想史』講談社、2009年.
私市正年「法の担い手たち」佐藤次高（編）『イスラム・社会のシステム』筑摩書房、1986年、41-77頁.
黒田壽郎『イスラームの反体制：ハワーリジュ派の世界観』未來社、1991年.
佐藤次高『イスラーム：知の営み』山川出版社、2009年.
高野太輔『マンスール：イスラーム帝国の創建者』山川出版社、2014年.
中田考『イスラーム法とは何か？』作品社、2015年.
中村廣治郎『イスラム：思想と歴史』東京大学出版会（新装版）、2012年.
橋爪烈「「正統カリフ」概念の形成：スンナ派政治思想史の一断面として」近藤洋平（編）『中東の思想と社会を読み解く』東京大学中東地域研究センター、2014年、45-73頁.
濱田正美『中央アジアのイスラーム』山川出版社、2008年.
松田俊道『サラディン：イェルサレム奪回』山川出版社、2015年.
松本耿郎『イスラーム政治神学：ワラーヤとウィラーヤ』未來社、1993年.
松山洋平『イスラーム神学』作品社、2016年.
マーワルディー『統治の諸規則』（湯川武訳）慶應義塾大学出版会、2006年.

Manṣūr 'Alī 'Arābī, *Abū Bakr al-Ṣiddīq*, Silsila al-Khulafā' al-Rāshidīn, Cairo, 2000.
al-Nadīm: Abū al-Faraj Muḥammad ibn Abī Ya'qūb, *Kitāb al-Fihrist*, [Beirut], 1988.

◉編著者略歴

菊地達也（きくち・たつや）　東京大学大学院人文社会系研究科准教授。シーア派思想史研究。主な著書に『イスマーイール派の神話と哲学：イスラーム少数派の思想史的研究』（岩波書店）などがある。■はじめに／一、二章／あとがき

◉執筆者略歴

大渕久志（おおぶち・ひさし）　東京大学大学院人文社会系研究科博士課程在籍。イスラム思想史研究。特に一三世紀の政治と神学・哲学について。■二章

矢口直英（やぐち・なおひで）　日本学術振興会特別研究員ＰＤ。イスラム医学史研究。主な論文に「フナイン・ブン・イスハーク『医学問答集』研究」（博士論文）など。■三章

平野貴大（ひらの・たかひろ）　東京大学大学院人文社会系研究科博士課程在籍・日本学術振興会特別研究員ＤＣ。初期一二イマーム派思想研究。■四章

相樂悠太（さがら・ゆうた）　東京大学大学院人文社会系研究科博士課程在籍。イスラム神秘主義思想研究。■五章

堀井聡江（ほりい・さとえ）　桜美林大学リベラルアーツ学群准教授。イスラーム法学研究。著書『イスラーム法通史』（山川出版社）など。■六章

西野正巳（にしの・まさみ）　防衛省防衛研究所地域研究部アジア・アフリカ研究室主任研究官。現代イスラム政治思想、中東地域研究。■七章

ふくろうの本

図説　イスラム教の歴史

二〇一七年一一月二〇日初版印刷
二〇一七年一一月三〇日初版発行

編著者…………菊地達也
装幀・デザイン…………日高達雄
発行者…………小野寺優
発行…………河出書房新社
東京都渋谷区千駄ヶ谷二-三二-二
電話　〇三-三四〇四-一二〇一（営業）
　　　〇三-三四〇四-八六一一（編集）
http://www.kawade.co.jp/

印刷…………大日本印刷株式会社
製本…………加藤製本株式会社

Printed in Japan
ISBN978-4-309-76262-3
落丁・乱丁本はお取替えいたします。

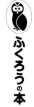